吴少华——译

世界の歴史25
アジアと欧米世界

后浪

亚洲与欧美世界

［日］加藤祐三 川北稔 著

光明日报出版社

本书执笔分担

第一章　加藤祐三

第二章　加藤祐三

第三章　川北稔

第四章　川北稔

第五章　川北稔

第六章　川北稔

第七章　加藤祐三

第八章　加藤祐三

第九章　川北稔

目　录

第五章　欧洲的工业化与种植园开发 / 150

第一章 大洋时代

始于马六甲

昔日光景

马六甲（麻六甲）是一座安静的港埠，地处北纬 2°，虽紧临赤道，但受到西南季风的影响，这里一般很少出现热带夜 [1] 天气。

满载中东石油的巨型油轮在马六甲海峡穿梭不停。马六甲海峡横亘于马来半岛与苏门答腊岛之间，长达 800 公里，其中最窄处宽度约 50 公里，马六甲就在沿岸。[2] 极目远眺，往

---

[1] 热带夜：日本气象厅用语，指夜间的最低气温在摄氏 25 度以上。另，本书脚注均为译注。

[2] 关于马六甲海峡的长度和最窄处宽度，由于测量依据不同，不同字典给出的数据不完全一致。此处仅供参考。

来的油轮看似十分缓慢地航行在大海之中，而实际上，它们的速度与行驶在高速公路上的汽车并无二样。这座城市静静地伫立在这里，遥望着来往穿梭的船只。

马六甲位于马来半岛西海岸，地处新加坡以北 200 公里、马来西亚首都吉隆坡以南 150 公里的地方。由于风向及海水侵蚀，整个马来半岛唯有西海岸港口十分发达。

马六甲王国诞生于 14 世纪末，短短 10 年就占据了世界贸易中心的重要地位。在之后的 300 年间，尽管其统治者一再变化，但这里作为亚洲贸易港埠的地位稳如泰山。

在城内一处旧港口的旁边，有一座可以俯瞰港湾全景的小山丘。这里曾建有炮台，用于攻击海盗和敌人的船只。坡道上有一座基督教堂。在运河两岸地势低平的地带，排列着各种各样的店铺，建有中华街和住宅区。周边还有伊斯兰教的清真寺、中国的佛教寺院及道教道观。

虽然这里的港湾较浅，背后也没有可以进出货物的广阔腹地，但它拥有炮台、宗教设施和商店这三种作为 15 世纪港埠标志的最好设施。印度的果阿和中国的澳门也是与之类似的贸易港口。

进入 19 世纪，一批拥有宽阔腹地并且水域较深的港埠陆续出现，如新加坡、中国香港、中国上海和日本横滨等。

1997 年盛夏，时隔多年我再次造访马六甲。手执 25 年前曾在此地购买的一本中国书籍，我本打算满怀故地重游追忆往事的心情阅读此书，不想却在报纸上看到了泰国货币泰铢暴跌的醒目标题。报上还刊登着指责投机分子的文章，指出罪魁祸首是一个敛财高达 10 亿美元之人。

25 年来，亚洲经济飞速增长。包括马来西亚在内的印度尼西亚等东盟国家尤为显著，发展势头直逼号称"四小龙"（NIES，新兴工业区域）的韩国、中国台湾、中国香港和新加坡。而积极推行改革开放政策的中国和越南等国也紧随其后。此次货币危机将何去何从，前景无法预知。

在快速发展的过程中，有些城市被阳光普照，有些城市则是夕阳西下。越是在变革的时代，阴影也越发凸显出来。近年来，新加坡和吉隆坡的飞速发展令人刮目相看，与此相比，马六甲则几乎没有变化。半个世纪，周围的巨大变化未曾动摇它，这也充分显示出马六甲的老迈与威严。

中东地区的石油被运往新加坡、中国香港和日本等地，为人类的生活革命及生产革命做出巨大的贡献。简单计算一下就可以清楚地得知，石化燃料在不远的将来将会枯竭，但即使马六甲海峡作为原油运输通道的作用会逐渐减弱，其占据了亚太地区海运通道的重要地位应该也不会发生改变。然而，马六甲这座小巧的城市，被位于其南部的新加坡和北部的马来西亚首都吉隆坡彻底抢走了风头。

马六甲所目睹的变迁

夹在吉隆坡和新加坡之间的马六甲过去经历过巨变。马六甲王国诞生于 14 世纪末，不久就发展成为连接太平洋的南海和印度洋沿岸的中心贸易港口，这便拉开了"大洋时代"的序幕。在三大洋中，太平洋和印度洋首先连通，这为不久后连通大西洋的"大航海时代"创造了条件。

马六甲跌宕起伏的过往，化为这座小城市的遗迹残留了下来，被深深地铭刻在历史的记忆中。这座港埠不仅是一个城市变迁的象征，还是一面显示国际社会变化的镜子。关于这一点，我会在后文中详细叙述。

15 世纪的马六甲，是肩负着东南亚乃至世界"商业时代"的中心城市。本书的特点是将世界历史，尤其是将近世、近代时期的"亚洲与欧美世界"的历史放在跨度长达 500 年的时间长轴中进行思考。那么，马六甲所代表的政治、经济、文化等方面的沉浮，对本书而言将是一大关键内容。

我们将在本书中聚焦海洋与陆地的关系、港埠的构造、贸易与海运、国际政治与贸易、海运与制海权、世界潮流与城市沉浮等内容，使本书的主题"亚洲与欧美世界"能够凸显出来。也希望本书可以为"城市发展能够拥有怎样的稳定性与可持续性"这一未来课题提供一定的启示。

首先，我们将马六甲所发生的变化分为五个时期。第一章的主题即为其中第一至第二个时期的时间段。

第一个时期：14 世纪末，由拜里米苏拉王创建的马六甲王国诞生，郑和下西洋，局地贸易向世界贸易转变。这个时期迎来了国际政治和贸易两个方面的剧烈变革。

第二个时期：1511 年被葡萄牙占领，成为殖民地。

第三个时期：1641 年成为荷兰殖民地。荷兰侵占印度尼西亚，1619 年设置巴达维亚（现在的雅加达）总督府，顺便控制了马六甲这个航海通道。

　　第四个时期：18 世纪后半期，受到英国包围和排斥。英国于 1765 年在印度确保了征税权，开始殖民统治。1815 年英国占领锡兰（现在的斯里兰卡），为了占据进一步入侵东方的据点，英国又分别于 1786 年占领槟岛，于 1819 年占据新加坡（此时尚为收购），继而于 1824 年从荷兰手中抢走了马六甲。新加坡与荷兰的殖民地印度尼西亚咫尺之遥。国际政治的主导权由荷兰转向英国。以此为转折点，贸易中心亦由马六甲转向了位于其南部约 200 公里处的新加坡。马六甲失去了世界贸易中心的地位。

　　第五个时期：1963 年，马来西亚联邦成立。由于定都吉隆坡，马六甲再次被逐出局。

15 世纪的马六甲王国

　　距今约 600 年前的 14 世纪末，这个小小的王国曾开启了世界历史上一个巨大的转变期。

　　马六甲如同一座专为贸易而建的城市，在后世的文字记载中有这样的表述："从这一点上来说，它是世界上任何一座城市都无法匹敌的。"来自世界各地的船舶运来大批商品在此买卖，这里成为中转贸易的一个中心港口。

　　为了与这样的地位相匹配，马六甲做足了各项准备工作，包括积极完善保护入港船舶以及商业习惯迥异的各国贸易商的法律政策、储备衣食及生活用品、建造支撑商品交易的港湾及船舶等基础设施、为商人及船员提供休闲场所，等等。如此一来，马六甲发展成为一座融合多种宗教、风俗及语言的活力四射的城市，呈现出模范城市的风貌。这座新兴港口城市的主要产业就是贸易，没有农业之类的基础生产。为了解决汇集于此的商人们的饮食问题，马六甲需要进口大批粮食，各个国家的餐馆也相继开张。

这一时期，欧洲国家还没有任何一种商品值得在此贩卖。况且也没有可以到达此地的交通手段。那时，无论船只还是商业路线，主要都是阿拉伯人掌控。阿拉伯商人通过东方贸易购入商品，然后把这些商品运到地中海销售。这是欧洲勉强可以获取热带物产的一种途径。提到欧洲的产物，不过是白银，欧洲人便用这些白银，间接地购入远方的热带物产。

马六甲充分发挥地利，从东北部的中国运来陶瓷和丝绸，从东南亚各岛运来香辛料，从西边的印度运来棉布，又从印度前方的西亚运来金银和金属制品等。在这些亚洲物产充当世界商品代名词的时代，马六甲作为商品交易的场所，成为世界上唯一的、最大的交易港埠。

亚洲大航海的中转站

马六甲王国抱有极大的野心，那就是要成为延伸至中国、东南亚，以及印度至西亚一带的这一亚洲物产交易网络的中枢要地。其中心课题便是维持其贸易功能，也就是说，不能简单地停留在局地贸易中心港口这个水平上，而是要成为世界贸易的中转港。这就需要灵活的国际政治战略。

当时，亚洲的超级大国是中国的明朝，而最靠近马六甲的大国是泰国的阿瑜陀耶王国。为了躲避阿瑜陀耶国的攻击，马六甲王国向明朝"朝贡",国王亲自前往南京,寻求明朝的保护。所谓"朝贡",是指在政治性册封制度(中国对周边诸国所采取的政治态度)下伴随着通商往来的使节派遣。也可以说这是一种经贸关系。中国皇帝授予诏书,确立主从关系。

马六甲王国效仿中国传统的"远交近攻"(与距离远的国家交好,而对邻国发动进攻)的对外政策,更是反过来利用中国的方针政策,加强与远方的明朝的交好关系,以防御来自近邻泰国的攻击。

进入 15 世纪后,世界面临着巨大的改变。在此之前故步自封的东方帝国中国开始主动寻求新物产,远渡重洋向世界其他地方扩张,并尝试接触异域文化。而为其准备舞台的便是东南亚和南亚的"热带"地区。那些只有热带地区出产的药材和食材,吸引了周边各国的注意。

明朝的郑和于 1405 年至 1433 年期间曾七次进行"亚洲大航海"(南海大远征),这七次远征无论从舰队的规模和船只的大小来讲,还是从远征的距离和所花费的时间来讲,都可以说是拉开了"大洋时代"的序幕。马六甲为这项亚洲大航海事业做出了巨大的贡献。

地利

明朝深知马六甲在地缘政治学上的重要作用。翻开地图便可一目了然:从中国最南部通向东南亚、南亚、西亚及东非的海域是南海和印度洋,而位于其中间的正是马六甲,以及一个印度西海岸的港埠——卡利卡特。马六甲海峡是连通南海和印度洋孟加拉湾的重要海峡，也是船队等待西南季风（6 月至 9 月）和东北季风（10 月至次年 2 月）风向交替的避风港。如不将马六甲控制在手，明朝就无法向西发展。

马六甲发挥世界贸易中心港这一作用，大约持续了 15 世纪的 100 年时间。这期间经历了两个阶段，前半期是和明朝保持紧密的关系，后半期则是与阿拉伯商人密切联系。前半期与明朝的紧密政治性关系，因明朝的内部变化而结束。从西方大远征的最后的 15 世纪 30 年代开始，明朝切断对外关系，转向对内统治。

马六甲失去了东方盟友，便转而投到西方的盟主伊斯兰教门下。阿拉伯商人掌管着自西亚至东南亚的商业命脉，马六甲希望获得阿拉伯商人的庇护。越是与东方的明朝疏远，马六甲对西方伊斯兰教的依靠越紧。

与此同时，称霸西亚的奥斯曼帝国迎来了穆拉德一世（1362—1389 年在位）的鼎盛时期，终于在 1453 年，穆罕默德二世占领君士坦丁堡，消灭了拜占庭帝国，威胁到欧洲。之后，奥斯曼帝国又将巴尔干半岛和埃及纳入统治，地中海名副其实地成了伊斯兰的天下。葡萄牙被阻塞了地中海航道，断绝了香辛料贸易的行船路线，只得自食其力去寻求亚洲的财富。于是，他们便着手开发途经非洲南端的新航道。

成为葡萄牙殖民地

地中海因奥斯曼帝国而成为"伊斯兰之海"，这意味着号称拥有 700 年悠久历史的海洋亚洲交易圈进一步向西扩展。这种西扩就是对地中海的统治。位于东亚的中华世界与覆盖马六甲至地中海的伊斯兰世界结合为一体，看来将成为世界的主流。

然而，对西欧而言，地中海受到控制，自己与东亚交流与贸易遭到阻碍，就意味着失去了通往物产富饶的印度洋和太平洋的出口。要想通往外部世界，唯有大西洋通道这一条路。

葡萄牙与西班牙相约"将世界一分为二，分为东西两个部分"。西班牙由伊比利亚半岛向西渡过了大西洋，即 1492年哥伦布发现美洲大陆的那次航海远征。

而葡萄牙则为了开拓亚洲航路，派遣了航海家瓦斯科·达·伽马。1498 年，达·伽马率领一支船队经好望角抵达印度西海岸的卡利卡特港，由此开启了"大洋时代"第二阶段的序幕（大航海时代）。

随后，葡萄牙继续向东挺进，于 1510 年在印度果阿设立总督府。海军将领阿尔布克尔克于 1509 年就任第二任印度总督，1511 年他向马六甲派出由 19 艘船只组成的大型舰队，利用军事力量压制了马六甲，并且进一步向东抵达澳门。

如此一来，作为连接大西洋、东非和亚洲的贸易通道东部据点的马六甲便落入了葡萄牙之手。各国商人不喜欢新天主教势力统治下的马六甲，于是纷纷离开了这里，马六甲作为交易港口逐渐沦落至边缘。马六甲迎来了一个巨大的转折，进入第二个时期。

战争与共存

伴随着贸易、巡礼等活动的开展，与异域文化的接触多了起来，各种各样的摩擦也就自然而然地产生了。战争和杀戮的悲剧无数次重复上演。作战双方越是势均力敌，战争所带来的灾难越是深重，相互间的憎恨也越发强烈。反过来如果双方实力悬殊，则看似战争损失较小，但伴随着征服与被征服，双方之间埋下了根深蒂固的仇恨。

这里引用两部书籍的序文，姑且将前者称为 A，后者称为 B。

（A）鲸波浩渺，不知其几于万里，历涉诸邦，其天时气候、地理人物、目击而身履之。……于是采摭各国人物之丑美，壤俗之异同，与夫土产之别，疆域之制，编次成帙……俾属目者一顾之顷，诸番事实悉得其要，而尤见夫圣化所及，非前代之可比。……洪惟我朝太宗文皇帝、宣宗章皇帝，咸命太监郑和率领豪俊，跨越海外，与诸番货，其人物之丰伟，舟楫之雄壮，才艺之巧妙，盖古所未有。然也二帝之心，岂真欲夸多斗靡于远方哉！盖声名施及蛮貊，使普天之下，含灵蠢动悉沾德化，莫不知有其君而尊亲焉。

（B）正如人类哲学大师所证实的那样，每个人天生具有强烈的求知欲望，会根据各自的需求急切地获取知识。……陛下所拥有的众多（广阔的）领土，都配有大量的军队和枪炮，陛下拥有丰富的战争经验和世界上最大规模的舰队。

彰显威风型的远征

两部书籍有三个共通之处：其一，内容均为跨入未知世界的人所写，都表现出了激动的心情；其二，都述及支撑其进行"冒险"行动的精神力量；其三，文中都谈到了如何与异域文化接触。

二者之间也有较大的不同。或者应该说是差异的部分更大。A更加重视彰显政治、文化权威，属于以武力征服为核心进行叙述的彰显威风型。相对于此，B则是将个体的知识欲望用在武力制压的正当化上面，突出这种价值的至高无上，可以说是盛赞威武型。

A出自中国人马欢的《瀛涯胜览》一书。瀛涯指的是海之尽头，胜览的意思则是一览优美之物。据马欢在序文中的记载，此书写于明朝永乐十四年（1416年），他作为翻译，曾参加过数次郑和下西洋的航海活动。

历经近30年的亚洲大航海（南海大远征），越过了东南亚、南亚，甚至由西亚到达了东非。1418年，巨大的中国帆船出现在东非的马林迪。船队由长120米、拥有9根船桅、被称为"宝船"的船只领航，随行船只大约100艘，载有医官130人、船员和士兵等总共28000人。船上满载着瓷器、丝绸、漆器、美术品等货品，他们希望用这些物品换回象牙、犀牛角、鳖甲、香木、香料、药草、珍珠及宝石等。所到之处，他们采用的是相同的方式，即带来中国的特产，以此交换各个地方的名产。

郑和的航海舰队原则上不发动暴力或者挑衅性的战争。据《明史》记载，航海途中只发生过两次小规模的战斗。第一次是1409年在锡兰出动兵力，出手解救当地因内乱而遭受围攻的国王。第二次是1412年在苏门答腊岛，介入以平息内乱。而针对各地的执政政权，并没有发动过一起军事行动。

盛赞威武型的远征

B 出自郑和航海约100年后的1512年，由葡萄牙前往马六甲赴任的托梅·皮雷斯所著的《东方诸国记》。如前所述，他所赴任的马六甲作为一座港埠城市，是15世纪东西方海洋贸易圈的中心，也是郑和远洋航海过程中一个重要的中转站。与明朝的朝贡贸易衰退后，马六甲国王加强了与西方伊斯兰教的关系，主动改信伊斯兰教，得以继续保持着在宽广贸易圈中的中心地位。托梅·皮雷斯到达马六甲赴任是在1512年，这一年极具象征性意义。一年前的1511年，马六甲被阿尔布克尔克率领的舰队攻占了。

葡萄牙人一路向东挺进，势头迅猛，抵达印度西海岸北部的贸易港口苏拉特。1505年，葡萄牙第一任印度总督阿尔梅达就任，1509年第二任总督阿尔布克尔克上任。1509年，葡萄牙人征服印度西海岸的第乌，1510年压制印度西海岸的果阿和锡兰的科伦坡，紧接着又制服东方的马六甲，企图获取东部香料群岛（摩鹿加群岛）出产的贵重香辛料。

皮雷斯盛赞"陛下拥有……世界上最大规模的舰队"，是礼节上的表述，但事实也是如此，葡萄牙的确拥有最大、最强的舰队。自从与邻国西班牙约定分别拥有地球的东西霸权后，葡萄牙便以在大西洋至印度洋、亚洲的广大范围内拥有无人可敌的海军舰队为傲。无敌的原因不外乎它既有大炮，又有火枪。

船舶的大小

郑和远航时使用的宝船长 120 米，是最大规模的木造船舶，9 根桅杆上挂着 12 张用红色绢布制成的方形船帆，24 门大炮的射程约为 250 米。第二大的船舶是长度为 100 米的"马船"（搭乘用来交易的马匹），紧接着还有长度为 70 米级别的"粮船"。此外，还有长度为 50 米的快速军舰"福船"、小型侦察船等，这些船只构成了舰队。造船厂位于南京附近的龙江，据说从全国各地召集了两三万名造船工匠。

相比较而言，西班牙、葡萄牙的船舶要小很多，简直是孩童的水平。达·伽马所乘的船只，还有哥伦布发现新大陆时所乘的圣玛丽亚号，都是长度约为 25 米的小型木造船。单就长度而言，仅是郑和所乘船舶的 1/5。

中国拥有如此的技术能力（造船技术），却为何在海洋上逐渐衰退了呢？为什么不敌 19 世纪欧美列强的进攻呢？为了针对这样的课题进行阐述，必须再稍稍回顾一下历史的进程。技术是政治、经济和文化等综合实力的一个组成部分，同样，政治也只是技术、经济和文化等综合体的一个部分而已。

海洋与人类的关系

海洋的面积占整个地球表面的 71%，几乎为 3/4，而陆地只不过占地球的 1/4。我们习惯上把这颗行星称为"地球"，而作为太阳系唯一的一颗以丰富的水资源著称的行星，其实我们应该称其为"水球"才合适。虽然我们生活在陆地上，很难看到海洋，但是由于海洋占据地球表面的最大面积，因此保护海洋才是保护地球环境的中心课题。

"大洋时代"始于 15 世纪初期。郑和的南海远征从欧亚大陆东部至西部，将太平洋与印度洋连通。之后大约经历了半个世纪，葡萄牙人开始由西向东远征，又将大西洋和印度洋连通。这两次大航海将太平洋、印度洋和大西洋这三大洋打通成一片"大洋"，将不同的大陆连为一体。这就是大约 600 年前的主要历史脉络。

我也是最近才刚刚开始认真地考虑海洋的过去、现在和未来，之前我即便在谈论海洋的时候，也无法拔除"陆地史观"。这种转变发生在 1994 年，我所就职的大学将于 1996 年秋天召开题为"横滨二十一世纪论坛"的国际学术研讨会，会议的主题定为"海洋新时代"，我开始为此做准备的时候。会议将涉及伴随《联合国海洋法公约》（1982 年签署，日本于 1996 年批准执行）而出现的现代课题（现代及对 21 世纪的展望），同时也试图从文学、音乐、风俗等多个方面探讨和研究海洋问题。

我对海洋的历史十分感兴趣，尤其关心始于 15 世纪的

"大洋时代"与今后的"海洋新时代"之间如何延续，存在哪些不同这样的问题。我觉得我们对海洋的认知是这样浅薄，如此下去，我们将很难掌握"大洋时代"的未来。现如今，海洋领域的最大课题就是一直以来孕育生命的母亲海处于难免毁灭的状况。

母亲海

海洋在资源和航运等方面给人类很多恩赐，但另一方面，它也会造成海难事故，成为人们恐惧的对象。据说地球诞生于46亿年前，让我们先来看看漫长岁月中地球的发展轨迹。

灼热的地球逐渐冷却，雨水降临，地球笼罩在厚厚的云层之中。海洋诞生，陆地板块分离，矿物质所含的盐分使海水变得苦咸。大海具备了由温度、压力和盐分构成的一定条件后，便生出诸如细菌一般的生命体。

不久，云层开始变薄，太阳第一次照耀在海洋上。海洋生物中，有些自身含有魔法般神奇的叶绿素，可以从空气中吸收二氧化碳，并从海洋中吸收水分，进而借助日光照射，形成有机生物。于是，植物诞生了。另外还有一个组群是不含叶绿素的生物群，即依靠食用植物而维持生命的动物群体。通过复杂的食物链，动物们学会了生活和食物都依存植物的本领而延续至今。

海洋中诞生的生命体，在经历了漫长的时期后，有些登上了陆地。我们人类无疑是它们的后裔。要想彻底探明进化论还需要时间，不过在已知的进化过程的基础上，蕾切尔·卡逊如是说：

> 当人们站在海边的时候，总是不由自主地满怀惊讶
> 和好奇之心环视大海，思索自己究竟从哪里来这个问题。
> 人们虽然不能像海豹和鲸鱼那样重新以肉身回归大海，
> 但是人们在这几个世纪中，充分发挥技术、智慧和理性
> 的力量，致力于探索和调查海洋的奥秘。其结果，可以
> 说人类通过充分发挥想象力，已经从精神层面重返了
> 大海。

海洋分类 [①]

占有整个地球表面 3/4 面积的海洋，除"大洋"外，还包括"陆间海"和"边缘海"，细分下来，总共有 21 处。

其中，"大洋"占据绝对大的面积。从海洋表面积的比例（基本与海水容积比例相同）来看，太平洋占 45%，大西洋占 23%，印度洋占 20%，合计占比 88%。

"陆间海"包括北冰洋、美洲陆间海、欧洲陆间海与黑海、澳大拉西亚陆间海、波罗的海、哈德逊湾、红海、波斯湾，共计 8 处。其中，唯独欧洲陆间海通常被称为"地中海"。这 8 处"陆间海"加在一起，也只不过占 9% 而已。

比陆间海更为狭窄的海域就是"边缘海"，即白令海、鄂霍次克海、日本海、东海、安达曼海、爱尔兰海、加利福尼亚

---

① 本节日本作者所述之海洋分类与占比，出处未可考，疑有误。

湾、圣劳伦斯湾、北海、塔斯曼海，共 10 处，仅占 2%。其中包括我们比较熟悉的日本海和中国东海，但它们是分别仅占 0.1% 的狭窄海域。

进入 15 世纪后，人类全面扑向广阔的大洋。首先迎来了连通太平洋沿岸和印度洋沿岸"大洋时代"的第一个时期。如前文所述，作为这一时期的中心港口，马六甲登上了历史舞台。为了迎接"大洋时代"的到来，需要造船技术和航海技术进行巨大变革。与穿梭在狭窄海域截然不同，连通大洋的大航海事业的开创是何等惊天动地的伟业。这一点单看海洋表面积就可以明白。在技术方面，中国曾经远远领先于西欧。郑和能够率领船队进行大航海，正是基于这种技术能力。

源自地中海的构想

每当事故发生的时候，人们往往会抨击对现状认识的不足，然而又会很快淡忘。比如，当年俄罗斯油轮沉船后重油泄漏，流入日本海，为了消除漏油造成的污染，日本花费了多大的人力物力啊！由于日本依赖大量的进口石油，所以在日本的海域范围内再次发生类似事故的可能性极高。即使在当今高科技时代，流入大海的重油也只能依靠手工作业才能除去，为防患于未然制定的油轮航运管理制度甚至都没有完善。原子能泄漏事故也一样。

为了解决海洋面临的危机而制定的法律措施，便是前文所提及的《联合国海洋法公约》。1967 年，在联合国海洋法会议上首次提交这一公约议案的人是阿维德·帕多博士，此人乃是马耳他共和国驻联合国大使，而马耳他正好位于欧洲地中海的正中央。

提到地中海，便让人想起布罗代尔的名著《地中海》。这本书将叙述的中心定在 15 世纪，描述了其历史作用。势均力敌的军舰形成对峙之势，造成重大战争损失的海战数量不少，而其中最为惨烈的恐怕便是勒班陀海战（1571 年）了。交战双方是当时统治地中海 3/4 海域的奥斯曼帝国和企图夺回"伊斯兰之海"的基督教联军。欧洲方面用"地中海化作一片血海"来描述此次大海战，以此宣扬伊斯兰教的残虐，但这是一个偏见。

这里的欧洲地中海，是构筑起进入大洋时代之前的历史的一片狭窄海域。尽管这里有一个连通大西洋的很小的出入口，但海水的进出量微乎其微，几乎是一块封闭的海域。那时，两岸的大量污染物流入这片海域，导致此处在生物环境方面几乎相当于一片死海。帕多博士意识到现状的严峻性，于是开始考虑整个地球范围内的海洋问题。

从近海到远海

日本周围有太平洋和日本海两个开放海域。因为有 6000 多座岛屿，日本的海岸线长达 3 万公里，日本拥有世界上数得上号的"领海"和"排他性经济水域"。海洋资源丰富的日本一直以来受惠于富饶的自然环境，从未有什么危机感。不过，世界上的海洋已经连成一个整体，已经不再是单独某个国家自我层面的问题。

对喜食海产品的日本人来说，海洋首先是维持生命的场所。从绳文时代遗址中出土的贝冢可以看出，当时之人大量食用蛤蜊、蛤仔、牡蛎等海产品。当时之人也食用较多海藻类。为了捕食鱼类，也有人在海岸垂钓，或者在浅滩布设渔网，但一般情况下都必须得出海捕鱼。这就需要造船技术和航海技术。

人类几乎从诞生之日起，就充分享受着狭窄的边缘海和陆间海的恩惠。人类接近海洋，经历了从海滨到近海海滩，到沿海，进而通向广阔海域的发展历程。在日本周边，有始于绳文时代的日本海，以及迎来古代、中世时期最繁荣阶段的濑户内海和东海。东海也是连通朝鲜半岛和中国大陆最重要的海路。

海洋的五个历史阶段

在此，我想先思考一下海洋与人类关系的历史。我认为可以将其划分为五个阶段，其中第二阶段即为"大洋时代"。

第一个阶段：人类进入大洋以前的时期，这一时期主要是利用近海资源。

日本海、濑户内海、东海、孟加拉湾、阿拉伯海、波斯湾、红海，以及欧洲地中海、北海等，从法律上来说，此时都可以理解为"不属于任何人的海洋"。

第二个阶段：大洋时代。

1405—1433 年，郑和南海大远征（自东亚太平洋沿岸至印度洋）；1492 年，哥伦布抵达美洲大陆（大西洋）；1498 年，瓦斯科·达·伽马到达印度（自非洲南端至印度洋）。

围绕着海洋利益的权力争斗激化，有部分国家扩张主权，也有部分国家丧失了主权。扩张主权的国家被称为"列强"（the powers），其条件就是得是能确保制海权的海洋国家。

第三个阶段：近代。

从 17 世纪开始的西欧海洋国家之间的霸权斗争，以及海洋国家与沿岸国家之间的对垒。海洋"圈地"的第一个时期。将陆地上的"无主土地""先占先得"论（殖民地论）运用到海洋上，于是一部分"无主"海洋成为"领海"，产生了"广阔的公海及狭窄的领海"这一概念。

第四个阶段：冷战下（1945 年之后）的海洋技术开发。

海洋"圈地"的第二个时期。由于大陆架（平均水深 200 米）埋藏着丰富的石油和天然气资源，因此全新的"大陆架"概念得到了人们的认可。这一时期也作为"圈地"的第三个时期，产生了"洋底"的概念和 200 海里"渔业水域"的概念。洋底（没有光亮）是高压区，这里的微生物产生锰结核，从中可以方便地获取锰金属，而锰是制作耐热合金所必需的稀有金属。诸如导弹之类的高速飞行物体，其表面涂装必然要用到这种锰金属，所以其开发利用日新月异。

第五个阶段："海洋新时代"。

《联合国海洋法公约》（United Nations Convention on the Law of the Sea）由马耳他共和国大使帕多博士在 1967 年第二次联合国海洋法会议的最后阶段提议，经过第三次联合国海洋法会议上的讨论，最终于 1982 年召开的联合国总会上正式通过，日本也在1996年的国会上批准执行。公约共有447条（包括320条正文和9个附件），其基本内容可归纳为以下三点：① 原则上视海洋为"人类共同财产"的实定法；② 总括性地规定了海洋环境保护、资源开发、和平利用的法律；③ 在主张原有权利（享受海洋利益）的基础上，强调新的义务（海洋环境保护），规定各国应该接受人类的托付，切实履行海洋环境保护的义务。

不属于任何人的海洋

第一个阶段处于"人类进入大洋以前的时期"。这一阶段从法律上来说，"海洋不属于任何人"的理解是主流。但作为古代欧亚大陆的两强，中华帝国和罗马帝国各自拥有不同的想法。

中国一直推行政治"册封"与通商相结合的"朝贡"原则。在这种册封及朝贡关系中是不需要法律（国际法）的。因为只要能在政治、经济上保持稳定的关系，就无须特别考虑法律方面的问题。在那个中华世界夸耀对周边诸国具有绝对性优势的时代，"中国法"就这样代表着国际法律。

另一方面，西方的罗马帝国也在周边建立殖民地（作为要塞的殖民城市），扩展版图，确立了在陆地上的土地领有权（dominium），但没能触及地中海海域的领有权。也就是说，在这个时期，他们的理解是"海洋不属于任何人"。可以认为其中有罗马帝国对先前的海洋民族（腓尼基人等）的顾虑。

然而，由于海盗猖獗，威胁到罗马帝国的安全，已经到了必须采取一定对策的程度。于是，他们开始对海盗行使管辖权（imperium）。这里可以将领有权与管辖权从法律上加以区分。这一概念后来成为近代国际法产生的重要依据。

"大洋时代"对于海洋的理解

在第二个阶段的"大洋时代"，从法律上来说，"海洋不属于任何人"的观点仍占据主流。15世纪郑和远航时，不等朝贡使节到来就亲自远航到达西亚及非洲，这与从前截然不同。然而，当时对海洋的认识，仅仅是连通陆地、连通港口的路径而已，还没有将海洋当作领有或者管辖的对象。

无论是意大利人哥伦布横渡大西洋，到达美洲大陆（1492年），还是葡萄牙人瓦斯科·达·伽马途经非洲南端进入印度洋，最后抵达卡利卡特（1498年），其目的都是到达某个陆地，并获取当地的物产。海洋仍然只是连通陆地、港口的必经之处而已，而且他们也尚不具备使其成为领有和管辖对象的力量。

近代海洋圈地

在第三个阶段的"近代"，情况为之一变。海洋国家之间的斗争以及海洋国家和沿岸国家之间的对立激化，17世纪时开始了格劳秀斯（荷兰法学家，著有《海洋自由论》一书）与塞尔登（英国法学家，著有《闭海论》一书）的法律大争论。其结果，开始出现了海洋"圈地"，"领海"的概念形成并实体化，"广阔的公海及狭窄的领海"的概念成为国际法的主流。

第四个阶段和第五个阶段的海洋问题、法律概念和实态的变化，均不在本书所涉及的时间跨度内，故无须在此赘述。不过，我们生活在现代社会，会用现代人的眼光思考历史。我认为在观察历史时，带有现代的课题研究意识是相当重要的。在这个意义上，我们有必要正确认识从保护地球环境的观点出发，首次将海洋视为"人类共同的财产"的第五个阶段的《联合国海洋法公约》。

本书的研究对象及见解

本书涉及的时代是自 14 世纪末至 20 世纪初约 500 年时间，也就是包括近世和近代的一个相当漫长的历史剧变时期。我们尝试通过这 500 年，思考亚洲和欧美世界之间的关系。在漫长的变化过程中，人们的生活发生了变化，政治、经济也同样发生了改变。科学技术在发展，创造出自然界中不存在的大量新物质，制造出大批破坏性武器，使得环境发生了巨变。我们的想法也发生了巨大转变。

亚洲与欧美世界的关系，曾有以下四个大的浪潮，其特征如下：

（1）始于 8 世纪，亚洲"开放体制"与欧洲"闭锁体制"长期共存的时代；

（2）始于 16 世纪，西欧入侵亚洲，亚洲自我防卫的时代；

（3）始于 19 世纪，欧美国家正式统治亚洲的时代；

（4）我们所处的 20 世纪后半期至 21 世纪，包括亚洲和欧美在内的世界各地相互依存的时代。

本书对应的时间开始于（1）的共存时代的末期，截至（3）这个时期的末期。对习惯在特定的历史时期内叙述一国史的历史学来说，这样的问题设定有沉重的负担。然而，正是由于时值世纪末这样一个特殊的历史时期，社会充斥着各种不安与不可预见性，我们更想向人们普遍认为的高难度课题发起挑战。

我们试图将 500 年作为一个时代来把握，有几个现代化的背景。我们强烈地预感到当今时代将发生巨大的变化。而且，已经有人率先出版了这方面的书籍。我们也有一种强烈的危机感，意识到如果继续按照以往的理论和方法运转世界，那么未来将十分渺茫。

在即将迎来 21 世纪之际，也应该有如下假说：单纯把握 21 世纪的这 100 年是不够全面的，整体范围内的巨大变化并非以 100 年发生一次的频率，而是以数百年发生一次的频率出现。

要思考现在、展望未来，我们必须在一个较长的时间跨度内探讨问题。菲利普·费尔南德兹-阿迈斯托（Felipe Fernández-Armesto）所著《千禧年：过去一千年的历史》（ *Millennium: A History of the Last Thousand Years* ）一书，便是以 1000 年为单位思考过去的。其中第一章以《源氏物语》开篇，指出"当时是一个不论勇武而论诗歌才能，不尊腕力而尊审美，相比较不文雅的成功，更崇尚体面死亡的年代"。这部著作引入"主导权"的理论进行叙述，谈到自 15 世纪起世界的中坚力量转向了西欧及欧美，如今经过 1000 年，作者预言世界的中心正逐步回归太平洋沿岸。

我们在考虑未来的时候，也有必要不提 21 世纪这个说法，而是以接下来的 1000 年（日语中尚无可以贴切表达此意的词语）为设定范围进行讨论。

"开放体制"与"闭锁体制"共存的时代

欧洲中世纪的君主制国家被紧紧绑缚在土地上，依存于领内土地生产力的时代，从对外关系上来看，是一个把重点放在自主防御来自伊斯兰教的威胁上，并将目光主要投向内部事务的时代。日本历史上出现过"锁国"，如果用类似的词语来形容欧洲这段历史的话，则可以称其为"闭锁体制"。

在联结太平洋和印度洋的海洋亚洲交易圈扩大到地中海，购买亚洲物产的交易途径消失的时点，这种"闭锁体制"的反作用力开始凸显出来。也就是说，位于伊比利亚半岛的西班牙和葡萄牙为了探寻通往大西洋的出口开始膨胀的时期，正是 15 世纪末至 16 世纪初。欧洲各国在强调自身的领土主权，向民族国家发展的过程中，登上世界舞台。

而另一方面，亚洲自公元 8 世纪的唐王朝以来，尽管在政策方面出现了一些重点内容的调整，但基本上实行的是"开放体制"。在物品流通、人员流动等方面，几乎没有什么限制，各种交流十分频繁。如果用现代用语来形容，这是世界交流的"自由主义"，假如限定在贸易方面的话，就是"自由贸易时代"。最后也是最高潮的繁荣时期应当属于 15 世纪的马六甲王国。这是"亚洲与欧美世界"真正意义上开始接触的前奏，也是通过物品流通大规模交流时代的开幕。

亚洲的"开放体制"与欧洲的"闭锁体制"，二者在蒙古帝国败退后的 700 多年间一直并存，其间虽然也有边界线上的摩擦，但是并没有爆发全面的冲突。然而，欧洲势力终于突破了前线，开始入侵亚洲，设置据点。而欧洲入侵的最早象征，便是 1511 年葡萄牙占领马六甲。

西欧入侵亚洲与亚洲自我防御的时代

当西欧的"开放体制"波及亚洲的时候，亚洲被迫向"闭锁体制"过渡。这是自我防御的一种姿态。莫卧儿帝国最终难堪重负，18 世纪时将一部分领土拱手让给英国，成为殖民地。莫卧儿帝国每一次战争失败都割让领土，直到 19 世纪后半期，莫卧儿皇帝退位，由英国女王取而代之。

在中国，清政府实行"锁港"政策，缩小贸易范围，追求内部繁荣，限制与海外的文化交流。在贸易方面，限制外部所需的茶叶和丝绸的出口，限制新作物的种子等的进口。正因为如此，偷运鸦片的情况愈演愈烈。到了 19 世纪，清朝走向衰退，最终在鸦片战争中败北（1842 年）。

日本的对策

在日本，也可以明显地看出当时因自我防御而出现了由"开放体制"向"闭锁体制"过渡的情况。1624 年，德川幕府禁止天主教国家西班牙的船只来航。1635 年，严禁日本人海外渡航，并禁止前往东南亚等地的在外日本人回国。1639年，禁止天主教国家葡萄牙的船只来航。最终在 1641 年，德川幕府将平户的荷兰商馆迁移至长崎的人工岛出岛上，完成了"闭锁体制"。

日本向"闭锁体制"的过渡是所谓的自我防御，即针对外来威胁的一种对策，同时也意味着日本在经济方面达到了自给自足。也就是说，日本之前主要从中国进口丝绸、棉花和茶叶，而实行锁国政策后，日本开始自主养蚕、种植棉花、生产棉布，并全面掌握了茶叶（绿茶）的栽培和加工技术。手工业方面，日本在"开放体制"时期就已经具备了高超的刀具制作水平并大量出口，而锁国政策的实施，为各种制作工艺的发展提供了可能性。挖掘根系深杂草用的铁锹的研制，使得水稻种植扩大到三角洲地区，从而保证了主食大米的大量生产。而支撑着流通的贵金属货币，代替了一直以来从中国进口的铜钱，是用日本自己的铸造技术使用出自日本金、银矿山的原料生产出来的。

17 世纪中期，日本全面完成的"闭锁体制"，意味着日本与亚洲大国中国在政治、经济方面保持了距离。与此同时，它也作为日本针对欧洲入侵所制定的防护措施开始产生效力，得以确保对外和平。

而在日本国内，关原合战（1600 年）终结了内战局面，不久武士集中到幕府和藩都的城堡周围——"城下町"生活。随着农业生产力水平的提高，日本进入了既无内战也无外战的"德川和平"时期。只有荷兰和中国的船只获许来日通商。

此后大约经过了 150 年，到 18 世纪末期，俄罗斯船只开始在北方海域出没。德川幕府于 1791 年首次发出了对外政令"宽政令"。这是将旧习俗写成了条款的政令，整体内容比较温和，比如虽然规定要对来日船只进行严格的检查，但会给予船只必要的物资，并且不会开炮。第二年，俄罗斯使节腊克斯曼来日。

另外，"锁国"这个新词汇最早出现在 1801 年志筑忠雄的《锁国论》（节译自德国学者坎普法的《日本志》）中。坎普法是荷兰东印度公司的职员，1690 年起在长崎居住了两年，其间他还去过江户，拜访了幕府。其著作《日本志》出版大约 100 年后，在日本引起了新一轮关注，成为"锁国"与"开国"政策争论的导火索。从志筑的《锁国论》刊行开始，英、法船只就在日本的近海出没了，维持锁国政策出现了艰难的政治状况。

欧美国家统治亚洲时期

在欧美国家真正统治亚洲之前，经历了好几个阶段。为了便于理解，可以将其分为三个时期。

第一时期是葡萄牙建设贸易中转港口及其殖民地化时期。葡萄牙人获得了采购热带物产的贸易中转港，使局部市场与偏远地区贸易结合在一起。

第二时期是 17 世纪以后荷兰对印度尼西亚的统治，以及 18 世纪以后英国对印度的统治时期。他们从确保贸易港口转向了扩张统治领土，在新获取的广阔的殖民地领土上开始自主生产热带物产。

第三时期是在热带物产的买进（第一时期）及生产（第二时期）的基础上，销售本国产业革命的商品，即开拓市场的时期。产业革命中生产的棉布、工业制品自不必说，就连在殖民地生产的鸦片也成为开拓下一个市场的排头兵。

我认为，这样的欧美世界入侵亚洲的结果，便是亚洲形成了三种不同的政治体制。

（1）立法、司法、行政三权完全丧失的殖民地——印度等；

（2）战败后签订"战败条约"的体制——中国等；

（3）没有发生战争而缔结条约的"交涉条约"体制——日本等。

这个问题将在第八章进行详细论述。

重新探讨研究方法

近年来，要求重新审视各种学问的方法论的呼声强烈。经济学产生于大约 200 年前，几十年前它就已经被指出需要进行根本性的重新探讨。如今，在国际政治领域，也产生了批判的声音，认为在近代产生的"民族国家"与作为民族国家集合体的国际组织范围内，无法解决世界性课题。在国际法领域，人们认识到作为国家间法律的旧型国际法已经接近极限，正在逐步向"人类法"的方向转变。事实上，《联合国海洋法公约》首次将"人类"确定为实定法中的法律主体，这是一个划时代的变化。

文学、哲学、历史学等人文科学领域亦是如此。人们很容易认为，这一领域不仅具有个案研究的本来属性，而且每一部作品自身都极具个性，是特殊才能的产物。一两千年前的古典（如《史记》《论语》《庄子》《飨宴》《源氏物语》等）能够超越时代，直到今天仍能教诲、感动读者。

相对于个案研究，还有另外一种方法，即通则式研究法。一般都认为这种方法具有自然科学或社会科学的属性，这里需要的是它能够抵抗反论的逻辑性（无法提出反论的特性）。也就是说，一条法则一经认知，任何人使用它都可以获得普遍性的认同，不允许出现例外。社会科学的法则（理论）主要依靠实践去检验，而自然科学的法则则主要依靠实验来证明。

有一种观点认为，人文科学中特有的个案研究法和自然科学、社会科学中的通则式研究法这两种研究类型，只是为了方便起见而进行的分类，不应满足于这种分工，简单满足的怠惰想法恰恰是 20 世纪末颓废的一个证据，因此应将二者进行再结合，使其合二为一。这种观点也有一定的说服力。

如果认为法则是应该不断创新的东西，那么通则式研究法为了发现新视野、获得新构思，必须了解以往形成的所有法则的界限，并在此基础上有所超越。这时候，对那些个案研究的、超越时代并具有影响力的古典，或是尚未被创作成作品的古代人类行为（包括传统、习惯等）的发掘，或许可以成为珍贵的源泉。

我们之所以不断呼吁对人类遗产进行保存、重新认识和重新评价，其根据就在于此。这既是对一直以来忙于单纯评价历史的积极部分这一做法的反省，也是对遗忘历史的反省。人类在不断拥有新收获的同时，也有已经失去或者正在失去的东西。想要恢复这种得失平衡，就需要面对历史。这或许是一种人类思考的自净作用。

保护地球的想法

有一种反省是，文艺复兴思想失去了它诞生之初的划时代意义，剩下的唯有人类对于自然的傲慢。挑战自然，这是人类进步的主要原因。科学技术的进步是人类挑战自然的有力支撑，而有人认为，科技创造的各种"设备"如今已经达到了极限。人们对于地球环境恶化的危机感也加强了。巨大的能源、物质浪费在加剧。而在热能源的利用率方面，就连日本这样的科技大国也只能达到六成，一大半能源被当作废物遭到废弃。向大气中排放的二氧化碳招致地球变暖的危机，将工业废弃物丢入大地或河流则造成了海洋污染。因此，也有一种意见表示，需要质问进步的意义和科学的目的。

不仅仅是破坏自然，人类本身所具有的能力也开始减退。人类充分调动五官感受喜怒哀乐的能力开始丧失，迫使人们依赖各种设备。作为生物获取食物得以生存的这种基本能力，曾经因每个人的责任，或是家庭等小单位的责任（小的社会性分工）而得到运用。人们拼尽全身力气维持每日的生活，延续生命。而现如今，这种基本能力减退，作为"个体"的人类趋于退化。人们远离了生产、加工的场所，被过于便利的设备包围着，就连"个体"出现退化甚至是急剧退化的意识都很少有。

超越时代的共同感受

人类生存的基本条件是衣食住。地球上大约 60 亿人口中约有 10 亿人面临着饥饿与死亡的危险。日本在战后也出现过粮食困难的时期，这段痛苦的记忆深深印刻在我的脑海里。经历过战时的流离失所和战后粮食困难时期的人已经很少了，整个世界在致力于和平共处、经济增长以及技术开发。但另一方面，今天的粮食问题，如何填饱肚子的问题也亟待解决。

如今，发达国家总人口的 80%、世界总人口 60 亿中的过半数都是城市人口。城市人口脱离粮食生产，远离自然，在拥挤的环境中生活。人类作为动物在成长过程中获得各种各样的能力，触摸鱼类后感受到的滑溜溜的触觉、咀嚼野草发展出的味觉、对流动的风的肤感——这样的五官感受的形成，都离不开与自然的交融，而这样的成长环境被城市夺走了。其结果，被隔绝于自然而生活在城市里的这代人，从小就缺乏保证生存所需的粮食这一最基本、最本能的能力，直到长大成人。日本已经有差不多 2/3 的人口都是这样的人。等到他们的孩子或者孙子那一代，这样的人口应该会占更大的比例。

本书的观点

我们想从亚洲和欧美的内部出发，去思考 15 世纪至 20 世纪初大约 500 年的"亚洲与欧美世界"，并将二者的共通之处放在整个国际关系中进行明确的探讨。这时候，我们就需要先想到下列几个关键词：

（1）向海洋拓展与地球环境；

（2）人口增加与城市化；

（3）物质欲望的成果与极限；

（4）新获得的东西、失去的东西、正在失去的东西。

作为接近这些问题的步骤，有各种各样的方法、观点。本书考虑综合使用迄今为止历史学所积累的三种方法进行探讨。这三种方法分别是：描述生活变化与物质欲望扩大等的"生活史""社会史"方法，描述物品的生产、流通、消费之结构的"经济史"方法，在世界范围内掌握拓展的国家和国际关系的"政治史"方法。考虑到也有些问题在这三种方法的框架内无论如何都难以把握，这里将这部分问题归入"文明史"的方法。

本书所涉及的大约 500 年时间，是我们现代人难以想象的时代，同时也是现代社会中失去的东西曾经大量存在的时代。

第二章　从衣食住看国际政治

广阔的海洋亚洲交易圈

人、钱、物、信息

人常说："只要具备人、钱、物三项条件，做任何事情都如虎添翼。"如果再加上信息的话，那就变成四个条件。这四个条件中，按照历史发展的顺序，最早超越国界的要数"物"。"物"后面是"钱"和"人"的交流增多。当然，在"物"的交换过程中，少不了"人"的参与，但这很像接力赛，传递"物"才是目的，其间也伴随着信息的传递。出现多数人迁移，超越不同宗教和价值观而实现共存，这是很久以后的事情。随着计算机技术的发展，我们迎来了货币和股价信息瞬息传遍天下的时代，这是近几年来 IT 发展的结果。

"物"的交换，是从相邻的部落之间开始的。一方将物品放置在边界，另一方则来取走物品，并将用于交换的物品留下。二者不见面，就完成了物品交换。在之后很长一段时间，物物交换也被用于广域流通的场合。这样一来，物品轻而易举地跨越国境，除了陆路之外也开始向海路发展。

首先，从公元前后起，中国产的丝绸通过陆路到达了罗马。在这条丝绸之路的归途中，大量的物产被带回中国。作物的种子或幼苗直接被种植在新的土地上，这种作物便成为饭桌上的新食品。将扦插用的葡萄枝插进白萝卜里给其补充水分，把葡萄从西亚带回中国，这自然也要归功于丝绸之路贸易。穿越沙漠的骆驼商队，用棉布蘸上一点儿水分就使香菜发了芽。这种原产于西亚、有特殊香气的伞形科植物含有丰富的维生素 C，预防坏血病（由于体内缺乏维生素 C，出现全身各处出血、贫血等症状）不可或缺。因此，这种植物在中国也很快被广泛栽培，并出现在百姓的饭桌上。顺便说一下，因为香菜没有传入"大航海时代"的西欧各国，所以船员们受到坏血病的折磨，苦不堪言。

衣食住是生活的基本，其中衣食可以传播、交易。这既是挣钱较多的买卖，也是人们渴望新文化的一种表现。从"医食同源"的观点来看，饮食可以帮助人类实现长生不老的愿望，因此对新食材的需求就产生了。正所谓"仓廪实而知礼节，衣食足而知荣辱"（《管子》）。但日本除去现代有限的温饱时代，历史上一直是处于"衣食不足"的状况。从世界史的整体来看，丰衣足食的时代才是例外。

衣食最具有群众基础，正因为它植根于人们的生存本能，所以各个国家才为了确保衣食无忧，纷纷登上国际政治的舞台。国际政治既可以产生和平共处的关系，也可以产生战争、统治和从属关系。对衣食方面的无尽欲望撼动着整个国际政治。

这不单纯是过去的事情。对照最近出现的世界人口激增、异常天气频发等变化趋势，粮食过剩及匮乏有可能以 10 年为单位循环发生，这将是一个切实的课题。

海上交易路线

德国地理学家李希霍芬在 19 世纪末命名的丝绸之路由三条主干线路组成，分别是草原线路（始于公元前 7 世纪，位于北纬 50° 上下的陆地贸易路线）、绿洲线路（汉武帝派遣张骞开辟的位于北纬 40° 上下的陆地贸易路线）和海上贸易路线（南海路线）。陆地贸易路线自公元前 2 世纪开始，将中国产的丝绸运往西方，不久这条线路就连通了罗马帝国。

相对于陆地贸易路线，海上贸易路线是从 8 世纪左右开始兴盛的。比起用骆驼背运货物，船只可以大量运输货物。尽管仍存在船只性能与规模不足、需要预防海难等多方面的问题，但随着架有龙骨、能够在大海中乘风破浪的外洋船只的诞生，地球一下子就变小了。

在这个时期，物物交换仍然占据主流，使用金钱的买卖只占少数。两者之间进行物品交换，双方需求不一致的情况很多。确切地说，一方需要（想买）的东西和另一方想卖的东西一致的情况极其少见。当供需不一致的时候，就会有另外一个选择，也就是多人之间进行商品交换。尤其是在相隔较远的地方进行贸易，很有必要这样做。

来自西方的阿拉伯商人在东南亚香辛料基地（摩鹿加群岛等）想用白银交换物品，可是没人理会他们，于是他们想出了新的手段。方法就是，用白银中途在印度买好棉布，以此作为交换物将香辛料搞到手，再把香辛料拿到地中海卖给欧洲商人，从而赚得白银。这就是广域间三角贸易的雏形，可以完成三种商品的流通。这种场合中，白银与其说是货币，倒不如说是物物交换用的一种商品。

自18世纪后半叶起，占据了国际贸易主导权的英国开始大规模、系统化地采用以这种领先的三角贸易为原型的解决方案。其中最典型的要数由鸦片、茶叶、棉布构成的"19世纪亚洲三角贸易"，以及在大西洋范围进行的由奴隶、棉丝、棉布构成的三角贸易。关于这部分内容本书将在第七章进行介绍。

这些跨越国境的物品，有"轻""不变质""稀有"三个特点。如果物品重就很难运输，于是需要"轻量"；运输过程中如果发生腐烂或破损，就会失去商品的价值，因此要求"不变质"；另外只有珍稀之物才有"稀有价值"。远渡重洋的那些物品，都没有脱离这三项属性。

三个海域、四个阶段

联结欧亚大陆的海洋亚洲交易圈可以从地理上分为以下三类：

（1）"东部海域"——从太平洋沿岸南海至印度洋的海域。

（2）"中部海域"——连通印度西海岸和孟加拉湾的海域。

（3）"西部海域"——连通红海、波斯湾、阿拉伯海的海域。

历史上，海洋亚洲交易圈经历了以下四个阶段：

（1）形成期——在连通红海、波斯湾和印度西海岸的"西部海域"进行的航海和贸易，最早始于公元前15世纪前后，具有1500年的悠久历史。这个时期由"西部海域"占主导地位。

（2）发展期（公元8世纪前后至15世纪）——进入此时期后，"东部海域"与中部和西部海域连为一体，发展为名副其实的海洋亚洲交易圈。这一发展期的主导权由"东部海域"的中国所掌握。最高潮便是中国皇帝主导的"册封、朝贡制度"（政治、经济关系）。

（3）变化期（16世纪后，在大西洋发展的欧洲商人入侵亚洲的时期）——欧洲商人在亚洲市场上算是新加入者，所以很难一下子确立属于自己的商圈，于是他们随后加入现有的交易网中。主要有葡萄牙、荷兰、英国等地的商人。

（4）欧美主导期（18世纪后半叶以后，欧美经济主导亚洲经济的时期）——通往大西洋，并向南美延伸的欧洲势力在那里发现了银矿，将大量的白银带入亚洲，将海洋亚洲交易圈吞并到以欧美为中心的世界体系之中。

在本章（第二章）中，我们主要涉及（2）和（3）两个时期。从历史学的时代划分来看，属于跨越近世和近代的时代。

海洋亚洲交易圈的形成期

在思考海洋亚洲交易圈时，我们必须事先看一下其漫长的形成期的概况。本书所探讨的是跨越 500 年历史的"亚洲与欧美世界"，首先需要将包含这 500 年在内的 1000 年作为一个时间段纳入视野中。

大约 1000 年前的公元 8 世纪，海洋亚洲交易圈由西部海域继续向东延伸，从孟加拉湾到东南亚海域，再进一步发展到东海，至此形成。这个海洋亚洲交易圈，在农业、手工业生产活力以及城市化所带来的消费多样化的基础上，因有佛教、伊斯兰教朝拜活动带来的人口大范围移动，各种交易变得十分活跃。随之而来的是开展贸易的港埠城市也繁荣起来，港口成为异域文化交流的场所。造船业也在发展，船只大型化，使远洋航海成为可能。

7 世纪，萨珊王朝（波斯第二帝国）垮台后，其中的伊朗系民族移民印度洋海域。阿拔斯王朝（750—1258 年）建立后，波斯（伊朗）船只和阿拉伯船只纷纷将遥远的东亚国家中国当成了目的地。波斯船有两种类型，一种是长度为 60 米，可搭载 600 名船员的锡兰制造的船只；另外一种则是本国造船工匠制造出的椰树皮编织的单桅帆船。中国称之为天竺船或者昆仑船。

集市上丰富的商品

《辛巴达航海历险记》中，对10世纪的市场交易情形进行了描述。这个故事的开头写道："我见过太阳升起的那片大海。"这里所说的大海在他们看来是东方的海。"我踩着从天空落下的如巨人戒指般的珊瑚礁而来。无论在浅滩、三角洲，还是在群岛，都让我赚得盆满钵满。……从这里带去生姜、樟脑、龙涎香，还有象牙和珍珠，就可以在那里换来丝绸或者桂皮、丁香。"这时，还没有出现中国产的瓷器。

在唐代（618—907年）都城长安的市场上，充斥着各种药材。将印度或爪哇出产的白檀磨碎后制成的退烧药和肠胃药、芦荟做的消炎软膏、让人气爽神清的丁香油、索马里产治疗流产用的乳香和没药、波斯产调理血气的椰枣果，还有使人精力充沛的无名子、著名的缅甸产健胃药黑胡椒、西藏产的镇痛剂罂粟，以及从巨头鲸体内提取的补益强壮的龙涎香等，种类不计其数。

大量的商品都与人们的衣食住相关。位居第一的就是食品类，其次是衣物类。自从诞生了将饮食与药物相结合的"医食同源"思想，长生不老的愿望便开始在人们的心中膨胀。外国产的物品确实价格不菲。但是，这应该被视为皇帝或贵族的一种奢侈爱好，还是包括老百姓在内的所有人的一种基本生存欲望呢？从贸易量和贸易的丰富性来看，它无疑具有广泛的大众基础。在漫长的历史中，饥饿与疾病一直是社会的基本问题。

这一时期的平均寿命无从查起，不过，推算为 30 岁左右应该不会有太大出入。无论是流产女性所用的乳香和没药，还是壮阳健体的龙涎香，都成为家族人丁兴旺的必需品，这一点也不足为奇。

向东部海域移动的海洋亚洲交易圈

中国方面远航至南海和印度洋的时机真正成熟，是从宋代，进一步说是从 1127 年将首都由开封迁往南方临安（杭州）的南宋开始的。受北方金国势力压迫而南下的南宋朝廷，由于土地税收减半，转而关注海外贸易。第一代皇帝高宗说过："海上贸易的利益应该十分巨大。只要妥善经营，赚取数百万贯的财富绝不是梦。比起向百姓征收苛捐杂税，这难道不是一个上策吗？"从这个时候起，中国生产的瓷器开始向海外出口，"陶瓷之路"将大海连为一体。

建立于 1206 年的蒙古帝国，在中国本土推翻了南宋政权，建立了元朝（1271—1368 年）。蒙古在欧亚大陆广阔的大地上推进统治，将东西的陆地线路和海上线路合为一体。由蒙古人所推动的欧亚大陆的巨大改变，为下一个时代做好了准备。因海洋亚洲而出现的世界一体化新动向，是海洋亚洲交易圈的最繁荣时期。

14 世纪，明朝（1368—1644 年）建立后，大城市对东南亚产的香辛料、药材、食材等农产品加工品的需求进一步增加。作为抵值品，中国产的瓷器、棉布等日用品的出口增长了。日本此时也加入亚洲贸易圈中，出口大量日本刀具和白银、铜等原料金属，使其在中国和东南亚广泛流通。

东南亚的 15 至 17 世纪被称为"商业时代"，贸易港口城市十分发达，成为连接三角洲、平原和山地的区域中心。这样一来，东亚、东南亚、印度、西亚、东非作为一个巨大的贸易圈发展起来，各地商人在各区间内开展商品的中转交易。

深受亚洲物产吸引的中世纪西欧

另一方面，中世纪的西欧各国大约从 13 世纪起对胡椒等香辛料的需求量增加。据说，这一时期人们为了储藏猪肉，习惯在使用食盐腌制猪肉时加入香辛料，以去除腥味，并起到防止腐臭变质的效果。在饥饿及疫病十分常见的那个时代，储藏食品是维系生命的必需品。而且，人们相信添加香辛料还可以使营养均衡。

1348 年，从前一年便开始在意大利半岛流行的鼠疫（黑死病）转瞬间就扩散到了法国、德国和英国。这被认为是中世的温暖期结束，进入了一个小冰河期的缘故。在之后的 4 年时间里，鼠疫致使欧洲 1/3 的人口死亡。有人谣传在疫病中存活下来的人一直都吃价格昂贵的香辛料，于是富人们竞相购买。由于阿拉伯商人充当中间商，因此价格被抬高了很多。

渴望得到亚洲物产的欧洲各国，企图搭在海洋亚洲交易圈的边缘，从中世纪社会中脱离出来。在时代即将改变的 14 至 17 世纪的欧洲，狭小的地域范围内小国林立，纷纷开始争霸。英法百年战争（1337—1453 年）期间，出现了鼠疫大流行（1347—1351 年）。就连在西班牙和葡萄牙尝试向世界"出逃"的时代，欧洲的中心部分也仍处在三十年战争（1618—1648年）最激烈的时候。

各地的封建领主纷纷培育各自的地方文化。尽管发生了战争，但各种文化提高了自觉性，在艺术、思想等领域形成了各自的主张。其中也出现了追求共存思想的动向。有人开始意识到战争本身既残酷又毫无意义，也有人提出了战争带来贫穷、战争经济具有不合理性等主张。

在这种形势下，14至16世纪的西欧出现了文艺复兴。艺术的繁荣自不必说，文艺复兴还培养了重视自然观察和实验的思想，更进一步促进了应用技术的发展。文艺复兴的新思想也使得诞生于中国的火药和指南针得到了改良。尤其是14世纪德国发明的"火炮"，开始被用作征服其他民族的优良武器。火炮也极大地改变了以前骑士兵团的战斗形态，导致其走向没落。

农作物的传播与栽培加工技术

农作物一旦传播开来，就未必再需要持续性贸易了。作物被输入后，只要适合当地的风土，并传来了栽培方法，传播的使命就结束了。吐丝的蚕只吃桑叶，而桑树原产于印度。中国引进桑树后，开始发展养蚕业，使用生丝制成的美丽丝绸诞生了。汉代（始于公元前3世纪）时出现了向西延伸的丝绸之路。

茶叶也是一样，据说茶树的原产地在印度一带①，后来开始在中国栽培。平安时代，茶树又传到了日本。茶树一经传入，其后的栽培、茶叶制造等问题都要在当地解决。在日本，占主流的是绿茶（不发酵），江户时代初期（17世纪），已经形成了以村落为单位的自给自足体制。新的栽培技术和新的消费方式往往超越原产地的模式，在传播地生根开花。

也有些作物的种子、苗木等经过移栽后，受气候和水土条件影响，无论如何也无法在当地成活。比如，茶树和胡椒在西欧就无法移栽成功，因此当地只能购买加工过的成品。

另外还有一些作物，即使能够移栽，但由于加工技术的传播以及原料的获取存在困难，最终也很难形成商品。比如，中国产的厚质棉布、印度产的薄质棉布自16世纪以来在欧洲的销量很大，然而直到18世纪后半叶的产业革命以后，英国才开发出了可以替代这些棉布的商品。而茶叶的种植和加工技术自中国传到英国殖民地印度，迟至19世纪后半叶才取得成功。

大地的变动——扩大农业生产

贸易始于土地上的各种产品的交换。粮食、衣物，或者金属、陶瓷器等都是人们在大地上勤恳劳作而生产出来的。这些产品跨出国门，被拿到国外买卖，就形成了贸易。其中，确保粮食是作为生物的人类生存最为重要的课题。确保粮食首先要从我们脚下的大地和水边开始。

①　桑树和茶树原产地应为中国，但日本作者对此一向有异议。

当粮食生产达到可以满足人们未来需求的阶段，方才进入文明阶段。一直以来，农耕的开始被认为是文明的诞生。而在日本这样拥有得天独厚的自然环境的地方，看一下绳文时代就能够知道，在何处捕捞贝类、在何处获取果实或野生谷物——从可以这样有计划地确保食物这个阶段开始，就应该被认为是步入文明。这其中有通过信息所获得的"物"的价值。在狩猎、采集阶段，也可以通过充分利用水土条件，获得与农耕阶段相同的，或者更高级别的文明。

种稻与食用大米

在季风区，人们掌握了水稻这种主要农作物的栽培技术。水稻原产于印度东北部，这种农作物开始传播以来，在相当长时期内，不管在哪个地域，人们都是首先在山谷间或者山脚下靠近水源的狭长水田里栽种。这是利用流水或泉水进行的小规模稻田耕作。在日本被称作谷地田、谷户、谷户田、迫田之类的地方，可以轻而易举地找到饮用水和柴火，也可以捕获野猪、鹿、鲑鱼等，还可以找到日本七叶、橡木、栗子等树的果实。这些地方从防御外敌和野兽以及防灾方面来看也很适宜。在多山、多斜坡的日本，适合开发成水田的地方相当多。

大米具有丰富的营养价值，可以养育众多人口。由于食用大米就几乎无须食用其他食品，因此诞生了"主食"这一概念。给主食米饭配上几种副食，就可以获得均衡的营养和人体所需的热量。副食食品中，人们一般喜欢食用发酵的食品，例如酱油、豆酱、鱼酱、盐腌鱼贝、纳豆和腌咸菜，以便储存和消化。

大米大体上可以分为两种，一种是日本人比较喜欢的有黏性、呈圆形的日本米，另外一种是比较干巴巴的长粒泰国米。古时候的日本人生病时，经常会喝米汤，就是把大米熬煮后单独盛出来的黏黏的米汤油。我们认为黏性是大米好吃与否的决定性条件。但是在喜食泰国米的印度等地区，蒸饭过程中就会把有黏性的水分倒掉，使蒸好的米饭达到干、硬的效果。尽管我觉得这种做法很可惜，不过给这种干米饭上撒一些酥油（从牛奶中提取的油脂），再和咖喱一起食用的话，的确十分好吃。

在三角洲开展水稻种植

现在的水田都不在狭窄的山谷间，而是绵延在广阔的平原地带。在日本，水田主要集中在越后平原、庄内平原这样的冲积平原（扇面地形、三角洲）上。一望无际的嫩绿水田，一到秋天就变成了稻浪翻滚的金黄色海洋。那么，水田究竟是什么时候开始，又是如何传播到三角洲地区的呢？

纵观整个亚洲季风地带，可以列举出历史上几个大型水稻种植区，它们分别是：14 至 15 世纪时，广泛普及水稻种植的中国江南地区（长江下游地区的南部区域）；14 世纪中期在泰国建立的阿瑜陀耶王朝（古三角洲）；15 至 17 世纪的日本；18 世纪末迁都河口附近新三角洲的曼谷王朝（泰国）。这正是相当于海洋亚洲交易圈的发展期至变化期的时代。

三角洲本身是湿地，很适合根系深的宿根性植物芦苇等的生长，而为了铲除这些植物，需要动用大量人力和技术。另外，对河川的治理、对水流的调节也不可或缺。疟疾之类的病虫害也很多，居住环境堪忧。因此，可以说开发之前的三角洲，环境十分恶劣。

而这些恶劣条件被突破的主要原因，包括采用了将湿地的一个区域用土围起来建成"圩田"（围田）的方法，发明出挖掘宿根性杂草的工具（唐锹），将自然流水灌溉转变为水渠灌溉并对此投资，发明了机械抽水工具——龙骨车。充分利用"工程学原理"（因地制宜），率先发明这些新技术的国家是中国，宋应星的《天工开物》（1637 年刊）便是这些工程学技术的集大成之作。"天工"的意思是自然的力量，而"开物"则是技术的意思。

明代的农业与贸易

以江南为中心，农业生产的水平得到了提高。水稻耕种由于新品种开发和施肥技术的普及，收成有所增加，但是受棉花种植的挤压，种植的中心移向了长江中游的湖北、湖南和江西，形成了"湖广熟，天下足"的说法。

中国幅员辽阔，地域性差别很大。首都北京所在的华北地区（明朝 1421 年由南京迁都而来），其传统农作物主要是黍和小米等旱地作物。而且，由于年均降水量只有 500 毫米，再加上温度较低，因此一年只能种一季庄稼。而位于长江中下游的华中、再往南的华南地区，拥有丰富的降水、较长的日照时间和亚热带气候。因此，水稻种植引进后，有些地方甚至可以一年种三季庄稼。其结果，华北、华中和华南地区形成了 1∶2∶3 的谷物产量比。

于是，出现了"南粮北调"这个词。意思是将农业生产
水平较高的华南、华中地区出产的粮食运往北方，在全国范围
内调配粮食。谷物作为税金，或者作为商品大量流通。向首都
北京运输粮食，主要是依靠大运河，它支撑着谷物在内陆地区
广泛地流通。紧接着到了 17 世纪，华北的旱地区域引入了玉
米，而江南地区引入了甘薯。

当粮食生产出现了剩余，农业发展的新动向就是转向桑
树、棉花等经济类作物的种植。从开发江南的 14 世纪开始，

《天工开物》插图

这部书籍介绍了牛耕（上图）、龙骨车引水技术（下图）

民众的衣服材料由麻质变为棉质，并且得到广泛普及。民众对江南地区所产丝绸和棉布的需求扩大了。

在手工业方面，景德镇等地的陶瓷生产出现了彩瓷、青花等技术，制造出精巧、华丽的商品。由于当时的国家收购制度，一部分商品得以出口到国外。手工业的行会在大城市设置会馆、公所，作为活动据点。但是很少有人将所得利益用于再生产的投资，大部分人都用于购置土地或作为高利贷的资金，因此手工业的可持续发展只能停留在较低的水平。

随着陶瓷、茶叶、丝绸、棉布等产量的增加，出口业务也在扩大。从事海运的人不愿意只做单趟出口贸易，使他们的船只返程的时候空驶，而是希望回程时也能装载货物。恰逢中国城市化发展迅速，已经掀起了好几次生活革命，而这种变革主要集中在食欲方面，于是他们增加了从东南亚进口的香辛料等食材。生产与贸易开始相辅相成。

生物学方法

这个时期既有开发新水田的工程学方法，也有引入新品种等的"生物学方法"（适应）。例如，一种被称作"占城米"的红色大米就是大约 11 世纪的时候传入中国的。这是一种南方产的泰国米，属于早熟类型，是产量较大的一个品种。这个品种适宜在排水不好的新开拓水田里栽种。日本也在 14 至 19 世纪的数百年间，向各地引进了这种米。这种大米被叫作"唐干""大唐米"等，但一般认为它就是占城米。可能就是留学僧侣等人从中国带回来的。

红米在日本作为"福种"备受欢迎，其原因在于以下几点：① 适合在排水较差的湿地或干涸沟渠地带的初耕田进行栽种；② 因为是早稻或中稻，所以其收获期在台风季节到来之前；③ 对稻飞虱等害虫的抵御力很强。不久后，等初耕田变成了常耕田，便用日本人喜爱的日本米来替代红米，这样的例子比较多见。一般都认为，在向三角洲新田种植水稻这项事业中，红米发挥了先驱的作用。碰到仅靠工程学的方法难以解决的问题，就结合生物学方法来解决。

与温带的江南地区和日本不同，位于热带的泰国，其水稻品种有着决定性差异。这种占据主流的泰国稻种是一种被称为"浮稻"的品种，其根部在水中长达 3 米，依靠大量水分滋养而生长。14 世纪中叶阿瑜陀耶王朝的建立，是从清迈盆地向湄南河三角洲泛滥荒原的挺进，便是依靠收获浮稻。

这就是生物学的方法，不需要修建灌溉渠道等工程学方面的投资。由于这样减少了国家在工程方面的支出，因此国王（政权）的关心就从土地控制转向了包括大米在内的物品流通和商业发展。据说在出口品中，也包含农民作为租税缴纳的大米。

东南亚的王国

水稻的推广使得生产力可以保持较高的水平，于是东南亚出现了几个王国的兴衰迭起。

越南 14 世纪末建立了胡朝，明朝永乐皇帝曾一度将其吞并，但很快越南又恢复了独立，建立了黎朝的大越国。

建于 14 世纪中叶的阿瑜陀耶王国是首次进入以湄南河流域为中心的三角洲的泰国王朝。阿瑜陀耶王国将版图向周边扩大，并于 1431 年消灭了高棉帝国（柬埔寨）。高棉族在吴哥修建大城市，13 世纪时在热带雨林中建造了吴哥窟（印度教寺院）和吴哥通王城（佛教寺院）。

泰国现在的首都曼谷，是一座建于 18 世纪后半叶的新兴城市。它位于湄南河更下游，随着城市向广阔的新三角洲扩展，其经济规模也在增大，但是它以农业为基础的政权基本性质并没有发生大的变化。之所以迁都于此，可以说更多是出于政治、军事和贸易方面的考虑。位于河口处的曼谷，对抗英国东进势力的力量更强。

在印度尼西亚，13 世纪末虽然建立了印度教的满者伯夷国，但它被编入伊斯兰交易圈，于 16 世纪初灭亡。接下来的苏门答腊岛亚齐国、爪哇岛万丹国和马打蓝国都是伊斯兰教王国。

如前一章所述，马六甲地处这些王国之间，充分利用这种地利，在贸易港的基础上建立了马六甲王国。

城市化与生活革命

对新作物的需求主要集中在城市。能够拉动消费的地方首推新兴城市。研究没有详细贸易统计数据的时代时，我们与其使用供给方的理论来观察，不如从需求方的消费增加要因（要求拉动）来考虑。也就是说，国内的生产增加（主要是农业）使城市化成为可能，为城市拉动新的消费，在国内粮食生产跟不上的时候，或者需要新食材的时候，贸易便会开始，作物的移植范围会扩大，这样考虑这个问题会更加容易。通过贸易的方式，商品、人以及文化跨越国境，扩大交流。

领先的亚洲城市化

城市化进程大致如下所述。世界上人口超过 100 万的大城市诞生于 8 世纪的欧亚大陆，东边有唐代（618—907 年）的长安，西边有阿拔斯王朝（750—1258 年）的巴格达。由于阿拔斯王朝垮台，巴格达衰落了。

后来，中国的首都数次迁移。北宋（960—1127 年）的开封、南宋（1127—1279 年）的临安，以及元朝（1271—1368 年）的北京（大都）都拥有百万人口。到了明代（1368—1644 年），前期的首都建在南京，永乐皇帝又于 1421 年将首都迁往北京，清（1644—1912 年）也将都城设在北京。这些都城都保持大约 100 万的人口规模。另外，城市一旦不再是首都，就会一下子衰退。

城市的魅力与问题

日本的城市化进程是在应仁之乱（1467—1477 年）之后，尤其是从武士据点由山城迁至平城，形成城下町的 17 世纪开始，迎来了划时代的发展。作为最大的城下町的江户城诞生后，被称为三百诸侯的诸大名便各自成为城市化发展的推动者。

从 17 世纪至 19 世纪初期，日本的城市化发展领先于世界。1800 年左右的"世界三大繁荣城市"指的是哪里呢？当时，人口达 100 万，在产业、消费及文化等方面展现出活力四射的城市生活的地方，只有东方的江户、北京和西方的伦敦这"三大城市"。

在日本，早在 17 世纪末期，江户的人口就已经达到了 100 万。大城市不只有江户，它与人口 40 万的大坂（明治以后改用"大阪"表示）、人口 30 万的京都一起组成了"三大城市"。另外，还出现了广岛等好几座人口超过 10 万的城市。这是在同一时代世界上其他地方所看不到的现象。日本实现了早熟、多样化的城市发展，这也是幕府体制所带来的锁国的特色之一。

世界城市化是过去的 200 年

世界城市化的发展是在 1800 年以后。世界城市化的动向中有十分引人注目之处，即下面表格中 ③ 以后的阶段。④ 以后城市化发展过度，到了⑤阶段的 1945 年以后，在发展中国家中开始出现超级巨型城市和城市贫民窟。世界范围的城市化，如表格所示，不过是距今约 200 年前才刚刚起步的。

① 8世纪—	世界上最早的百万人口城市	长安、巴格达
② 17—19 世纪	日本和中国的大城市	江户、北京、大坂、京都

（续表）

③ 19世纪—	欧美的城市化发展	伦敦、纽约、巴黎
④ 20世纪初—	城市结合、巨大化	纽约、洛杉矶、东京、京阪神等
⑤ 20世纪后半叶—	发展中国家的城市爆发	包括墨西哥城、圣保罗、加尔各答、雅加达在内，现在世界上人口超过500万的巨型城市有24个。按照所分布的大洲来看，亚洲有11个，非洲1个，欧洲3个，北美洲4个，南美洲5个。按照发达国家、中等发达国家和发展中国家这三种国家分类来看，发达国家中有东京、纽约等城市，中等发达国家中有上海、莫斯科等城市，发展中国家中有加尔各答、墨西哥城等城市
⑥ 21世纪（预测）	城市的超巨型化发展	预计21世纪人口超过1000万的城市将有22个。其中，属于发达国家的只有东京、大阪、纽约和洛杉矶4个城市（《时代》杂志1993.1.11./2.1.号），其余均为中等发达国家和发展中国家的城市

药材与食材

　　城市产生新的需求，成为生活革命的场所。生活革命不止停留在国内或地区的范围内，伴随着与国外开展的进出口业务，商品开始了大规模流通。繁杂的日常生活中，开始融入全新的商品、食材、风尚、嗜好、装饰、消遣等。一天的 24 小时中，1/3 的时间用于睡眠，1/3 的时间用于工作（挣钱），另外 1/3 的时间则花费在享乐和消遣上。享乐和消遣属于文化，其中包含着生活革命的本质。

渴望购买大洋彼岸"热带产品"的，都是居住在热带以外国家之人。这些国家生产力水平的增加和大城市化，带起了对"热带产品"需求的急剧增加。农业生产力的提高带来了财富，这些财富在城市被当作剩余价值储备起来，进一步催生出新的消费。在这一方面，中国站在领先的地位。

继中国自产的丝绸、棉布和陶瓷之后，15 世纪以后全新登场的商品是唯独热带、亚热带地区才出产的"热带产品"。排在第一位的就是以胡椒为代表的香辛料。中国城市的需求，刺激了这些商品的生产和流通，中国与东南亚的亚洲区域内贸易快速发展起来。

今天我们所说的中餐，是经过多步发展后形成的，很难断言其原型形成于哪年哪月。不过，东南亚所产的胡椒传入中国，并不是特别久远的事情。从早先的事例中，我们可以看到缅甸产的黑胡椒在唐代时曾作为药材使用，但各种胡椒被广泛用于烹饪方面，是 12 世纪宋朝迁都长江下游的临安之后的事情。明、清时期，这种需求进一步扩大。在《随园食单》中，出现了从日本进口的干海参及海带等食材，更是为中餐锦上添花。

原产于美洲的作物

另外一种代表性香辛料就是辣椒。虽然辣椒的日语写作"唐辛子"，其中带有"唐"字，但其原产地是南美洲。辣椒在世界上周游了一圈儿，之后传到亚洲，时间大概是 15 世纪末以后，也就是西班牙人和葡萄牙人开创的"大航海时代"以后。他们从遥远的南美洲把辣椒运送到了亚洲。

辣椒是制作朝鲜辣白菜不可或缺的原料。辣椒被大量运入朝鲜，是从李氏朝鲜（1392—1910 年）的中期开始的。这稍晚于传入中国的时间，一般认为最早也是 16 世纪。比较权威的说法是辣椒是经由日本传到了朝鲜半岛。现在的韩国和朝鲜美食中，辣椒是必不可少的原料。这就像日餐中基本调料酱油一样，它的普及始于江户时代中期，但它很容易被人错误地以为好像太古时代就有了。

南北美洲盛产的西红柿、马铃薯、玉米、茄子、南瓜等物产环游世界，是在西班牙和葡萄牙征服南美洲的 16 世纪，并没有花费太多的时间。新疫病发生的同时，新的作物也开始席卷全世界。18 世纪，玉米和红薯曾经作为救济东亚灾荒的作物，解除了粮食危机。

马铃薯传入欧洲后，在产业革命最高潮时期的 19 世纪中叶，也解除了英国的粮食危机。有"饥饿的 40 年代"之称的 19 世纪 40 年代，以爱尔兰为中心爆发了饥荒，最后好不容易才把人们从灾荒中拯救出来的农作物就是马铃薯。在这样的饥荒年代里，英国把很多无力生活的人作为移民送到了北美洲，其中就包括肯尼迪总统的祖先。

白银与铁炮

在开展物物交换的同时，也诞生了货币。作为大范围流通的商品，首先就要具备"轻量""不变"和"稀缺"这三个特点，而同时具备这三个要素，自身又很少被消费的东西，就是货币。

一个地区、一个国家内的货币越过国境，开始了流通。稀有的金、银、铜等物资作为硬币或黄金、白银等，发挥着货币的功能。这些作为货币的贵金属最初是作为一部分物品（商品）登场的，后来才逐渐占有了特殊的地位。纸币进一步具有了抽象价值，需要有权力为其做担保。纸币的发行始于13世纪的中国元朝。

白银成为国际货币

贸易一旦摆脱了物物交换的时代，为了进行大量且种类丰富的交换，国际通货就诞生了。中国国内曾经长期使用铜钱，宋钱也传到了日本并流通。与这种铜钱同时流通的还有白银，15世纪时，白银的流通量增大。中国与周边地区开展的贸易，受中国货币制度的影响很大。

在中国国内，经营全国范围买卖的盐商要操控白银，官员的俸禄也是用白银支付。由于白银的需求量增加，因此政府于1442年在首都北京设置了太仓银库，作为财政收支的调整机关。进入15世纪后，来自国营银矿的收入急剧减少；另一方面，太仓银库的收入在15世纪时仅有5万公斤，在16世纪时达到 10 万公斤，17 世纪时则由 20 万公斤猛增到 80 万公斤。

这种不均衡意味着白银从国外流入中国。中国的出口产品主要是丝绸、生丝、陶瓷以及棉花等特产，作为销售款可以收回白银。随着出口产品的产量增加，贸易量进一步扩大，于是大量的白银就回流到了中国。白银的价值开始决定物品的价值。

其结果是世界范围内白银供应吃紧。能够大量产出白银，并保证供应的地方只有日本和西班牙在南美洲的殖民地。日本从 15 世纪开始出口白银，到 16 世纪时迎来了鼎盛时期，每年的出口量达到 3 万至 5 万公斤，但后来由于锁国（最终因为 1639 年颁布的葡萄牙船舶来日禁令而全面完成），出口量急剧减少。

产于南美的白银

西班牙于 1545 年在秘鲁发现了波托西银矿，从 1581 年至 1600 年，每年可生产 25 万公斤白银（约占世界产量的 60%）。所产的大部分白银都被运往西班牙，然后拿到世界各地交易。白银在中国十分值钱，所以出口到中国可以赚取多达七成的利润。在澳门经商的葡萄牙商人，还有新近加入亚洲贸易之中的荷兰商人等，把大量的白银卖到了中国。

当时流通的主要货币，既有经过铸造的硬币（墨西哥银元等），也有以分量和纯度论价值的银块，即称重货币。银块可以从中间切断，加上其熔点较低，因此只要将银块熔化，并铸入相应的模具中，就可以制成统一的形状。不久，铸成马蹄形状的"马蹄银"成为主流。

政治、经济的结合形态

新近进入亚洲市场的欧洲商人所面对的一道坚实、厚重的壁垒，便是中国的"册封、朝贡体制"。这种体制将政治和经济一体化，因此尤为强大。之所以这样说，是因为单纯从商业方面考虑觉得不划算的事情，也由于政治的干预，可以得到租税、财政体系方面的担保。这种形式犹如用国家税收来处理不良债权一样。

17 世纪初，在欧洲相继诞生了多家受本国政府保护的东印度公司（经国王或女王敕许而成立的特许贸易公司）。这些都是拥有特殊权利保障的特许贸易公司。其经营活动主要为垄断本国所需要的高级亚洲商品的购买（进口）业务。当时尚无可以从欧洲运往亚洲销售的商品，而且不是一定得开发新市场——这也与它们是垄断性贸易公司的性质有关。正因为它们大量购买中国商品，白银才集中到中国。

白银与中国的税制

在中国，随着货币经济的发展，税收制度开始出现了变化。唐代开始实行的两税法（以夏季的小麦和秋季的小米或大米纳税）进入 17 世纪后，被一条鞭法替代。一条鞭法在两税法的基础上增加了徭役和杂税，用白银一次性纳税。这种银本位制（准确地说是白银和铜钱两位制）到了清代，由"地丁银"继承了下来。既然税收制度是以白银为基准，那么国家财政自然也就得以白银来计算，财政赤字、黑字也开始受白银左右。

白银的价值变动，即金融市场左右着经济、财政以及市民的生活。这不禁使人想起 1997 年因泰铢贬值而开始的通货危机，以及由此引发的亚洲经济危机。但是，我们不能因此就断言通货变动会无休止地撼动经济和财政。应该理解为那只是一个瞬间的危机而已。这期间可能会掩盖矛盾，事实上，生产活动繁荣发展的时期持续了很久。

随着外国白银的大量涌入，中国从通货供给的危机中解脱出来。然而另一方面就是，中国很长一段时间内受到了城市急剧发展、事业投资过量、通货膨胀严重等内部矛盾的困扰。不过，朝廷暂时阻止了这些矛盾的爆发，得以延续寿命。清朝代替明朝建立政权后，在 17 世纪后半叶，进入了稳定期；到 19 世纪初为止的约 150 年间，迎来了蒸蒸日上的繁荣期。这也是人口出现惊人增长的时代。

亚洲自我防御的"闭锁体制"

在这样的世界经济变动期，亚洲各国为了自保，纷纷采取了限制贸易的政策。那些曾经高赞"开放体制"的国家，进入 17 世纪后，同时倒向"闭锁体制"。贸易越做越受白银的束缚。除了白银生产国，其他国家全都束手无策。作为白银生产国的日本，也开始限制贸易，想以此来对抗世界经济的变动。

明朝于 1421 年将首都从南京迁往北京。郑和就是在迁都后不久，开始了第七次下西洋的航海活动。明朝主要是要巩固北方的防御，与东南西北周边各国确立册封、朝贡关系从而重建新秩序。明朝在北方击退了蒙古族的塔塔尔人（鞑靼）和卫拉特人（瓦剌），将疆域扩大到东北部的沿海地区。然而 15 世纪中叶，塔塔尔人和卫拉特人又开始反击，再加上海上的倭寇活动猖獗，明朝开始转攻为守。

北方一旦多灾多难，朝廷便无暇顾及东部和南部的海域。如此一来，也就废除了与东部各国（日本等）进行海上贸易的管制措施（海禁）。明朝在册封足利义满的同时，于 15 世纪初，以消灭倭寇为交换条件，与日本开始了勘合贸易。然而，这种关系没能一直持续下去，无论是册封还是特许贸易都中断了。由此，日本在政治、经济方面与中国保持距离成为可能。

琉球

14 世纪初，在琉球（冲绳）割据的豪族分为北山、中山和南山三大势力。他们分别向明朝派遣使节。到了 15 世纪前半期，中山王尚氏接受明朝册封，实现了统一，建立了琉球王国（古琉球）。琉球王国向中国朝贡，并成为联结东南亚、印度和西亚等的广阔海洋亚洲交易圈的据点。1609 年，琉球屈服于萨摩岛津氏，萨摩以琉球王国之名与明朝开展贸易，获取利益。但由于琉球依然向明、清政府朝贡，所以琉球从政治上来说，同时隶属于中国和萨摩。

倭寇与华侨

所谓倭寇，指的是 13 至 16 世纪活跃在朝鲜半岛至中国沿海一带的武装贸易团体。明朝加大了对海上交通及贸易的控制（海禁），强化了同周边各国的册封和朝贡制度，但随着贸易流通量的扩大，走私贸易也繁盛起来。倭寇最初是以日本西南部的海军为主，而到了后期（16 世纪），则多是由中国人组成的走私贸易集团。

华侨的意思是指在外国暂住（侨）的中国人（华）。华侨中有一小部分很早以前就存在了，后来各个时期又有人陆续加入。15 世纪前期有移居到琉球王国的生意人；17 世纪末之后，由于中国国内大面积种植棉、桑等经济作物而导致大米产量不足，出现了一批移居泰国和越南从事大米进口生意的商人；18 世纪开始，又出现了在东南亚殖民地的甘蔗园和橡胶园充当劳工之人；19 世纪中期，还有修建横穿美国的铁路的那些劳工。

日本村的兴亡

德川家康从丰臣秀吉手中得到了关东八国 240 万石的领地。家康于 1590 年进入江户城，1601 年，开始给前往海外的船只发放"异国渡海朱印状"，鼓励贸易活动（朱印船贸易）。与明朝的勘合贸易中断后，日本转向东南亚获取增大的贸易需求。17 世纪前半期，会安（越南）、马尼拉（菲律宾）、金边（柬埔寨）及大城（泰国）等港口城市出现了日本村。

日本村里不仅有来自东亚，还有来自西亚乃至西欧各国的商人汇集，呈现出世界上最繁荣的景象。输入日本的商品主要是越南生丝等特产，而从日本运往各地的商品多为银、铜等矿物，这些银和铜被用作各地的通货。

　　然而，引人注目的"开放体制"不久就变换了方向，开始向"闭锁体制"转换。1635年，幕府第三代将军德川家光颁布了禁止日本人渡海的法令，再加上清朝于1661年发布了迁界令（禁止出海贸易），已经形成的"通商时代"开始急速衰退。由于突如其来的政策变化，那些生活在东南亚的日本人无法回国，只能在当地了此一生。

李氏朝鲜

　　而李氏朝鲜做出的是另外一种选择。1392年，曾因打击倭寇而战功卓著的李成桂推翻了高丽，建立李朝，定国号为朝鲜（李氏朝鲜）。随后，他接受明朝册封，建立了稳定的政权。

　　与琉球、日本以及东南亚各国在政策上不同的是，李氏朝鲜对加入海洋亚洲交易圈这件事十分慎重，他们最终选择了加强与中国的政治、经济关系这条路。他们一方面将朱子学定为国学，取代高丽时代的佛教，加强与中国亲近交好；另一方面创造出独特的音标文字——训民正音（意为伟大的文字），使铜版活字印刷术得到实际应用，发展出版行业。政治实权掌握在叫作两班的地主贵族手中。

　　16世纪末，朝鲜虽然受到丰臣秀吉的侵略（壬辰、丁酉倭乱），但李舜臣率领海军驾驶新型军舰龟甲船迎战，加之得到明朝军队的援助，最终击退了丰臣秀吉。后来，朝鲜又遭到后金（清）皇太极的进攻，于1637年同后金结为臣属关系，并在清朝建立后接受了册封。

自 17 世纪中叶起，朝鲜开始实行以地税为本的大同法，在郡、县之下设置面，面之下再设洞、里，完善了地方行政单位。在水稻种植方面，田栽法取代直播法普及开来，缩短了收获期，使一年可以栽种两茬作物（收了水稻种小麦等）。经济类作物普及，手工业也得到了发展。这里不以白银为交换媒介，始终坚持以土地及其作物为根本的经济体制，形成了基本上不依靠对外贸易的自给自足体制。

日本与朝鲜之间，于 1607 年由朝鲜国王和德川将军（大君）建立了平等的外交关系。双方的中间介绍人是对马的大名宗氏。朝鲜往江户派遣了使节（朝鲜通信使），但日本未向朝鲜派遣使臣。

火枪的传入与禁止

火枪、大炮所使用的火药也好，航海时必不可少的罗盘针也好，原本都是中国发明的。它们后来传到了西方。14 至 16 世纪，在西欧文艺复兴时期，人们十分重视自然观察和实验，获得了很多科学知识，并充分运用它们发展了各项技术。其中，14 世纪德国人发明的火绳枪（枪支的一个种类）就完全改变了战斗的模式。

经中国商人引导，葡萄牙人把枪传到了日本的种子岛。这一年是 1543 年，德国开发出改良型枪支已经过去了大约150 年。由于他们不懂日语，所以交流只能依靠日本人和中国商人先用汉文"笔谈"，然后再由中国商人把意思传达给葡萄牙人的方式。汉文作为交流媒介的作用，之后也一直持续着。

织田信长等人使火枪成为战国时代的主要兵器，日本在短时间内变成世界第一的火枪生产国和使用国。但这种情况随着战国时代的结束而结束。丰臣秀吉下达了刀狩令，没收农民的武器，以实现兵农分离。另外，经过关原合战（1600年），德川政权获得了政治上的稳定，也采取了禁止武士持有火枪的政策。

"丢弃了火枪的日本人"迎来了国内政治的稳定。集武将的"武"与士大夫（文人官僚）的"士"于一身的"武士"阶层，开始掌管国家政权。武士的随身武器只有大小双刀，而且比起其武器功能，双刀更是武士身份的一种象征。城郭由战争时期的堡垒（山城）变为平原地区的平城，这里是武士（大名和家臣）办公的地方，而城郭周边则形成了城下町。

幕府锁国

第三代将军德川家光时期，江户幕府于1635年禁止日本人出国以及在国外的日本人回国；于1637年镇压天主教徒的岛原、天草之乱；1639年禁止葡萄牙船只入港；1641年将荷兰人从平户迁往长崎出岛，使贸易处于幕府的监控之下。至此全面完成了锁国。禁止日本人出国或回国，意味着制造或是拥有渡航用的远洋船只也遭到了禁止。

而世界潮流恰恰相反，拥有军舰和商船，即成为海洋国家开始被人们认为是成为列强的条件。尽管看到了这样的现状，但幕府还是自主选择了不制造和拥有远洋船只。

锁国政策涉及多个方面。简要概括其特征，是为以下三点：第一，原则上禁止或限制"人"对外交往；第二，"物"与"钱"的往来（贸易）在幕府的监管下进行；第三，信息方面，幕府十分积极、有意图地接收信息，另外，尽管幕府没有考虑对外发送日本情报，但从结果上来说，长崎荷兰馆的驻日人员在这个方面发挥了作用。

当"物"和"钱"重新在世界上运转起来的时候，幕府却背道而驰地采取了"闭锁体制"。这就是限制"人"迁移、令"物""钱"及信息全部置于幕府的监管之下，将政治和经济分割开来的"政经分离"方式。

中国与火枪

中国是发明火药的鼻祖，但火枪在中国最终没有得到普及，这并不是因为没有技术。火器传到欧洲，等它再漂洋过海传回中国的时候已经是 16 世纪中期。当时的万历皇帝（1572—1620 年在位）并不认为需要使用火枪这种从欧洲传来的最新兵器。因为那时的政权足够稳定，无论对内还是对外，都夸耀拥有无上的权力和权威。

本来在中国，相较于发动战争或使用武力实现统治，人们更加尊重道德上的征服，这种"文人统治"的传统根深蒂固。按照儒教（政治伦理）的原理，无须使用火枪，使用火枪被认为是下策。

中国的政治原理

在东亚，中国在很长一段时间内都是遥遥领先的超级大国。不光是中国自身感觉本国是中心（中华），因为册封制度，周边各国也都认识到各自所处的位置，明白这种现实的政治、经济和文化关系。这也被称为"华夷秩序"，意思是中华与夷狄（原意为野蛮人）之间的秩序。在这种秩序中，双方都有意识发挥着各自的作用，而在周边各国，尽管也产生了要在本国政治中充分利用这个超级大国的政治行动，但是并没有产生以相互的对等性作为前提的"论争"。

不仅没有产生论争，甚至连作为现实政治行动的"交涉"也没有。在没有"交涉"的地方，就只能从"征服"和"屈服"中二选一。汉语中有"战"和"抚"这一组对应词，这相当于军事"征服"与"抚慰"（文化屈服）。

直到19世纪中叶，这种逻辑才明显已经行不通。面对外国强大的军事力量（尤其是海军力量），如果"战"即"征服"之路被破坏，那么自身就难免成为"抚"的对象，落得"屈服"的下场。就算在优秀的高级官员中，有人洞察到了这种危机，但凭借科举制度形成的官僚体制没有将这种意识转为政策的余地。

选择不同的"闭锁体制"

中国周边的各个国家在摸索"闭锁体制"时，主要考虑了两方面的因素。其一是与中国的传统关系，即华夷秩序的选择；其二是与以白银、大炮为武器的欧美势力的对抗。我们先来看看朝鲜和日本的情况。

李氏朝鲜的统治阶层是被称为"两班"的文人贵族阶级。他们自主选择向华夷秩序靠近，以谋求政治上的稳定，由于他们对欧美采取了限制贸易的政策，所以在经济方面与欧美一直保持着距离。因此，他们得以提高国内的生产力，实现自给自足，并致力于振兴民族文化。

而日本的情况是，以足利义满之后的统治者脱离华夷秩序为前提，选择了锁国的道路。幕府是由"文""武"兼备的武士建立的政权，幕府和各藩的大名之间形成了"幕藩体制"。如前文所述，锁国的意义在于能够"政经分离"。

幕府在政治上与中国断绝关系，驱逐天主教徒，经对马与朝鲜、经萨摩与琉球结成友好关系（称朝鲜和琉球为"通信之国"，意为相互信任而交好）。在经济上，允许中国及荷兰的商人来长崎开展贸易（称中国与荷兰为"通商之国"，意为保持通商关系），但这种贸易必须在幕府的监管下实行。这样一来，幕府得以稳定对外关系和国内秩序，并且取得了经济上的繁荣。

第三章　走向同一个世界

"世界一体"

世界贸易基础上的近代欧洲人的生活

18 世纪末，富裕的神职人员伍德福德从英国西南部调到了东部。提到伍德福德，他是一个生活在法国革命和英国产业革命时期——虽说如此，他并没有受到世界历史上这两次重要革命的任何影响，他只是一个普通的农村人——因为留下了详细的日记而出名的人物。不用说，神职人员在欧洲算得上是最早调职的一个群体。

调动工作后不久，他从邻居那里买到了一些砂糖和茶叶。当时砂糖属于合法进口的商品，但茶叶显然是走私品。在英国西南部或东部靠近海岸线的地方，一直到很久以后，购买走私茶叶都是司空见惯的事情。另外，在他的日记里，还有购买法国产的假发、弗吉尼亚产的雪茄烟、加拿大产的毛皮的记录。

　　这里有意思的是，就连伍德福德这样一个地地道道的农村人，他的日常生活也已经完全被加勒比海产的砂糖、亚洲产的茶叶，以及虽然已经国产化，但原本是印度产的棉织物等形形色色的商品包围。很多棉织物的染料诸如靛蓝染料，大都是印度或美国生产的。岂止如此，就连最普通的谷物，也已经开始依赖东欧进口，而直到不久前，英国东部还一直是大量出口谷物的地区。当然，运输这些商品的船舶上，无论是桅杆、制造船体的木板，还是船板间填塞的沥青和为防止腐朽而涂抹的焦油，抑或是绝大部分帆布，都是东欧或北欧的产品，是通过波罗的海贸易运送来的。

　　可见，18 世纪末，英国人如果脱离开与包括加勒比海在内的南北美洲、亚洲，特别是东欧之间的贸易往来，生活将一筹莫展。反过来说，生活在加勒比海、印度或者南北美洲的许多人——包括美洲的土著人、非洲的奴隶以及在亚洲各地过着多样生活的农民，他们的生活也都是以同包括英国在内的欧洲各地开展贸易为前提的。举个例子来说，假如没有欧洲人大量消费砂糖和棉花，那么加勒比海或者北美大陆的奴隶制度，甚至是大西洋奴隶贸易本身，都不可能存在了。时至今日，无论在美国各地，还是在英国或者其他欧洲国家，都可以看到很多非洲移民，这也正是因为有这样的"世界一体"的漫长历史。近世以后的世界历史，就可以视为这样的"同一个世界"。

何谓"近代世界体系"

"一体世界",就如同一个庞大的生物,组成这个世界的主要部分(地区)倘若缺少任何一处,都应该无法展现真实的世界历史。可以说,就可能导致一个整体的死亡。从这个意义上说,今后,我想把这种"一体世界"称为"近代世界体系"。近代的世界体系,是在所谓大航海时代的后半期,以西欧各国为核心、以中南美及东欧为"周边"而形成的。之后,这个庞大的生物反复经历了 19 世纪那样的高度成长、扩大期和 17 世纪那样的紧缩期,作为一个整体不断扩大。

例如,日本人称之为开国、维新的这件事,从世界体系来看,只不过是将远东地区这个岛国编入体系的一个过程而已。俄国历史上,最早引进西欧文化的彼得大帝时代也是一样。无论俄罗斯还是日本,都失去了本国的独特性,被编入以西欧为核心的世界体系,处于从属地位。

最终到 19 世纪后半期,地球上几乎已经不存在没被编入这个体系的地区。如今,这个庞大的生物在即将迎来 21 世纪的时候,可以说是陷入生死存亡的危机之中。在这个意义上,思考近代世界体系的历史,也是未来史的问题。

近代世界,在政治上从来没有统一过。而在贸易和金融方面,虽然形成了"世界一体",但并不是像中国历代王朝或者古罗马帝国那样建立了"世界政府"。"一体世界",基本上是基于经济关系而形成的世界。而且,从经济上来看,这里所说的世界"一体"并不是指"平等"或者"平均"。事实上,近代世界体系一般来说，是由"核心"地区以及从属于"核心"的"周边"地区组成的。

稍微想一想就可以明白，在英国，像伍德福德这样属于统治阶级的一部分人，他们的生活是建立于在曼彻斯特近郊棉纺厂里工作的英国工人，为这些工厂提供染料、砂糖的美利坚合众国南部和加勒比海的黑人奴隶，以及提供棉花、红茶的亚洲各地农民的血汗之上的。然而，再进一步思考一下就可以明白，不仅伍德福德那样的英国人，甚至连工厂里的工人，也可以喝上加入砂糖的红茶，穿上棉织的衣物，可以说"核心"国家人们的生活全部是以"周边"地区人们的辛苦劳动为前提的。很多亚洲人和非洲人在这种以欧洲为中心的世界体系中，被迫处于从属地位，劳动成果遭到了剥削。

处于体系"周边"的国家或地区，即从属各国或殖民地向"核心各国"出口农产品、矿产等食品和原料，而构成"核心"的西欧各国——后来，美利坚合众国同日本也加入其中——则面向其他核心国家和"周边"国家，开始进行工业品生产。这种世界体系整体上也被称为"资本主义世界体系"，其原因就在于此。

例如，我们知道，在 16 世纪的东欧，伴随着面向西欧的粮食出口急剧增加，也就是分工体制的强化，农奴的劳动强度大为加重。站在国别史立场上进行研究的传统的历史学，将此视为"封建反动"，并将这种制度称为"再版的农奴制度"。也就是说，从此时起，东欧就已经被认为相对于西欧"落后了"。然而，从世界体系论来看，"再版的农奴制度"也只不过是世界体系的一个部分，这只意味着它作为从属地区，即"周边"被编入了这个体系当中而已。在世界体系的"周边"，无论是东欧的农奴制度，还是南北美洲发达的非洲奴隶制度，抑或是南印度所推行的租地农民背负繁重纳税义务（需缴纳收成的一半）的制度，都是与当地情况密切相关的强制劳动制度。这些制度尽管从表面上看是这样的，但既然整体上处于世界资本主义分工体制之中，那么它们就都属于近代资本主义劳动的形式。

霸权国家的出现

话说在世界体系的历史中，时而会出现超级大国，只要它们处于核心地域，就会上演排挤其他国家的一幕。这种国家叫作"霸权国家"。它们原本就占据农业和工业生产方面的优势，还掌握了世界商业的霸权，掌握着世界金融。不过，历史上这样的国家只有三个，分别是：17世纪中期的荷兰（尼德兰王国）、19世纪中叶的英国（根据英国的强势表现，将当时的世界局势称为"Pax Britannica"，即"不列颠治世"）、越南战争之前的美国。

好在霸权持续的时间都不长，最多只有半个世纪。荷兰的霸权时代是从17世纪20年代至70年代，英国的霸权时期普遍被认为是从拿破仑战争开始，至19世纪70年代前半期，而美国的霸权时期更短。因此，列强，也就是多个作为"核心"势力的国家相互竞争的状态才是近代史一般的形式。

当今的世界局势是，自越南战争以后，美国逐渐丧失霸权，关于这一点，几乎所有的学者都表示认可。如果是这样，那么正如过去英国的霸权崩塌后不久，美国取而代之一样，美国丧失霸权后，是否其他什么地区也会再确立一个新霸权呢？如果出现这种情况，那么20世纪50年代至90年代发展势头猛劲的亚洲或许最有可能，而其中日本可以继续维持近几十年的领导地位吗？还是说，以欧洲为中心产生于16世纪的"近代世界体系"最终会吞噬整个地球，走向灭亡呢？假如是这样的话，世界是否将再次回到15世纪以前各种文化割据的状态呢？还是会变成其他什么状态？到那个时候，日本又将是怎样的情形？我们在此想要探讨的，正是作为一个"生命体"而存在的世界体系的历史。

"大航海时代"到来

那么，近代世界体系是如何产生的呢？其中一个原因是，欧洲方面出现了不得不依靠对外侵略来拯救自己的情况。也就是说，15世纪时的欧洲仍然维持着封建社会制度，但是这种社会制度无论在经济方面，还是在社会方面，都已经陷入危机状态。作为应对这一危机的对策，从15世纪末至17世纪初的这个"漫长的16世纪"，西欧自发开始了"大航海时代"，于是产生了一种世界性的分工体制。

在"漫长的16世纪"中形成的近代世界体系，是以西班牙、葡萄牙，然后是尼德兰、英国、法国北部等西欧地区为"核心"，以拉丁美洲和东欧为"周边"。然而，包括印度在内的亚洲当时是怎样的情形呢？正如当初哥伦布的目标是"黄金之国日本"一样，欧洲人开始进行"大航海"，除了不得不寻求新的经济活动场所这种推力因素以外，拉力因素也发挥了强大的作用。

所谓拉力因素，就是指他们对"亚洲的奢华"，尤其是对繁荣的东亚生活文化十分憧憬。中国和伊斯兰世界没有积极面对世界体系的形成，反而站在受"西方冲击"的立场上，原因有很多，但至少这是其中之一。因为在亚洲各地——将拥有多样文化的地区统称为"亚洲"，这本身就是欧洲人的偏见——当时几乎没有需要欧洲提供的商品。

不过，虽然欧洲人的确十分向往"亚洲的奢华"，因此才走向了大洋，但他们首先遭遇的其实不是亚洲，而是南北美洲。这里有一个近代世界史的反论。美国历史学家韦伯认为16世纪以后的近代世界史是"欧洲开发南北美洲的热潮"。相对于此，亚洲真正开始开发是19世纪以后的事情。事实上，无论是茶叶、丝绸，还是陶瓷、香料，这些亚洲的奢侈品虽然在欧洲上流社会的生活中已经普及，但真正成为普通欧洲民众的生活必需品，都是很久以后的事情。到18世纪中叶为止，对欧洲人的生活或经济来说，亚洲物产还没有像来自东欧的粮食和造船物资、来自加勒比海及中南美的砂糖和白银那样具有决定性的意义。

反过来，到19世纪为止，对亚洲任何一个地区的人们来说，欧洲物产也从未成为生活必需品。而不管是加勒比海的农场主和奴隶的生活，还是波兰的贵族和农民的生活，都离不开西欧的商品，所以说亚洲与东欧的情况存在着本质上的不同。

中世纪的欧洲世界

到 16 世纪形成以西欧为"核心"的近代世界体系为止，世界是怎样的一种状况呢？大约 13 世纪的东半球，也就是在旧的世界格局中，有四五个经济结合体得到了人们的认可。其中地中海沿岸有拜占庭帝国和意大利各城市，包括北非各个城市在内形成了一大交易圈。同样，从印度洋到波斯湾沿岸也形成了以单桅帆船为主要交通工具的稍逊一筹的交易圈。还有包括日本在内，以中国为中心的东亚交易圈。从蒙古到俄罗斯的中亚世界，形成了第四个交易圈。13 世纪后半期，由于元朝的建立，第三和第四这两个交易圈笼统地结为一个整体。另外，作为汉萨商人活跃的场所，波罗的海地区也开始发展为一个商业圈。

与此相对，后来成为近代世界体系核心的欧洲西北部，也就是现在的英国、比荷卢三国（比利时、荷兰、卢森堡）、法国北部等，都没有真正进入前面所提到的任何一个经济圈，可以说在经济上处于中间位置。原本这一地区位于地中海世界的原型——古代罗马帝国的边境，从后来统治波罗的海交易圈的汉萨商人的活动范围来看，它也是周边部分。再稍稍往后，从尼德兰王国到意大利的被称为"欧洲支柱"的区域，开始出现毛织品工业，热闹的陆上交易活动也相应地展开了，但此时的西欧仍然没有成为世界经济的中心。

当时，在欧洲各地广泛普及的是封建制度下的社会、经济组织。"封建制度"一词，指上层领主将手中被称为"封土"的土地"下封"给臣属，作为其服军役的封赏，这是一种自由人之间的契约关系（叫作采邑制）。但是，从更广泛的社会、经济层面来说，这种制度总归可以说是握有裁判权的领主，即贵族将农民生产的经济剩余几乎全部握在手中的一种社会制度。

作为地租和纳贡落入贵族手中的这些经济剩余，基本上都是以实物，也就是粮食等产物的形式存在。如果不将这些东西在什么地方卖掉，就没有太大的意义。所以，欧洲的封建社会并不是封闭式、交换较少的"自然经济"。封建社会也必须与达到一定程度的商业或城市并行发展。

不过，在封建社会，并没有实行各地区之间的经济一体化。作为证据，比如在距离较远的地区之间，商品的价格存在着很大的差别。利用这种价格差异而经商的那些人就是"两地商人"。就这样，在封建社会，随着人口增加，生产力也提高了，两地贸易和地区内交换同时发展起来，城市也得到开发。西北欧的 12 至 13 世纪，因为人口增加，大面积开垦耕地，甚至被冠以"大开垦时代"之名。通过这些活动，"欧洲支柱"确立了。

荷兰著名农业史学家范·巴斯指出，以 1150 年左右为分界线，西欧达到了"农产品间接消费"的阶段。也就是说，多数人甚至连粮食这种农产品都不再自给自足，就连生活必需品这样的基础物资，也有更多的人要从别处买进来。可以看出，即使在封建社会，商品经济也得到了一定程度的发展。也可以说，庄园经济随着商品交易的发达，也已经变成了一种商品生产的单位。

但是，封建制度下的经济发展停滞了，作为对策的"近代世界体系"建立后，这种也可以被称为"万物商品化"的现象急速发展，并且直到今日一直是贯穿历史的潮流。例如，薪金劳动这种形式，是将劳动力，也就是将人也变成了"商品"，土地也成了商品。到了产业革命以后，甚至连"教育""育儿"等家庭或共同体的职责，也都被"商品化"了。从16世纪到现在，近代世界体系的历史彻头彻尾就是"万物商品化"的历史。也可以说是地球上所有地区被卷入这个过程的历史。

封建制度的危机

12、13世纪持续扩大的西北欧经济，进入14世纪后，其发展趋势发生了逆转，呈现急剧下滑的趋势。也就是说，封建制度下的人口增长和商业发展是有限度的。从粮食价格下降等一系列证据都可以看出，人口已经开始减少。而遭受黑死病（鼠疫）或战争灾难的地区，人口更是出现了骤减，一部分耕地被废弃，荒废村庄随处可见。这么一来，庄园里的劳动力出现严重不足的情况，农民与领主之间的力量对比也发生了变化。所以，在政治方面，之前由封建领主占主导的统治制度陷入了危机。以武装暴动的方式展现出来的农民抵抗愈演愈烈，正如人们常说的那样，"不满的风潮如地方病一般席卷而来"。领主（贵族）阶层与农民之间围绕着经济剩余分配的斗争激化了。

如此这般，到 14、15 世纪时，在欧洲所有地区，之前的社会体制都陷入了"危机"状态。这种危机的基本特征及形成原因是什么呢？对此已经有了很多种看法，归纳这些意见并不是那么简单。但是，仅从已经显示出的人口减少、物价下降这一趋势来看，在某种意义上确实存在着危机。这就是人们说的"封建制度的危机"或者"领主制度的危机"等。

究竟是人口减少给"封建制度"及"庄园制度"带来了危机，还是恰恰相反，是封建经济的停滞不前导致了人口的减少？这是存在意见分歧的地方。也就是说，是应该说黑死病是"危机"的直接原因，还是应该说经济体系出现僵局导致了人口的减少？这个长期以来争论不休的问题一直没有结论。因为比如，在 16 世纪英国的地方史当中，将对鼠疫和新型传染病流感等的研究与对饥荒的研究放在一起看，就会发现它们重叠的地方，也可以看出歉收之年营养失调的人们对疫病抵抗力弱。

不管这种"危机"出现的根本原因究竟是什么，作为应付"危机"的对策，毋庸置疑是建立"近代世界体系"，即以欧洲为"核心"的"世界体系"。在生产出现停滞的状况下，领主与农民之间围绕分配份额而产生的斗争日益激化，所以彻底摆脱这种危机的方法只有一个，那就是把可以用来分配的"蛋糕"变大一些，除此之外别无他法。西欧人在西欧内部已经无法解决这个问题。而以"大航海时代"的到来为契机，人们真正行动起来确立远远超越西北欧范围的"欧洲世界体系"，也正是因为有这样的大背景。

毋庸讳言，本书并不支持这样的世界史的见解，即认为欧洲因市民革命及产业革命取得了"内部成长"，而落后的亚洲及非洲长期不思进取、无所事事。我们在这里想要表达的观点是，被称为欧洲近代化（市民革命）和工业化（产业革命）的现象，也都是世界体系变动中的一环，并且只有在与东欧、拉丁美洲、亚洲及非洲的互动中才可能出现。

处于"核心"地位的近世国家之形成

近代世界体系形成的时候，在构成其"核心"地区的西欧，产生了比较强大的西班牙、法国、英国等国家机构。历史学家称其为绝对王政。而在周边地区，很多国家丧失了权力，变成了殖民地，国之不国。当然，说那些绝对王政的国家权力比较强大，只不过是相比较而言的。16世纪及17世纪时的国家还没有警察，由佣兵组成的军队也没有完全成形，与法国革命后的国民军截然不同。因此，与再后来那些成为"核心"国家的国家权力相比，近世欧洲的绝对王政，只能说是一种极为脆弱的权力。由17世纪法国政治思想家博须埃等人开始倡导的、以詹姆斯一世为代表的很多绝对君主都主张的"王权神授学说"等，一般被认为是为了掩盖王权虚弱的一种"逞强"的表现。但是，单纯强调这一点，就变成了把历史放在某一个国家的范围内进行考察。而从同一个时代的整个世界这个立场出发，应该说绝对王政确实是"绝对性"的。

农民暴乱与国家统一

在中世纪的西欧，陷入危机的不仅仅是封建社会的经济。领主阶层依靠武力优势，对农民实行统治的制度就是领主制度。然而，进入这个时代后，由于火器普及，战斗技术也发生了变化，像骑士那样骑在马上手持长矛作战的战术已经没有意义。因此，控制不住农民反抗的领主阶层更多地希望得到中央政府的支援。而中央政府，也就是王权阶级，与他们甚至称得上是对抗关系。这样一来，审判权等权力就集中在了国家机构的手中。其结果，被称为"绝对王政"的这种趋势，开始在西班牙、英国、法国等西欧各国出现了。

在英国和法国，农民的反抗不仅仅有武装暴动，也就是"一揆"①的方式，其他诸如请愿这样的合法手段也是日常使用的。除此以外，还有各种各样的提出异议、表示不满的方式。比如，普通的审判斗争、农民相互通气之后的"逃亡"，以及后来产业革命时期跟卢德运动（"捣毁机器"）有关的破坏等。在英国，仅"一揆"这种方式，就曾经出现过多次，例如"瓦特·泰勒起义"（1381年）、"杰克·凯德起义"（1450年）、"罗伯特·凯特起义"（1549年）。在法国，也出现过"扎克雷起义"（1358年）等农民暴动，情况与英国基本相同。为了镇压这些农民反抗运动，英国的封建领主阶级被迫将权力集中于中央政府，也就是国王手中。于是，以英国为代表，西欧各国的国家机构得到了强化，支撑国家机构的国家官僚制度和常备军队发展起来。出现了国家权力凌驾于国内一切权力之上的

---

① 原本为一个中文词，字面解释为"团结一致"，在古代日本引申为团结而起义。

"国家主义"（statism）的倾向。

而且，构成国家的每一个人被看作"国民"，"国民国家"的概念逐渐形成了。"国民"被认定为应该具有共通的"国民文化"，应该通过连带感或同胞意识团结在一起。由此开始，对于那些不符合想象中的"国民"或者"国民文化"概念的人应该采取强制性手段同化为"国民"的看法开始蔓延。

然而，毋庸赘言，"国民"是在历史中形成的。而且，尝试将现实中的民众作为"国民"完全统一起来的做法，直到现在也未能完成。甚至可以说，从世界体系论来看，近代世界，在推动民族统一的力量发挥作用的同时，反对民族完全统一的力量也同样在发挥着强大的作用力。西班牙自不必说，它是因卡斯蒂利亚王国与阿拉贡王国的君主联姻被迫从形式上建立起来的。就算是英国，只要想想威尔士和苏格兰等凯尔特人的问题，这一点也就清楚了。而法国国内，也存在着巴斯克及凯尔特等少数民族的深刻问题。

而且，即便国家在国内可以掌握一定的权力，但从国际上来看，并不是说已得到了行动自由的保证。之所以这么说，是因为只要处在世界从经济上被编入一个巨大市场或者说是一种分工体制的"近代世界体系"的历史中，国家也就只能在涵盖这种分工体制的国家间体系（洲际系统，interstate system）中运转。

近代世界体系的开始

为了加大可供分配的"蛋糕"，西欧各国实行了对外扩张。在此过程中，西欧各国内部权力集中到中央，统一得以强化，"国民意识"也逐渐加强，但同样是这个过程，使得近代世界体系及作为其政治局面的洲际系统得以形成，国家在国际社会中从经济方面、政治方面能够发挥主体性的局面，变得小之又小。这一点才是搞清近代世界史的关键。

近代世界体系的形成过程，在西欧起到了强化国家权力的作用。这也是西欧成为即将诞生的近代世界体系"核心"的证据。然而，同样是这个世界体系，对合并进体系内的地球上的其他地区，即从属于"核心"（西欧）的地区——首先是德国易北河以东的东欧和拉丁美洲——产生了完全相反的作用。也就是说，这些地区之前原有的国家权力遭到削弱，逐渐失去了本来面目，最终甚至落得成为"殖民地"的下场。阿兹特克帝国及印加帝国消亡，18 世纪时，在经历了三次所谓"瓜分波兰"这样的波折后，波兰这个国家也灭亡了。

就这样，世界体系通过地区间分工，使西欧（"核心"）的国家机构逐步强化，使其"周边"地区的国家机构遭到了分解。国家机构弱化的地区，自然也就失去了它在世界体系的政治方面，即在洲际系统中的影响力。

"亚洲世界体系"为何未能占据优势地位

然而，为什么欧洲成了"核心"呢？事实上，催生出近代的火药、罗盘针、印刷术等都出自亚洲，主要是中国的发明，而且也可以说是中国最早将这些发明运用于海外探险和航海活动中。也就是说，早于哥伦布及瓦斯科·达·伽马，在

15世纪前半期（明朝初期），身为穆斯林的官员郑和就曾经七次远赴"南海"探险，途经爪哇、锡兰及印度等地，到达波斯湾乃至东非附近。据说瓦斯科·达·伽马到访印度卡利卡特的时候，当地居民还向他回忆起早年郑和率领大型船队从东方来到此地时的情景。郑和的探险航海活动，有时候规模达数万人，在规模上也是可以和欧洲人的"大航海"匹敌的。

尽管如此，结果却是近代世界体系以哥伦布及瓦斯科·达·伽马的航海为前提，在欧洲人的主导下建立起来。而且最后彻底形成了"欧洲（以欧洲为核心的）世界体系"，而并非"明朝世界体系"。对于这个事实，该如何解释呢？是因为欧洲的生产力超过了亚洲吗？还是因为欧洲的商业发达，远远领先于亚洲呢？这两点都不是。

不仅是技术水平，农业及制造业的生产力本身应该也是亚洲的水平高于欧洲。例如，我们来看一下播下一粒种子可以收获多少粒粮食这样的统计。亚洲各地当时通常能达到三位数，而这个时期的欧洲，却只有五六粒的收成。商业方面也绝对是亚洲比欧洲更加繁荣。这么一看，越发觉得不应该是欧洲，而应该是亚洲纵横天下，形成"亚洲世界体系"来统一近代世界才对。可事实并非如此，这让人十分费解。

不过，亚洲体系，比如明朝时期的中华体系，与欧洲体系之间的确存在着一个决定性的差异。那就是，后者是较少进行政治性合并的一种经济体系。中华体系的"核心"，无论明朝还是清朝，都是将欧亚大陆东部一带统合后进行支配，形成"帝国"；而西欧恰恰缺少这种统合，建立起来的只不过是一种"国民国家"的联合——虽说是被编入洲际系统。帝国一般会独占帝国内部的武装力量，阻止其渗透或发展的倾向比较明显。相对于此，西欧作为国民国家的联合，各国之间"竞相"开发武器。应该说这一点使得16世纪的东西方军事力量表现出了绝对性的差异。

围绕"亚当和夏娃的遗产"

天主教徒与香料——葡萄牙的东方入侵

走在欧洲对外入侵道路最前列的是位于伊比利亚半岛的两个国家——葡萄牙和西班牙。这两个国家一直错误地认为世界作为"亚当和夏娃的遗产"，就是属于它们的。1493年，经罗马教皇亚历山大六世仲裁，两国以非洲西海岸佛得角群岛以西约560公里的子午线为分界线，将世界一分为二。次年，西葡两国又缔结《托德西拉斯条约》，试图将这种分割以书面形式固定下来。根据这个条约，拉丁美洲中只有巴西归属于葡萄牙，这一点众所周知。

但是，这种做法后来引发了以英国、法国和荷兰三国为代表的阿尔卑斯以北各国的强烈反对。这些国家都要求本国也能分得一份"亚当和夏娃的遗产"。而且，长期来看，这种做法也引起了亚洲人及非洲人更强烈的反抗。因为从亚洲人、非洲人以及美洲土著人的角度来看，地球本来也不是什么"亚当和夏娃的遗产"，所以反抗是理所当然的。

然而，即便如此，为什么这一切偏偏是从葡萄牙和西班牙开始的呢？葡萄牙与西班牙在语言上并无太大差异，要从整体上看近世历史的话，葡萄牙也可以说是庞大西班牙的一个部分。从阿拉伯人手中收复失地的运动（列康吉斯达）在 13 世纪得以成功，葡萄牙才因此较早地上升为独立国家。正因如此，葡萄牙的对外入侵除了有获得现世商业利润的目的外，也一直萦绕着与穆斯林作战的浓重的宗教性色彩。

事实上，1498 年，瓦斯科·达·伽马绕过非洲南端的好望角到达印度卡利卡特，提起此次航海的目的，他的回答是"天主教徒和香料"。也就是天主教传教的宗教性目的和以胡椒、香料为代表的耀眼的亚洲物产所预期带来的商业性利益。对葡萄牙来说，国家存在的理由就在于天主教的传教。与半传说中的"祭司王约翰（施洗约翰）的子孙基督教徒"联合起来，共同对抗穆斯林，这一主张无论在国内还是在整个欧洲，在获得对探险或航海的支持方面都是不可或缺的。

至于祭司王约翰的子孙，也有一种说法是现实中他们就是埃塞俄比亚附近的原始基督教徒。总之，葡萄牙人及西班牙人的对外入侵有自十字军运动以来的宗教目的。而这种宗教目的在中国人当中是不存在的一个要素。因为中国人为了追求"帝国"的政治统一，在帝国内部允许宗教自由，对任何宗教都十分宽容地接纳。与西班牙和葡萄牙对抗的英国和荷兰，在对外侵略的初级阶段，也缺乏这种宗教性的动机。

不过，关于为什么葡萄牙最早开始对外入侵这个问题，最简单的答案就是，正如我们看到的那样，在欧洲拥挤杂乱的近世国家中，葡萄牙应该是位于欧洲最西端的国家。其结果，它只能被向西推了出去。

就这样，于 13 世纪成功收复失地（列康吉斯达）的葡萄牙，进入 15 世纪初，经过若昂一世的儿子"航海家亨利"（恩里克王子）等人的努力，开始入侵非洲。1415 年，占领非洲北岸的休达（今塞卜泰）后，葡萄牙人抛开与穆斯林作战的大义名分，开始向黑非洲（撒哈拉沙漠以南的非洲地区）扩张。陆续地将大西洋上的马德拉群岛（1420 年）、亚速尔群岛据为己有的葡萄牙人，于 1432 年突破了航海技术上的一道难关，征服了西非的诺恩角（Cape Noun），甚至到达了佛得角。

这一时期的葡萄牙人，尤其是亨利王子，相比与穆斯林展开圣战，更想要成为殖民地统治者。作为证据，比如在马德拉群岛及附近的加那利群岛等大西洋的诸多岛屿上，葡萄牙人都试验性地栽植了从地中海东部带来的甘蔗及棉花。后来在巴西以及西班牙占领的美洲殖民地开展的殖民垦殖活动早已在这里进行了预备演练。于是，1441 年设立了经营非洲商品的国家机构"几内亚省"（Casa da Guiné）。几内亚一词，是当时欧洲人对非洲西海岸一带的称呼。就这样，葡萄牙的亚洲和非洲贸易，可以说是作为一项国家事业展开了。

虽说如此，葡萄牙的最终目标当然还是要确保获得亚洲的"香料"。因此，进入 15 世纪 80 年代，若昂二世即位后，葡萄牙再次掀起对外扩张的高潮。1488 年，迪亚士最终到达好望角，瓦斯科·达·伽马于 1498 年到达印度卡利卡特，印度航线开通。

达·伽马在去世前又一次航海到达亚洲，但最终没能建立殖民帝国。葡萄牙的东方帝国是在达·伽马之后，又经过两个人，即阿尔梅达和阿尔布克尔克的军事活动才建立起来。阿尔梅达作为达·伽马的继承者，以印度马拉巴尔海岸为中心，在各地修建了多个葡萄牙城堡。他的目的是控制住印度西北海岸的古吉拉特，卡死穆斯林通过埃及、地中海通往威尼斯的香料贸易，即商队（caravan）贸易的通道。而索科特拉岛相当于红海通往阿拉伯海的出口，他之所以想占领索科特拉岛，也是出于这个原因。

香料诸岛位于教皇子午线的哪一方

不过，真正成功地建立起葡萄牙殖民帝国的是阿尔布克尔克。1510 年，他占领了印度的果阿，这里后来成了葡萄牙帝国在亚洲的司令部。第二年，他又占领了传统亚洲内部贸易中最重要的据点——马六甲。

马六甲极度繁荣，欧洲人所需要的香料大都可以从这里买到，但阿尔布克尔克的目标是马鲁古（香料）群岛（摩鹿加群岛）。前文中已经提及，在前一个世纪的末期，按照所谓"教皇子午线"以及修改教皇子午线的《托德西拉斯条约》，在罗马教皇的仲裁下，葡萄牙和西班牙将世界一分为二。其结果，拉丁美洲的大部分地区归属于西班牙，但 1500 年葡萄牙航海家佩德罗·卡布拉尔偶然发现了巴西的海岸，巴西成为葡萄牙在西半球的唯一领地。

当然，对于这种分割，一方面当地的人们并不知情；另一方面就算在基督教阵营里，由于其他国家被排除在外，在之后长达两个多世纪的时间里，英国、法国及荷兰也一直对此猛烈抨击。对阿尔卑斯以北的新兴国家来说，由西班牙和葡萄牙独占"亚当和夏娃的遗产"，即世界，是无法容忍之事。因此，到处散布着批判西班牙人在美洲各地残虐行为的"黑色传说"。

这些先放在一边，问题是跨越北极的这条分界线究竟是从太平洋的什么地方通过的呢？之所以会产生这个问题，是因为存在着一个疑问，那就是被当时欧洲各国视为最终目的地的马鲁古群岛，究竟是在葡萄牙领地一方，还是在分界线的另一边，也就是在西班牙领地一方？一直以来与葡萄牙争锋的西班牙，派遣航海家麦哲伦，发现了被后世称为"麦哲伦海峡"的南美以南的航道，向马鲁古群岛进发。

然而，其结果，最先到达马鲁古群岛的是葡萄牙人。他们于1513年入侵马鲁古群岛的特尔纳特岛，在那里建造商馆，率先达成了原本的目的。

葡萄牙的亚洲殖民帝国

在葡萄牙的这个"亚洲帝国"里——比起"帝国"这一说法，或许应该更确切地说是商业网——并没有像西班牙人开发美洲时那样，将开矿或建设种植园之类有组织的"生产"提上议事日程。葡萄牙人在亚洲，只不过是寄生于已有的广泛商业网而已。因为亚洲本来就有极其繁荣的传统商业圈，葡萄牙人既没有自己组织生产的必要性，也没有这样做的可能性。

事实上，比如在西半球的巴西，葡萄牙人也是自己把非洲黑人奴隶从西非运过去，靠这些奴隶垦殖甘蔗种植园。与此相反，在美洲热心于因监护征赋制（encomienda）以及后来的大农场制（hacienda）而形成的组织化生产的西班牙人，等到墨西哥的阿卡普尔科和菲律宾的马尼拉之间建立航道后，在马尼拉相比于生产也更加执着于"加入"已有的亚洲内部交易中。也就是说，这并不在于西班牙人和葡萄牙人有何不同，而是在于亚洲和美洲在与欧洲的关系中处于不同的状况。简单来说，是因为前者处于近代世界体系之外，而后者已经被拉入其中，欧洲人已经有组织地以种植园的形式在美洲开始了生产活动。

亚洲内部交易与干线贸易

总之，我们可以看出，在当时的世界，西方历史学家曾经设想的商业发达的欧洲和商业发展落后的亚洲这样的图式完全是错误的。商业应该说是在亚洲才迎来了它的成熟发展期。一直延伸到俄罗斯的内陆交易圈姑且不论，其他还有从波斯湾到印度西部，使用单桅帆船进行贸易的西亚交易圈（葡萄牙人想要压制的通往地中海的香料贸易，只是其中的一小部分），有自印度东部至越南及现在的印度尼西亚这一片广阔区域的交易圈，有以中国为中心，包括日本在内的东亚交易圈等。这些交易圈以马六甲为据点，相互连接成一片。其中，东半部分可以说是形成了以中国为中心（中华），依靠朝贡贸易联结在一起，与欧洲截然不同的独立的世界体系。

因此，欧洲人要在亚洲亲自开拓新的贸易途径，既没有必要，也不太可能。他们只需要作为新生力量"加入"既有的庞大贸易网就足够了。事实上，以葡萄牙为首，入侵亚洲的欧洲各国，较之在亚洲据点与本国之间开展"干线贸易"（trunk trade），它们大都选择了交易额远远超出"干线贸易"的亚洲内部交易——"本国贸易"（country trade）或"港口城市间贸易"等，而且后者所带来的利润要大得多。

16 世纪前半期，葡萄牙人依靠干线贸易，给里斯本，更是给作为世界中心市场极速成长的尼德兰地区的安特卫普带来了香料、胡椒以及靛蓝染料等东方物产，每年的进口量多达数千吨。开往亚洲进行贸易的船舶，在 16 世纪初每年远超 10 艘，可是后来很快就转为长期下降的趋势。到了 17 世纪 20 年代，每年只剩下 5 艘船的水平。也有可能是船舶大型化了，不过我们也应该了解当时葡萄牙与亚洲之间的贸易就是这种程度。

据推算，16 世纪 20 年代末的葡萄牙人口为 100 万至 140 万人，而从这么一个小国家每年有 2400 人出海向"黄金果阿"进发，其中一半人都没有能够活着再踏上欧洲的土地。如此看来，即使葡萄牙人能够"加入"极其繁荣的传统亚洲内部贸易当中，也无法压制住这种贸易，从劳动力的角度这种情况很容易理解。既然这样，葡萄牙人没能抑制途经东地中海的商队贸易也是当然的了。

1511 年，在葡萄牙人控制下的马六甲，从西方来了古吉拉特等印度各地的很多穆斯林商人，而从东方来的是以爪哇及苏门答腊为代表的印度尼西亚各地的商人、中国商人、菲律宾

商人，甚至还有日本商人，他们在这里开展琳琅满目的商品的
交易。其中，与胡椒、香料及其他奢侈品一起，产自印度的棉
布、西米等基本粮食成了主要的交易商品，这一点值得关注。
这恰恰显示，亚洲内部的各广域交易网并不只是为了进行奢侈
品交易而存在，它们还促使与基本生活相关的分工体制成熟，
而且正因如此，不能大量入手这些生活必需品就意味着很难真
正加入这个交易网当中。实际上，说到香料诸岛本身，最典型
的就是肉豆蔻的产地班达群岛，这里几乎是单一栽培香料的地
区，如果没有从外部补给进来的粮食，这里的日常生活难以
维持。

　　在远东的交易网中，中国人在东南亚比欧洲人更热衷于
购买大量的胡椒及香料；反过来，他们销售生丝、丝绸和陶瓷
等商品。而日本带来的是以白银为主的贵金属。1543 年偶然
与日本开始交流的葡萄牙人，于 1556 年打开了澳门的大门作
为对中国贸易的据点，加入这个地区的贸易当中，通过马六甲
与西方连接起来。其结果，葡萄牙成为日本和中国之间贵金属
的中间商，通过这种"亚洲内部交易"，获得了巨大的利润。
本来马六甲就是一个因为亚洲各地的商人来来往往而略带国际
性色彩的地方，随着葡萄牙人前来居住，这种全球性的色彩变
得更加浓重。1641 年，也就是葡萄牙丧失对这片土地统治权
的那一年，这座港口城市的一部分外观依然是欧洲风格，基督
教徒居民人数达 2 万人。

近代世界体系与葡萄牙的亚洲殖民帝国

但是，尽管如此，葡萄牙在亚洲的地位还是比较弱的。除了劳动力问题，还有欧洲整体的问题。对欧洲人来说，亚洲拥有琳琅满目、极具魅力的商品，而欧洲人拿不出可以贩卖的商品。对紧随其后入侵亚洲的荷兰和英国来说，情况也是一样，这个时期的亚洲没有欧洲商品的巨大市场。虽说如此，但这当然并不是说亚洲人不适应商品经济，过着自给自足的原始生活。其实，在16世纪时，亚洲人的生活构造比起欧洲，更加依附于在大规模的地区间分工的基础上进行广域的商业贸易。只不过，这种交易整体上是在亚洲内部完成的。

不过，欧洲人发现了亚洲市场稳定需求的唯一商品。那就是贵金属，尤其是白银。但问题是，这些白银的供给源并不在葡萄牙帝国。就这样，尽管葡萄牙人每年能够将数千吨的香料和染料途经里斯本供应到已经是世界性市场的安特卫普，但还是没能将掌握在穆斯林手中途经地中海的香料贸易斩草除根，不能随心所欲地控制亚洲内部贸易。

葡萄牙人入侵亚洲的时候，亚洲各地都已经各自加入传统的广域贸易圈。尽管欧洲人成功地与这些交易圈搭上了关系，但当下还是没能将其吞并。欧洲与亚洲之间的贸易关系的确是加深了。但是，就算这种贸易关系，即"干线贸易"出现一时中断的情况，无论亚洲人，还是欧洲人也都应该可以照常生活。如果将这种情况与第一次世界大战时的情形相比，差别就会一目了然。第一次世界大战期间，由于印度和锡兰的红茶输入出现中断，据说英国人的饮食生活陷入危机状况。甚至在产业革命的时候，如果缺少了印度和埃及的棉花供应，英国工业也会陷入危机。也就是说，16世纪的亚洲，与后面的时代不同，尚处于以欧洲为"核心"的近代世界体系之外。

16世纪的近代世界体系中，东欧为西北欧提供谷物及建筑、造船材料，拉丁美洲则提供货币原材料白银及砂糖，它们作为从属性的"周边"地区，已经大体上被拉入近代世界体系，而此时的亚洲，可以说仍然保持着完整的独立自主性。

西班牙帝国的建立与世界体系的确立

由"寻找黄金之乡"到开始生产

自哥伦布首次横渡大西洋以来，西班牙在美洲的殖民地急速扩大了。人类站上月球的表面已经过去了多少年？到现在我们还不能随意地开展月球旅行。这样想来，大西洋航海在当时欧洲人中急速普及的速度，让人感到不可思议。

西班牙的新的世界贸易是以塞维利亚的行会垄断经营的方式展开的，到1520年前后迎来了最早的高潮期。因为当时还处于西班牙人在这个新近发现的大陆及加勒比海的各个岛屿上"寻宝"的时期，所以从美洲输入之物主要以征服者们（Conquistadores）从土著居民那里搜刮来的黄金为主。可是，这种黄金很快就没有了，西班牙人不得不寻找一种替代黄金之物。与人口稠密、农业生产力较高的亚洲不同，美洲既没有可以"寄生"的广域商业网，也没有香料那样的"世界商品"。因此，在经过初期寻宝式掠夺的时期后，西班牙人被迫考虑在当地找到一种"世界商品"，并自主进行"生产"。

结果，西班牙人有两个发现。其中一个就是秘鲁波托西（Potosi）和墨西哥萨卡特卡斯（Zacatecas）的银矿。虽然没有"黄金之乡"（El Dorado），但他们找到了可以卖向世界市场的"世界商品"——白银。而我们之前说过，这种白银恰恰是几乎唯一在亚洲通用的商品。于是，美洲依靠生产白银给世界经济带来了决定性的影响。不过，应该注意到，白银并不是随随便便散落在路边的，它需要劳动力将其"生产"出来。

另外一种"摇钱树"便是甘蔗。哥伦布第二次航海去美洲的时候，把甘蔗苗带到了美洲，这一点十分重要，有决定性的意义。以 18 世纪为主，直到所谓工业化发展的 19 世纪初为止，以欧洲为中心的世界经济都是靠砂糖推动的。

监护征赋制的形成

虽说如此，要生产 16 至 18 世纪的"世界商品"砂糖及白银，需要庞大的劳动力及管理这些劳动力的组织。为此而引入的一种土地制度就是监护征赋制。所谓监护征赋制，原本是在西班牙实行的一种由西班牙君主将一定范围的土地及土地上的土著居民"委托"给被称为"监护者"的领主的一种类庄园制度。接受委托的西班牙人，即"监护者"，一方面可以自由利用获封的土地和劳动力；另一方面也需要保护土著居民的安全，承担使其文明化的义务。所谓文明化，用一句话概括起来，就是让他们养成西方的生活习惯，改信天主教。

不过，监护征赋制尽管表面类似于庄园制，但它的性质实质上只是一种盈利的企业而已。因此，监护征赋制的"义务"方面，几乎没有真正被执行。当然，就算真实践了，那也只能说成是将欧洲文化强加于他人的"文化帝国主义"。

土著居民，尤其是居住在加勒比海域的加勒比族，对于欧洲或非洲带来的传染病毫无免疫力，再加上很难适应生产"世界商品"的艰苦劳动，所以人口急剧减少。起初，据说加勒比海的土著居民有 30 万人，而到了 16 世纪 40 年代则几乎灭绝。

巴利亚多利德大辩论

从西班牙被派往美洲的天主教神父拉斯·卡萨斯痛斥了这种状况，他呼吁保护当地的土著居民。拉斯·卡萨斯与以古代亚里士多德学说为依据，倡导土著居民为"劣等人种"说的神学者兼历史学家塞普尔韦达（1490—1574 年）之间展开过"巴利亚多利德大辩论"，这件事情广为人知。通过这些活动，拉斯·卡萨斯的主张在西班牙逐渐被人们接受。可是，定居在殖民地的白人〔出生于当地的第二代及其之后的人在西班牙语中称为"criollo"，即西班牙裔拉丁美洲人，英语中称为"Creole"（克里奥尔）〕，以矿山或农场的经营作为威胁，拒绝接受这种观点。如何保护土著居民成为次要问题，定居在殖民地的西班牙裔白人与西班牙本国人（指居住在伊比利亚半岛上的居民，被称为"半岛人"）之间的对立越来越突出。

然而，就连这样口口声声宣扬要尊重土著居民"人性"

的拉斯·卡萨斯，也并没有反对引入非洲黑人奴隶来替代美洲土著居民充当劳动力，这一点不容忽视。可见，近代世界体系对于"世界商品"的需求是极为强烈的。

刚才已经提过，监护征赋制看起来很像中世纪欧洲的庄园制。君主将广阔的土地下封给领主，农民不允许自由离开赐封的土地，只能作为劳动力开展大规模的生产活动。不过，监护者的独立性逐渐加强，开始表现出脱离本国统治的倾向。毕竟他们在地球的另一面，西班牙政府鞭长莫及，没有办法阻止这种趋势的蔓延。另外，这样一来，后来来到美洲的西班牙人为了获得土地，进一步向腹地扩张，远离控制的倾向更为明显。如此看来，即便没有拉斯·卡萨斯热情洋溢的说教，对西班牙王室来说，监护征赋制应该也不是他们所期望的理想状态，所以这种制度在16世纪末消亡也是自然而然的事情。

所谓监护征赋制，是为了向世界体系的"核心"供应白银和砂糖等"世界商品"而形成的生产组织，是招募劳动力的一种体制。而这些商品的生产是完全面向"世界市场"的。所以，虽然看上去相似，但实质上它与以地区市场为对象的中世纪欧洲庄园制度是截然不同的。16世纪在东欧看到的"翻版农奴制度"，表面上与中世纪的农奴制度很相像，但它是在资本主义近代世界体系的"周边"形成的一种生产形式。同样，南北战争前美利坚合众国南部实行的黑人奴隶制度，虽说是奴隶制度，但并不是古代的生产形态，而是为产业革命时期的英国棉纺织工业中提供原棉的一种生产组织。监护征赋制也正是作为正在诞生的"近代世界体系"的"周边"地区的一种生产组织被创造出来的。

可是，在这里被倚赖的土著居民急剧走向灭绝，因此不得不从这个体系之外的其他地方强制性地引入劳动力。于是，跨越大西洋进行的非洲奴隶贸易以及以此为基础的黑人奴隶制和种植园制度等由此展开。

不过，按照《托德西拉斯条约》，对在西非没有据点的西班牙人来说，确保非洲奴隶并非易事。从1516年开始，西班牙政府与商人或者外国政府签订奴隶供应合同（asiento），其原因就在于此。这个合同不仅使西班牙人获得了奴隶，也使得向拉丁美洲各地供应商品成为可能，因此可以说具有相当大的利权，在之后的数百年时间里，它一直是国际纷争的一大原因。

墨西哥与秘鲁的"开发"

西班牙的美洲殖民地对世界经济有了决定性的意义，最主要是因为银矿的开发。埃尔南·科尔特斯（Hernando Cortes）亲自带队征服墨西哥（新西班牙），攻陷阿兹特克帝国首都特诺奇蒂特兰城，逮捕了皇帝蒙特祖马，最终于1521年消灭了阿兹特克帝国。另外，1533年，弗朗西斯科·皮萨罗（Francisco Pizarro）征服了秘鲁的印加帝国，确立了西班牙对中南美洲的实际统治。

在这种情况下，1545年秘鲁（现在的玻利维亚）波托西银矿的发现，具有决定性的意义。特别是在技术方面，16世纪70年代，银汞合金法得到普及，使白银的生产量激增。截

至 16 世纪 40 年代，白银的年产量为 1 万至 2 万公斤，而到
1600 年前后，年产量猛增至 27 万公斤。与欧洲南德意志及蒂
罗尔地区著名大富豪富格尔家族生产的白银相比，这里的白银
简直如同洪水倾泻一般。

　　如洪水一般的白银，不仅给欧洲各地的经济带来了影响，
还跨越欧洲，流入包括中国在内的亚洲各地，并滞留在当地。
中国的租税制度采用白银缴纳的方式，就是出于这个原因。根
据 18 世纪初任英国造币局官员的牛顿留下的记录，在欧洲，
黄金与白银的比价为 1∶10；在中国和日本，这一比价接近
1∶5。也就是说，从与黄金的对比来说，在远东地区，白银
的价值相当于欧洲的 2 倍。很多人都认为欧洲要从亚洲买很多
商品却没有什么商品卖向亚洲就是白银流失的原因。不过，白
银是一种商品，而这种商品在亚洲的价值比在欧洲高，这也是
白银从欧洲流入亚洲的一个原因。

　　美洲白银对世界历史的影响确实很大，但在这个时代的

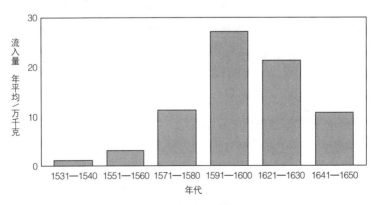

美洲白银流入欧洲

世界贵金属流通中，日本白银的动向也发挥了重要的作用，这一点不容忽视。因为这个时代日本的白银出口量达到每年20万公斤，葡萄牙人及荷兰人的远东贸易，往往是因日本贵金属交易而盈利的。

巴西的葡萄牙人

葡萄牙人在亚洲只是加入当地传统的交易中，而在巴西，葡萄牙人也参与到砂糖的生产中。西班牙领地内部所谓"监护者"的那些人，在这里被称为"donatários"（领主）。提起巴西，在刚开始的时候，它在欧洲主要是作为洋苏木染料和烟草的产地而知名，不久它以北部巴伊亚州为中心，在16世纪末建立了300多个甘蔗种植园。在欧洲，自16世纪末起砂糖的消费开始急剧增加，其中大部分是在巴西生产，在里斯本或安特卫普，或阿姆斯特丹加工制造而成。

葡萄牙人在巴西开展的活动中，出生于意大利的犹太人的资本以及后来荷兰人的资本都发挥了巨大的作用。如此看来，与其说领主制度是葡萄牙将本国的封建制度照搬到新的领地，倒不如说是源于资本主义世界体系的一种开发南美洲的经营形态。

帝国的挫折与世界体系的成功

在近代世界体系形成之前，也就是在封建时代的欧洲，各地的领主都拥有强大的权力，所以权力在整体上是比较分散的。然而，罗马教廷和神圣罗马皇帝自负地认为他们分别是圣与俗的代表，可以超越各国的王权，在整个欧洲世界行使"普遍性"的统治权力。

现实中，作为全球化分工体制的近代世界体系一经形成，在获取经济剩余份额方面，分散的权力便无法对应，就需要有强有力的国家机构。因此，企图采取绝对王政的形式实现中央集权的地区越来越多。不过，在16世纪前半期，依然有人尝试建立一个对已经扩大到美洲的整个世界体系实行"普遍性"统治的"帝国"。他们是神圣罗马皇帝查理五世（西班牙国王卡洛斯一世），以及与查理五世争夺神圣罗马皇帝宝座的法国国王弗朗索瓦一世。这两个人都认为控制住罗马教廷的所在地十分重要，固执地发动了"意大利战争"。

然而，意大利战争最终并没有胜者。近代世界体系只有作为不伴随着政治性统一的分工体制才能有效地发挥作用。出现政治性统一，依靠官僚和军队实行统治，也就是建设成世界帝国，是很"不划算"的一件事。就连把巨量的美洲白银收入囊中的查理五世，也于1556年由于财政困难而不得不退位。继位的菲利普二世（1556—1598年在位）也于1557年宣告破产，无法阻止北方尼德兰的独立。同年，法国国王也破产了，双方两败俱伤。因此，1559年，西班牙和法国两国各自的接班人，与英国一道签订了《卡托-康布雷齐和约》，随之也就自然舍弃了通往世界帝国的梦想。

1580年，西班牙吞并葡萄牙，建立了"日不落帝国"。可是，此时的荷兰已经到了马上要独立的时候，而英国和法国也都不再处于西班牙的影响之下。伊比利亚半岛上的这两个国家独享"亚当和夏娃的遗产"的时代宣告结束。

要求重新分配"亚当和夏娃的遗产"

"黑色传说"时代

16 世纪后半期，西班牙在菲利普二世的统治下恢复了强大的势力。虽然尼德兰发生了独立运动，对西班牙的财政状况造成了一定的影响，但西班牙还是成功阻止了南尼德兰（相当于现在的比利时）的独立。1571 年，在勒班陀海角进行的海战中，西班牙甚至击败了强大的奥斯曼帝国，从菲律宾（菲利普二世根据自己的名字命名而来）到墨西哥东海岸的阿卡普尔科，真正形成了全球化的帝国。

另一方面，被西班牙击败的奥斯曼帝国，不断努力探寻西班牙实力快速增强的秘密。其结果，他们发现了新大陆这一力量的源泉。1580 年前后，进献给苏丹穆拉德三世的《西印度群岛史》一书中，有以下一段描写〔约翰·赫克斯特布尔·埃利奥特（John Huxtable Elliott）著，越智武臣、川北稔译《旧世界与新世界》，岩波书店，1975 年〕：

> 西班牙人在不到 20 年的时间里，征服了整个西印度，抓捕了 4 万土著居民，并杀害了其中数千人。祈祷这片有价值的土地有朝一日被穆斯林同胞所征服，成为穆斯林居住的地方，成为奥斯曼帝国的领土。

同样的情况也被欧洲人看在眼里。美洲银矿的意义，不仅在于它影响了经济发展，作为军需资金它甚至可以破坏欧洲内部的国际政治平衡。在人们逐渐认识到这一点后，阿尔卑斯以北的各个国家开始高声宣布西班牙和葡萄牙两国签订的《托德西拉斯条约》的不正当性，谴责它们均分世界这个"亚当和夏娃的遗产"，尤其是均分南北美洲的行径。

也就是说，法国、英国以及独立中的荷兰三国，都在大肆宣传西班牙人在"新世界"奴役土著居民，惨绝人寰的恶行。"圣胡安大屠杀""佛罗里达大屠杀"这样的谣言，作为揭露西班牙人残酷罪行的故事在世间广泛流传。为了与之对抗，西班牙人也指责"英国人德雷克的残虐罪行"。围绕着美洲殖民，16、17 世纪成为欧洲的"黑色传说"时代。

马多克传奇

在这场宣传大战中，有一个围绕英国王室而编造的故事，即"马多克传奇"。在英国，15 世纪时实力较强的贵族分为两派，他们展开了内战（红白玫瑰战争），结果本来就因为鼠疫及对法百年战争而精疲力竭的贵族（领主）更加衰弱。在这种混乱不堪的局面中突然出现，手握王权，转瞬便建立了绝对王政的是亨利七世（1485—1509 年在位）后的都铎家族。

据推测，都铎家族来自威尔士和英格兰西南部的边境地带，目前其家族的历史还不是特别清楚，这一点我们姑且不论。总之，就算在一直统治 16 世纪后半期与西班牙关系异常紧张的英国的伊丽莎白朝廷，来自英格兰西南部的贵族无疑也形成了强有力的宫廷内部派系。其中主要的阁僚当然都是沃尔特·雷利、德雷克以及霍金斯这样的探险家和航海家，而他们原本在西南部的时候就是亲戚或者联姻的关系。因积极宣传探险和航海的必要性而为人所知的作家理查德·哈克卢伊特（他也是散布反西班牙"黑色传说"的挑事者之一）也是这些阁僚的近亲。伊丽莎白之所以在居民并不多的西南部地区设置较多的选举区（被称为"腐败选举区"），据说就是为了增加出身于都铎家族地盘的国会议员。

总之，在英格兰西南部及威尔士派系势力这般强大的伊丽莎白朝廷，创造出了一个"传说"。这就是"马多克传奇"。其作者约翰·迪伊是伊丽莎白朝廷中最有学问的科学家兼智囊，虽然他出生在伦敦，但自称其家族也是威尔士出身。

"马多克传奇"是一个关于哥伦布之前数百年，即12世纪末北威尔士王子马多克及其家族的虚构故事。马多克是一位一心想把威尔士从当时的血腥战争中解救出来的心地善良的王子，他一路向西航海，到达今天我们所说的美洲大陆。看到这片安宁、美丽、富饶的土地后，马多克返回威尔士，带着一族再次来到了美洲，在这片土地上幸福地生活。他们家族的子孙后代都长着白皮肤，说着威尔士语，遵循威尔士的生活方式，被称为"白印第安人"或"威尔士印第安人"，今天仍居住在北美大陆。

这个捏造的"传说"后来又被多次添油加醋，其中还融合了在北美洲成功建立第一个英国人殖民地，即詹姆斯敦殖民地的指挥者约翰·史密斯上校编造的著名的"波卡洪塔斯传说"——史密斯遭土著居民囚禁，即将被处刑，后来在爱慕自己的酋长女儿波卡洪塔斯的帮助下得救的故事。18 世纪时，英国人自己都忘记了这些故事是"捏造"的，这个传说折腾到最后，在 1790 年，甚至引发了英国、西班牙、美利坚合众国以及法国围绕加拿大温哥华海岸而产生的复杂的国际纠纷（努特卡湾危机）。

不过，暂且不谈这些令人感兴趣的后话，就"马多克传奇"本身来说，可以很明显地看出，它是以否定西班牙对美洲大陆的所有权为目的而创造出来的。西班牙人主张他们应该独占作为"亚当和夏娃的遗产"的南北美洲，因为是哥伦布"发现"了新大陆，这是他们最大的依据。虽然威尔士曾经是与英格兰不同的独立王国，但在 16 世纪前半期的 1536 年，威尔士被英格兰吞并，在伊丽莎白时期，它一直是英国的一部分，因此如果说曾经的威尔士王子是美洲的第一发现者，那么是不是至少可以说北美洲是属于英国的呢？于是，"马多克传奇"成为英国主张北美洲领有权运动的一个组成部分。

西班牙人的噩梦——弗朗西斯·德雷克

当然，阿尔卑斯以北的三个国家，并没有始终纠结在这种宣传大战中。它们采取实际行动，向包括美洲在内的世界各地派遣探险队或者垦殖团，展开"亚当和夏娃的遗产"的争夺战。不过，在 16 世纪这个阶段，从军事实力上来说，还没有任何一个国家能够对西班牙在西半球的领土统治提出异议，所以最成功的举动就是在海上袭击西班牙船舶，包括从美洲返回的运输白银的船队。16 世纪后半期至 17 世纪，自然而然地成为私掠船横行的时代。

想一想在丰臣秀吉禁止之前日本的倭寇活动就可以明白，16 世纪或许真的可以说是一个世界性的私掠船横行的时代。所谓私掠，就是政府发行许可书让民用船只实行的针对敌国船只的海盗行为，16 世纪时达到鼎盛。英国的德雷克、法国胡格诺派领袖——在所谓"圣巴托洛缪大屠杀"（1572 年）中牺牲的科利尼提督，以及荷兰的皮特·彼得松·海因提督等，都是公认的海盗大英雄。

要说西班牙人究竟有多么害怕德雷克，人们经常用"德雷克来了"这句话吓唬那些哭闹不休的小孩子这样的趣事就可以充分说明。另外，海因提督于 1628 年在古巴海面上袭击了西班牙的白银船队，除了约 18 万英镑的白银，还获得了黄金，靛蓝、洋苏木及胭脂虫等价格昂贵的染料，白糖，珍珠等物。其结果，荷兰西印度公司分发了 50% 的红利，而西班牙经济界一片混乱。船队队长及海军大臣均遭到问责，落得前者被处刑，后者被流放的悲惨结局。而相反，海因晋升为事实上的荷兰海军大臣，成为国民英雄。

印第安人是人类吗

然而，继哥伦布之后诸如此类的欧洲人对外入侵，不仅对欧洲经济和政治造成了影响，还对欧洲人的世界观和人生观造成了巨大影响。围绕美洲土著居民与欧洲人是否同属"人类"这个问题，拉斯·卡萨斯与塞普尔韦达争论不休，二人之间展开的"巴利亚多利德大辩论"，表现出了欧洲人的困惑。事实上，在欧洲以外的世界其他地方，所见所闻都是令他们感到十分新奇和震撼的。下面讲几个小故事来佐证。

欧洲人在探险和航海的时候，按照今天的说法，一般都会带上可以算是摄影兼科学组的人一同前往。由于当时没有照相机，因此就需要用素描的方式把当地的景物或者无法带走的文物画好以后带回来。我们举一个例子就足以说明这个情况。比如，自16世纪起，在英国上流阶层子弟中开始流行去法国或意大利"游学旅行"——这是一种全面培养绅士的教育——在"游学旅行"的宣传册里，就有"要求事先进行素描练习"这一条。据说有一位画家肩负着这项使命，陪同西班牙探险队到达了加勒比海，可是，他无论如何都画不出加勒比海本来的颜色，于是无奈地说道："这种颜色是我用自己所学到的欧洲绘画手法表现不出来的。"

再有，哈里奥特作为科学组的一员与英国一支北美洲探险队同行，他因为留下了大量描写北美洲土著居民部落及其生活点滴的素描而为人所知。当他看到土著居民类似日本人那样跪着端坐时，便很想把这种坐法画出来，可是他没搞清楚土著人的腿如何摆放，所以留下了一幅极为奇妙的图画。

"亚当和夏娃的遗产"的继承人

总之，由于《卡托-康布雷齐和约》，"北回归线的彼岸没有了和平"，最终西半球的问题就会依照既成事实来处理。因此，实施探险和航海才能真正决定谁才是"亚当和夏娃的遗产"的继承人。

这样的话，比如说，英国人除了要对抗西班牙人之外，还出于哪些理由才积极开始了探险和航海呢？

16世纪前半期，英国是坚决实行宗教改革的亨利八世统治时期，英镑货币的品质连续恶化，其结果是出口毛织物的国际价格下降，形成了大量出口的热潮。这个时期正是托马斯·莫尔所说的"羊吃人"的"圈地"运动激烈展开的时期，为了牧羊，耕地都被变成了牧场。几乎所有的毛织物，也在这个时代被运往今天的比利时安特卫普，当时那里作为世界经济的中心城市经济得到了迅猛发展。

然而，在伊丽莎白即位的16世纪中叶，英国发生的两件事情使经济状况发生了急转直下的变化。其中一个就是出现了主张英镑货币改革的托马斯·格雷沙姆，他指出假如英镑贬值，对英国人来说，国外的商品价格就会增加，便很难开展进口业务。

"劣币将驱逐良币"的说法据说也出自格雷沙姆之口，他借鉴安特卫普的做法，在伦敦创办了首个证券交易所，是一位非常杰出的金融家。格雷沙姆年轻时，在当时的国际市场安特卫普负责为王室采购意大利、西班牙、葡萄牙和法国等欧洲文化先进国家的高级商品以及亚洲出产的高价商品，所以他对英镑在国际市场的购买力尤为敏感。可是，英镑货币情况改善，导致"英镑升值"，对外国人而言，是英国产的毛织品价格猛增。

另一个是，在包括安特卫普在内的尼德兰，爆发了以奥兰治亲王（被称为"沉默的威廉"）为首的独立运动，造成面向这一地区的出口量突然间骤减。尽管如此，人口仍处在增加的趋势，因此英国经济陷入了危机，谷物价格猛涨，失业者遍及整个城市。在对外方面，伊丽莎白不得不最终于1601年颁布了臭名昭著的"济贫法"。毋庸置疑，英国朝野一致想要度过这次危机。

在这紧急关头，对策的中心是用英语被称为"project"的各种实验企业。16、17世纪在英国历史上被称为"实验企业时代"，就是出于这个原因。

这里所说的实验企业——按现在的说法，应该称为"Venture Business"（冒险投资企业）吧——类型实际上多种多样。比如，种植可以提取蓝色染料的植物大青或者从美洲引进的烟草等新型农作物；开发新型工业制品，特别是从尼德兰引进技术的新毛织品；生产顺应新潮流的时装和饰品，尤其是袜子；开发包括煤炭在内的矿山等。

不过，这些冒险企业最为成功的当属探险和殖民，以及与新地区开展的贸易。其中很多企业都采取了这一时期特有的专利公司的形式。比如，寻求与俄罗斯贸易的莫斯科（俄罗斯）公司、与土耳其地区贸易的黎凡特公司、东印度公司，以及由既是哲学家，又是大法官的弗朗西斯·培根担任主要出资人的弗吉尼亚殖民开发公司等。

而建立并且运营这些冒险企业的人，就是作为英国的统治阶级正在不断巩固其地位的地主绅士们。在这个大失业时代，这些企业用极其低廉的费用就能雇佣贫民来做工，这对绅士们来说，是一箭双雕，甚至是一箭三雕的一种尝试——在谋求自己的利益的同时，也能提高自身的社会威信。英国的对外入侵，也就是大英帝国形成的动机即在于此。

第四章 欧洲生活革命

17 世纪的危机

是什么带来了危机

以欧洲为中心的世界体系在 15 世纪末建立后，16 世纪时得到了进一步扩大。在欧洲的核心地区，国家机构的力量逐步加强，确立了绝对王政。联结东欧与西欧的波罗的海贸易继续扩大，靠出口谷物获得了丰厚收益的东欧贵族们进口西欧的商品及殖民地物产，过上了奢华的生活。而在联结西班牙与"新世界"的大西洋贸易中，墨西哥及秘鲁的白银大量流入欧洲，这进一步加大了欧洲对亚洲物产的购买力度。西欧人口剧增，物价高涨。

然而，这种扩大的趋势从 17 世纪 20 年代开始发生了巨大的变化。物价岂止出现停滞，部分地区甚至开始下滑，除了大西洋沿岸地区，欧洲的人口也明显出现减少的趋势，遭舍弃的村落越来越多。可是，这种现象的原因直到目前尚不明确。有一种说法称是因为墨西哥、秘鲁的银矿枯竭，流入欧洲的白银减少了。也有人认为这是美洲劳动力出现不足，或是美洲内部交易中使用的白银增加所致。另外，也应考虑到英国、荷兰的私掠船活动猖獗，导致流入西班牙的白银严重减少。

总之，白银流入量减少导致西班牙帝国的经济中心塞维利亚出现衰退，欧洲各国陷入通货供给不足的困境之中。正是从白银的进口量出现减少的 1619 年前后开始，在德国、波罗的海地区以及一直垄断美洲白银市场的西班牙本国等地，出现了严重的通货危机。而在 17 世纪 20 年代的英国，毛织物出口严重困难，这也成为英国出现通货不足现象的原因之一。在对其原因所进行的大讨论中，"重商主义"（mercantilism）这一经济观点逐渐形成。

不过，针对 17 世纪后半期的白银进口量，没有准确的统计数据，甚至还有研究表明白银的进口状况不断好转。再者，物价停滞或许是人口停止增长的结果。一般认为人口停止增长，无法带动需求增加，便会导致物价下降。

世界体系缩小

总之，以西欧为中心的世界体系，开始明显出现经济下滑的现象。在地理上也呈现出同样的趋势，自哥伦布以来的对外扩张停止了。确实，对于西班牙人和葡萄牙人将地球一分为二的做法，荷兰人、英国人和法国人都提出了异议，他们要求从"亚当和夏娃的遗产"中分得一杯羹,加强了对外扩张。其结果,就算在从欧洲看来相当于东方边界的日本,也能够看到"红毛人"的身影。不过,他们扩张所涉及的区域几乎都已经和葡萄牙人、西班牙人有了关联,17世纪时,欧洲人新扩张的区域十分有限。

与上一个世纪相比,欧洲人与其他文化圈居民的交往方式并没有太大的改变。入侵爪哇的荷兰人总督简·皮特斯佐恩·科恩想让大量的荷兰人移民到爪哇,发展种植园。可是由于荷兰本国的人口本来就不多,最终未能实现。最终,荷兰人、英国人在亚洲也只能二者选其一,要么购买亚洲内部大量交易的丰富物产的一部分,然后将其出口到欧洲市场,要么参与到亚洲内部的交易中获取利益。再加上,直到17世纪50年代,日本和中国都对欧洲实行了锁国政策,所以欧洲人认为发展亚洲贸易的可能性越来越小。因此,当时以西欧为核心的近代世界体系不得不转而将赌注压在了确立"大西洋经济"上。

17世纪的欧洲世界体系,不管在地理上,还是在其内部,均未得到发展。而在整体都没有发展的背景下,荷兰取得了利益争夺的胜利。17世纪初,荷兰作为尼德兰共和国,其独立的国家身份才终于得到了国际社会事实上的认可。而到17世纪20年代中期,它在欧洲就具有了超越其他国家的绝对性经济实力。荷兰巧妙避开西班牙的统治,通过从安特卫普等南部地区迁移而来的工商业者的努力建设,使阿姆斯特丹一举成为世界经济的大都会。

不仅如此,17世纪中叶,荷兰还在大西洋沿岸一带构建了城市带，成为当时整个世界中城市化发展具有压倒性优势的一个国家。近世荷兰文化的代表便是其城市文化。

霸权国家荷兰的繁荣

支撑荷兰的波罗的海贸易

在以往日本的历史学研究中，一般认为，英国的近代化和工业化取得了成功，而与之相比，荷兰虽然一度繁荣，但最终是以失败收场。而且，人们称其失败的主要原因是荷兰人一心只想从事商品流通的中间贸易及金融业，轻视生产活动。

然而，这样的看法明显是错误的。繁荣一时的国家最后走向衰败司空见惯，而永世繁荣的国家或地区在历史上是不存在的。今天我们来看英国的话，会发现 19 世纪的英国在制造业方面也曾被德国和美国赶超，到第二次世界大战时，甚至经历了被称为"英国病"的衰退时期。

而且，荷兰确实在沿海地区推进了城市化，甚至可以被称为最后的城市化国家，但仅凭这一点就断定这个国家只从事了中转贸易，是违反事实的。荷兰也有过欣欣向荣的农业、渔业和制造业。相反，英国人也曾经相当热衷于中转贸易。从经济活动方面来看，17 世纪的荷兰和英国实际上可以说是非常相似的。它们之间唯一不同的地方，是荷兰拥有绝对强大的实力。

那么，究竟是什么支撑着当时荷兰的经济发展呢？ 17 世纪中叶，荷兰已经具备了足以撼动世界的经济实力。这一时代，在荷兰人和英国人中间被称为"母亲贸易"的，不是别的，就是与包括北欧在内的波罗的海海域之间的贸易。这种贸易是对在被误称为翻版农奴制的制度下失去自由的农民生产的谷物、森林资源、铁等支撑西欧经济基础的商品的供应。对城市化发达的荷兰来说，谷物既是必不可少的基础粮食，也是在制造工业中占有重要地位的啤酒、威士忌以及蒸馏酒的原料。在森林资源中，除了桅杆材料等木材，沥青、焦油等也都是造船用的必需品。

无论是在世界各地广泛开展贸易，还是保护海洋帝国和跨越大洋的航路，船舶在这个时代都是必不可少的。波罗的海贸易提供了制作帆布的麻等各种各样造船所需要的材料，可以说是荷兰和英国的生命线。因此，它被称作"母亲贸易"也是理所当然的。17世纪，在阿姆斯特丹市场上进行交易的商品中，据说有3/4的物资都是从波罗的海运来的。

波罗的海贸易经由位于现在丹麦和瑞典之间的厄勒海峡而开展。丹麦得益于几个世纪以来在此设置通行税，可以相当准确地掌握构成早期近代世界体系基础的这种典型的核心与周边贸易的真实情况。从海峡通行税的相关史料中可以看出，这种"母亲贸易"绝对掌握在荷兰人的手中。即使到了17世纪末，由垄断贸易公司伊斯特兰公司开展的英国人贸易，在波罗的海也只能占到荷兰人贸易的仅仅1/10。法国人在这一海域，甚至几乎无法加入贸易活动中去。如此看来，英国人称此贸易为"失去的贸易"也是有其原因的。

在造船、海运、金融领域确立霸权

然而，这种实力上的差距从何而来呢？其决定性因素就是造船技术。荷兰人发明了一种名为"弗鲁特"（fluyt）的新型商船，它可以仅用少量船员就能够运输大批的货物，诸如木材、谷物等。这种商船取代了意大利人和葡萄牙人在地中海地区所使用的小型帆船。此外，在鲱鱼捕捞方面，荷兰人还发明了名为"鲱鱼巴士"（herring buss）的新型船舶，可以在船上直接将鲱鱼进行腌制加工，这使得荷兰在北海渔业中占据了压倒性的优势地位。不过，作为荷兰人掌握世界体系霸权的基础，没有什么比"弗鲁特"船舶的广泛使用更重要的了。非武装性质的"弗鲁特"船，与兼具军舰功能的英国船舶相比，虽然速度较慢，但是在波罗的海和北海这种比较安全的海域，其运输成本相当低廉。虽然具有带武装、速度快等特点的英国船舶，在北非巴巴里海盗出没的地中海能够进行一定程度的对抗，但是在波罗的海海域，荷兰完全确立了优势地位。

另外，由于阿姆斯特丹已经成为世界金融中心，因此据说虽然建造同等规模的船舶，但可以得到低利息资金的荷兰造船业，其建造成本只有英国的1/2左右。而荷兰本来在波罗的海贸易中就占有绝对的优势，所以也能轻而易举地获得造船材料。于是，在临近阿姆斯特丹的造船城市哈勒姆等地建造的"弗鲁特"新型商船，其船体本身的成本很低——在那个时代，船是土地以外最昂贵的资材。

而且，这种类型的船舶与英国船相比，只需要1/2的船员即可驾驶。还有，随着荷兰的海上统治权确立，在阿姆斯特丹的海运行业中，保险费用变得相当低廉，这是其他国家难以望其项背的。如此一来，荷兰的海运业远远超过了英国和法国，占据了绝对优势。法国人在加勒比海辛辛苦苦生产的砂糖，大部分都只能经荷兰人之手运往波罗的海，其原因就在于此。

于是，到 17 世纪中期，荷兰籍船舶在欧洲各港口呈现出超过当地船只的势头。据说 17 世纪初，即使在伦敦，荷兰船也比英国船多出了 50% 以上。

荷兰在海运行业的这种实力，又成为荷兰在进口造船材料的波罗的海贸易中有优越地位的重要原因。从格但斯克（现在属于波兰领土）进口包括谷物在内的波罗的海物产，将其运输到比斯开湾，也就是运往法国、葡萄牙及西班牙等地，与葡萄酒、食盐、亚洲物产等进行交换，然后再将交换回来的物品运送到波罗的海，获取本国消费的谷物，这成为欧洲范围内的荷兰海运的基本模式。

由此可知，所谓 17 世纪时荷兰只是从事中转贸易这一说法是完全错误的。比如，在造船领域，其工业技术就十分发达。而代尔夫特的陶器及酿酒，可以说亦是如此。就连普遍被人认为因国土面积狭小而最为薄弱的农业，荷兰也依靠填海造陆技术，以及栽培染料植物、花卉及其他面向城市的新作物，使其得到了迅猛发展，甚至有一些历史学家称 17 世纪为"荷兰农业的黄金时代"。

世界范围的资金开始源源不断地流入世界体系的大都会阿姆斯特丹。在这里，世界性的金融机构相继建成。1609 年，阿姆斯特丹外汇银行创立，1611 年，著名的证券交易所设立。

两年后，展示各种商品市价的经济周报刊行，阿姆斯特丹在经济信息方面也具备了世界体系中心大都会的风格。到 17 世纪 70 年代，又出现了专业的汇兑从业者，"阿姆斯特丹已经完全从商品交易中脱离出来，成为独立的金融市场"（简·得·弗里斯，Jan de Vries）这一说法得到了普遍的认可。

与荷兰成为霸权国家如出一辙，阿姆斯特丹很快也成为号称拥有西欧最多人口的世界中心大都会，就像 19 世纪的伦敦或 20 世纪的纽约一样。世界中心大都会都是充满自由气息的大都会。在自由的氛围这一前提下，世界各地之人聚集于此。以法国哲学家笛卡尔为代表的众多知识分子、艺术家、政治或宗教逃亡者纷至沓来。于是，17 世纪时的阿姆斯特丹与后来的伦敦和纽约一样，成为可以看到最先进文化现象的世界文化中心。而且，这里游客众多，介绍阿姆斯特丹的名胜图册等出版物也不断发行出来。

自由之国

有一个名叫"锉木监狱"（Rasphuis）的地方必定会在这些名胜介绍中出现。这是荷兰特有的一所监狱（感化院）。随着阿姆斯特成为世界性的中心大都会，除了知识分子和艺术家，还有许多贫困之人为了谋生从四面八方汇集到这座大城市来。世界中心大都会同时也成了世界各地流浪者的聚居地。于是，这里形成了巨大的贫民窟。这一情况与后来的伦敦、纽约完全一样。荷兰在世界体系中掌握着霸权，扶贫及福利的水准也提高了，人们认为这里在为贫民提供就业机会（这些就业机会被当今社会学统称为"城市杂业")方面值得期待。所谓"城市杂业",指的就是从跑腿到洗衣、零售、乞讨等一系列繁杂的职业。在这样的大城市里,贫民依靠这些工作也可以勉强糊口。拿锉木监狱来说,虽然它是监狱的一种类型,但从另一个角度来讲,它和贫民救济院的性质一样,也可以让人在其管区内劳动。在近世的欧洲,惩罚与福利的界限并不清晰,这种情况司空见惯。

在霸权国家中,各国的政策以及制定政策的背景和想法都显示出各自的特征。对这些不仅位居世界体系的中心,还能够傲视其他核心国家的霸权国家来说,自由竞争明显有利。而相反,其他核心国家则采取重商主义的保护政策,以图维持本国的经济圈。从这一点来看,无论是英国在 19 世纪提倡实行自由贸易主义,还是美国在 20 世纪将自由主义定为国家旗帜,都很容易理解。17 世纪时的荷兰也与此完全相同。众所周知,法学家格劳秀斯提出了"海洋自由"的观点。这一主张一经确立,自由主义就不仅在经济活动方面,还会在社会、政治、宗教等多个领域产生影响。因此,荷兰自然而然就汇聚了大量逃亡者、自由创作者及艺术家。

由于荷兰成为世界体系的霸权国家,因此并没有经历袭击整个欧洲的"17 世纪的危机"。在世界体系整体的经济没怎么增长的最艰难时期,唯有荷兰增加了利润。

荷兰霸权衰退

已经落伍的荷兰

然而，曾经盛极一时的荷兰从 17 世纪末开始呈现出衰退的迹象。事实上，围绕荷兰究竟从何时开始衰退这一问题，自那个时代起就有了争论。例如，作为一名"荷兰通"，英国人天普（Temple）早在 17 世纪 70 年代就曾经针对"荷兰的混乱"问题进行过论述。可是，在 18 世纪前半期，热衷于国际经济实力比较研究的英国政治经济学家们纷纷提出了"荷兰优势"的观点，他们推断按照相当于今天我们所说的国民所得来排序，其结果也总会是荷兰、英国、法国这样的顺序。

这些看法都没有错。的确，在毛织品生产方面，荷兰早在 17 世纪末就被英国赶超了。英国自 17 世纪 20 年代起经历了严重的出口萎靡（这也是除了荷兰，波及整个欧洲的"17世纪的危机"的一部分），于是停止生产长绒羊毛加工制成的厚重的"旧毛织物"，转而生产轻薄的"新毛织物"。这种"新毛织物"本来是尼德兰开发的商品，因为其具有劳动密集型产品的特性，在拥有大量流浪者以至于需要济贫法，因廉价的劳动力而受惠的英国，此项生产取得了成功。相反，莱顿的毛织品工业凭借丰厚的资本和高超的技术，将"旧毛织物"的生产转向专业化。

然而，进入 17 世纪后半期后，欧洲的流行趋势及嗜好发生了急剧变化。荷兰人取代葡萄牙人在亚洲成功独占的香料，急速失去了人们的喜爱，茶和砂糖等成为流行商品。尤其是亚洲生产的纤维制品，在由中上流阶层构成的消费市场中极具魅力。这种现象在英国被称为"印花布热潮"或者"印度热"，当然这也是欧洲整体的一种现象。亚洲生产的印花布（棉织物）及丝织物的流行意味着色彩鲜艳、材质轻盈的衣料开始流行。而这种时代开始全面流行轻薄纤维制品的大趋势，对专业化生产"旧毛织品"的荷兰来说，是一件十分不幸的事情。

在英国，由于印花布广泛流行，以陷入危机的伦敦丝织物从业者为主——也有一种说法称，有更强大的毛织品行业做其后盾——爆发了街头游行和向议会抗议的行动（"印花布争论"）。其结果，1700 年颁布了禁止进口印花布法令，1720 年颁布了禁止使用印花布法令。可是，尽管有这些禁止法令，英国人的"印花布热潮"依然无法遏止，这股浪潮反而促进了产业革命中棉织品工业的产生。

荷兰在世界商业中也陷入衰退。在荷兰走向霸权的过程中的 1623 年，英国东印度公司为了获取当时占据世界商品中心地位的香料，准备进入印度尼西亚，却在同荷兰人在安汶岛进行的对抗中被打败，被驱逐出印度尼西亚水域。在不得已的情况下，英国人只能将南亚次大陆作为据点。也就是说，英国当时无法获得商品价值最高的香料，便将棉布产地印度定为落脚点。但是，欧洲流行趋势的变化，反而对落脚于印度的英国产生了有利作用，而荷兰想要固守的香料，与荷兰自主生产的旧毛织品一起失去了市场吸引力。

至于流行趋势为什么会发生这样的变化，这是一个很难回答的问题。不过，以清教徒革命的时代为界限，香料作为上流社会的标志而大量使用的时代彻底宣告了结束。还有一种说法称由于农业革命的推动，冬季也可以饲养家畜，很少再需要保存食用肉类了，这就导致用于"去腥"的胡椒、香料的需求量大大降低。可以说荷兰的经济性质，或者应该说是经济文化出现了急速的"陈腐化"。

在国际金融中苟延残喘的荷兰

虽说如此，但是荷兰的"衰退"并不是一下子发生的。因为在后来相当长的时期里，阿姆斯特丹对世界金融的统治地位并未动摇，而且海运、保险等服务行业的收入以及来自英国国债的收入相当丰厚。阿姆斯特丹的金融市场失去世界金融中心地位，充其量是 18 世纪 70 年代的几次金融危机之后的事。根据 1722 年法国人所做的荷兰贸易全景图，也可以知道荷兰当时仍掌握着世界各地通商的支配权。

波罗的海贸易被称作"欧洲生命线"，它在近代世界体系这一巨大的分工体制中，也占有极其重要的地位。即使到 18 世纪初，活跃在波罗的海贸易中的荷兰商船仍然是英国船的 10 倍。而说到法国船只，当时更是连影子都看不到。这种趋势甚至一直持续到 18 世纪后半期。

现代历史学家弗里斯认为，荷兰的衰退是由"英国的航海法以及法国的柯尔贝尔"，也就是由英法两国的重商主义引起的。但英法两国的政策之所以能够取得成功，是因为恰好处在前文所提及的流行趋势变化的背景下。总之在 1667 年，法国对荷兰商品征收高额关税。两国围绕这一问题的交涉最终破

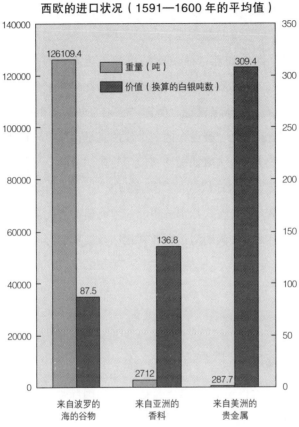

西欧的进口状况（1591—1600 年的平均值）

来自波罗的海的谷物　　来自亚洲的香料　　来自美洲的贵金属

裂，于 1672 年爆发了法荷战争。当时的法国人称此次战争是"名副其实的贸易战争"。

几乎在同一时代，荷兰与英国也进行了三次交战，三次均以荷兰失败告终。据说第一次英荷战争的爆发是因为 1651 年克伦威尔统治时期的英国颁布著名的航海法，企图扫除荷兰人的中转贸易。因此，可以说 17 世纪后半期的历次战争，实际上是主张重商主义，即保护主义的英法两国向标榜自由主义的霸权国家荷兰发起的挑战。

不过，即便如此，荷兰的经济实力也并没有完全衰退。荷兰仍然是欧洲工资水平最高的国家，因此福利水平也位于欧洲前列，这一点毋庸置疑。所谓"衰退"，只是相对而言的。荷兰没有陷入完全"衰退"的一个原因就是，荷兰仍然承担着向北欧和东欧运送法属加勒比海地区物产的业务。尽管柯尔贝尔利用相当于英国航海法的"排他制度"，企图扫除掉荷兰人的中转贸易，可是在这片水域中，荷兰海运业的优势地位并没有动摇。相反，法国的海运行业在德国及波罗的海没有任何实力可言。

与亚洲的贸易

荷兰东印度公司

16 世纪末，也就是荷兰的独立得到国际社会承认之前，荷兰人成立了许多公司机构，开始进入葡萄牙人占据优势的亚洲市场。这些"打头阵的公司"在约翰·范·奥尔登巴内费尔特（Johan Van OldenBarnevelt）的指挥下，于 1602 年合并成为"联合东印度公司"（VOC）。虽说是"联合"，但由于公司成立的目的只是垄断国内市场，因此其内部设立了 17 个重要职位，分为 6 处的部门各自独立结算，分头开展活动。如今，在荷兰各地还能看到 6 处部门分别留下的遗迹。

这家公司并没有进行真正意义上的合并，在当时的欧洲，算是绝对庞大的一个企业。之所以这么说，是因为与英国的超大企业——创立之初资本金额为 3 万英镑的英国东印度公司相比，联合东印度公司拥有 10 倍的资本金。17 世纪末，这家公司直接雇佣的员工达 12000 人。纵观荷兰联合东印度公司约 200 年的历史，它向亚洲输送了大概 100 万人。按说一般 5 年左右就应该回国，可是能生还回国的人据说 3 个人当中只有 1 人。

荷兰人在亚洲内部的交易

17 世纪，荷兰东印度公司在亚洲建立了约 20 家商馆，并通过这些商馆串连起来的关系网进行交易。通过交易网，商品以及主要作为商品购款的贵金属流通了起来。然而，流通的商品还有贵金属，比起来自欧洲，更多是在亚洲内部采购的。从欧洲，即从荷兰运来的货物，几乎都是面向爪哇的巴达维亚。巴达维亚成为荷兰与亚洲内部贸易网的连接点。第 127 页图表中所显示的便是荷兰东印度公司向亚洲出口的贵金属数额和亚洲向荷兰出口的商品额。

从商品进口额我们可以看出，到 18 世纪初为止，此公司在欧亚间的贸易（按英国东印度公司的说法为"干线贸易"）发展迅猛。但同时也可以看出，荷兰东印度公司对亚洲的贵金属出口是相当"迟缓"的，特别是在 17 世纪 20 年代至 70 年代，出口与进口商品之间的差距还在扩大。不用说，这种差距表示的是联合东印度公司在亚洲内部交易中"赚取"的数额。

1640 年，联合东印度公司专门用于亚洲市场内部交易的船只达到了 85 艘，由此可以很清楚地看出其在亚洲内部交易中的规模之大。而日本所提供的金银是这样的亚洲内部交易的一大支柱。众所周知，1543 年，一伙儿葡萄牙人漂流到种子岛后，在日本开启了南蛮贸易（不过，严格来说，南蛮人指的是葡萄牙人，而荷兰人被称作红毛人）。

1634 年以后，欧洲人中只有荷兰人被允许来日贸易，因此，日本所拥有的几乎与墨西哥相匹敌的丰富的贵金属和铜，都被荷兰人垄断。18 世纪初，法国人针对荷兰的对日贸易，进行了如下论述：

> 日本是一个以丰富、细腻的工艺品而闻名世界的国家，荷兰东印度公司拥有与日本之间的排他性交易权。虽然荷兰人拥有的那个小岛靠一座桥与长崎相连，但是因为日本人不相信他人，疑心很重，所以荷兰人不能从这座桥踏出去。也就是说荷兰人无法与日本人直接接触。……日本锁国是为了防止中国人随意进入，因为中国人中有一部分长相凶残的鞑靼人。

在欧亚间的干线贸易中，荷兰人的目标是垄断胡椒与香料。他们的计划虽然在 17 世纪前半期获得了成功，但是香料与胡椒在欧洲不再受欢迎，转瞬间就变成了供应过剩。1652 年的有关记载中写道："荷兰仓库中积压了够整个欧洲吃三年的胡椒。"与香料不同，胡椒产地分散，很难形成完全的垄断也是一方面原因。

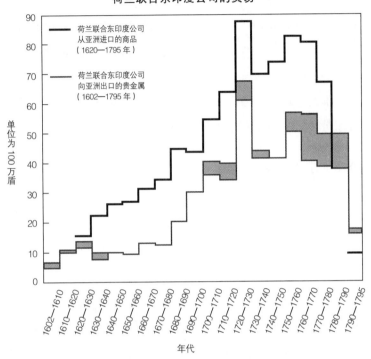

荷兰联合东印度公司的贸易

出自：F. S. Gaastra, in W. Fischer et al., eds., *The Emergence of a World Economy 1500-1914*, 1986, P. 99.

　　然而，17 世纪后半期，荷兰努力降低对胡椒进口、原料金属出口的依赖性。无论是联合东印度公司，还是英国东印度公司，截至 17 世纪中叶，贵金属都占据出口的 80%～90%，但是随着参与亚洲内部贸易的程度不断加深，这种状况也逐渐消失。其结果，荷兰联合东印度公司的业绩急速回升。进口商品的变化也十分明显，茶叶、咖啡、丝织品、棉织品、铜、靛蓝染料等开始加大比重。即使到 1650 年，在荷兰联合东印度公司的进口商品中，胡椒与香料也分别占比 50% 和 18%，二者之和接近总数的 70%。可是到了 17 世纪末，二者相加的比例就只有 11%，而丝织品和棉织品的占比过半，其他各种商品分别占据 4%～8%。

不过，这些趋势都是英国公司表现得更为明显。不用说，真正与时代潮流合拍的是英国东印度公司。

开拓"东北航线"

英国向亚洲市场进军，始于 16 世纪中叶世界市场安特卫普的混乱时期。英国不断将毛织的半成品出口到这里，并在此获得充满异国风情的亚洲商品和带有文艺复兴色彩的零零碎碎的世界各国商品，也就是流行的时装衣料、首饰、假发、书籍、染料、砂糖等。这些都是当时"先进文化生活"的必需品。可是，16 世纪中叶，这里因英国与西班牙的政治对立而产生混乱，英国经济出现了严重衰退。于是，为了一箭三雕地解决失业问题、获取亚洲产的世界商品以及获得销售这些商品的利润，作为风险企业的东方贸易公司如雨后春笋般成立了。再加上始于 17 世纪 20 年代的"危机"状况，这种情况更是愈演愈烈。

之前已经提过，这类公司的始祖是成立于 1553 年的"莫斯科（俄罗斯）公司"。英国人在安特卫普无法获取丰富的亚洲物产后，便企图通过绕欧亚大陆北部的"东北航线"来获取。虽然英国频繁尝试开拓这条航路，但是由于水路结冰，这些尝试全都以失败告终。不过，作为其副产物，英国与莫斯科公国建立了联系。莫斯科公国凭借与南方的交易往来，成为亚洲物产的供应源。而且，这条线路可以避开尚属强大的葡萄牙人的势力。

可是，1581 年，通过这条线路，英国人尝试与奥斯曼帝国（土耳其）和波斯进行贸易，但最后以失败告终，导致大部分出资人转向新公司，进入地中海，希望能直接与土耳其人进行贸易。当时，由于土耳其地中海沿岸地区被称为"黎凡特"，所以这家公司被叫作"土耳其公司"或者"黎凡特公司"。公司的目的是通过与东亚开展海上或者驼队贸易，购买被运进黎凡特地区的香料、胡椒、丝织品等亚洲物产。

这家公司利用土耳其与西班牙的敌对关系，迫使对方降低关税、以条款名义授予外交特权，从而大获成功。17 世纪初，在英国，说到"土耳其商人"，就如同后来从印度回国的有钱人"nabob"（此内容将在第五章详细叙述）一样，都是大富翁的代名词。创立初期，伦敦市的 20 多位区长中有 6 人都在这家公司任职。此外，在近世和近代一直处于统治地位的英国贵族和绅士多数都在投资家的行列。

东印度公司成立

然而，在地中海地区，西班牙和意大利各城市的势力还都很强大，英国人通过土耳其这个中介购买亚洲物产时，也有很多不称心如意的地方。因此，16 世纪末当英国人听到荷兰人成功开拓了前往亚洲的航路这一消息后，他们也希望能够与亚洲建立直接的贸易关系。如此一来，1600 年，伊丽莎白签发特许状，成立了东印度公司。这份特许状，承认了这家公司在东印度，即从南美的麦哲伦海峡至非洲南端好望角的整个亚洲地区以及东非的贸易、外交和军事活动的权限。不过，这家东印度公司的出资者也大多是黎凡特公司的组成人员。

莫斯科公司成立以来的这三家公司，都是以获取亚洲的商品为目的，由伦敦的大商人负责筹建的。进口亚洲物产的这三家公司，事实上人员构成也大致相同。它们与16世纪最大的企业同时也是具有政治实力的冒险商人行会，从正面看性质是对立的。因为冒险商人行会着眼于将传统商品毛织品出口到欧洲大陆，拥有这方面的特许。成为历史上持续时间最长的公司之一，成为英国统治亚洲的机构的东印度公司，就这样作为16、17世纪英国的风险投资企业诞生了。

改头换面的东印度公司

虽说如此，但是就其组织结构本身而言、从事亚洲物产进口业务的公司还不是近代的股份有限公司。比如说，以黎凡特公司为例，其经济实力十分强大，而且政治上也有大臣和国会议员的支持，但与股份公司相比，它体现的同行业协会的性质还是很明显，公司职员各自按照自己的账目进行交易。虽然东印度公司募集了很多出资者，并将资金统一到一起，从这一点上来看，具有近代化组织的特点，但是这个时代，每航海一次，就会将航海归来的全部资产进行拍卖，并分配所有的收益。从中可以看出东印度公司只不过是一个临时性的机构。在亚洲或非洲，为了与当地势力以及法国、荷兰、葡萄牙等势力对抗，东印度公司有必要消除这种临时性特点，建立城堡或商行等永久性设施。总之，17 世纪前半期的英国东印度公司，由于存在荷兰联合东印度公司这个强大的竞争对手，并没有取得特别显著的发展。

然而，以 17 世纪中叶为分界线，形势突然发生了转变。转变的直接原因是克伦威尔统治时期的 1657 年进行的组织改革。股东总会的相关规定被制定出来了。在稍早前，公司的临时性特点也已经消失，开始采用保留资本金，只将纯收益作为红利进行分配的方式。这便是东印度公司是近代股份公司雏形的理由所在。不过，虽然英国建立了世界上最早的一家股份公司，但是因为 18 世纪前半期发生的南海泡沫事件，股份公司的创立又遭到禁止。

经过东印度公司的组织改革，英国在亚洲市场的势力增强，具备了足以对抗控制香料诸岛的荷兰联合东印度公司以及新兴法国的能力。但是，英国在亚洲的经营继续取得成功，最大的原因就是之前提到过的欧洲流行趋势的变化。荷兰在亚洲的经营本身并没有出现什么问题，相反英国在经营方面也不是出类拔萃。只是，荷兰人成功垄断市场的亚洲物产，即香料和胡椒出于某些原因不再受到人们的欢迎，而印度产的棉织品（calico）等成为市场中很容易交易的商品。只能说，对无力进军东南亚水域的英国来说，这是一件幸运的事情。

欧洲与亚洲——尚在体系外的亚洲

亚洲贸易作为"亚当和夏娃的遗产"，一直以来是西班牙和葡萄牙两国垄断的对象。但当阿尔卑斯山及比利牛斯山以北的各个国家也能够触及亚洲贸易时，除了荷兰和英国，法国、瑞典以及后来成为德国一部分的勃兰登堡等也都纷纷成立东印度公司，瞄准了亚洲贸易。这么一来，从欧洲整体来看，16世纪以葡萄牙人为中心，每年只有5~7艘船进行对亚洲的贸易，而到17世纪10年代、20年代时，就已经达到了250艘，再到17世纪50年代、60年代时，更是多达400艘。其中荷兰船只的数量至少占一半。

但是，亚洲贸易对当时的欧洲来说还没有占据决定性的地位。亚洲只不过是欧洲经济圈的"外部"世界而已。即使到17世纪末，从亚洲返航的欧洲船舶的总吨数——这里加上一个不太可能的假设，就算驶出欧洲的船舶全部返航——也没有达到19000吨。葡萄牙自不必说，无论是荷兰东印度公司，还是英国东印度公司，与其说它们是依靠欧洲与亚洲之间的贸易，倒不如说它们也都是"寄生"于已有的亚洲内部贸易从而获利。关于这一点，我们已经在前文进行了论述。

世界体系中的荷兰

爪哇人与日本人

有一件事情令我印象深刻，不过因为已经时隔好几十年，所以记忆可能有些偏差了。记得那好像是发生在阿姆斯特丹的国家博物馆，也好像是在莱顿的民族学博物馆。总之，我在荷兰第一次看到"历史绘卷"风格的绘画时，心情难以言表。那幅绘画中，描绘着似乎在尝试吃人肉（cannibalism）的爪哇人，而紧接着的一幅画描绘的则是只穿着兜裆布的裸体日本人。荷兰人 17 世纪开始正式对外扩张，这幅画恰好显示了当时的荷兰人如何看待日本人，是很棒的历史史料。

不用说，以当时日本的文明程度，对日本形成这样的印象或许是理所当然的。即便快到了明治时期，比如因留下了生动描述伦敦下层民众生活的大量研究报告而出名的英国人亨利·梅休（Henry Mayhew），在他那部论述世界卖淫问题的主要著作的终章，将世界各国分为文明国家、半文明国家和野蛮国家三种类型，还是将爪哇和日本一并划进了"半文明国家"。不过，亨利·梅休的信息明显是来源于荷兰，直到后来相当长一段时间，欧洲人对日本的印象似乎都和 17 世纪荷兰人印象中的日本完全一样。

可是，如果我没有记错的话，这幅画是有关早期荷兰史的一件展品，这个事实让当时尚且年轻的我相当震惊。由于这种冲击力超强，它和其他的各种经历相辅相成，甚至成为塑造我后来的历史观的重要因素。

之所以这么说，是因为这幅画描绘的是 17 世纪初的情景。虽然荷兰在 1581 年宣布独立，但是这个时期国际社会还没有承认它作为独立国家的地位。距今约 30 年前，日本学界认为继荷兰之后，英国的崛起是其国民禁欲及辛勤劳动的结果，由此英国得以拥有强盛的国力，对外入侵势如破竹，从而建立了大英帝国。然而，我在荷兰所看到的国家形象是一个在正式成立之前就已经拥有了"殖民地"的国家。

　　这样想来，再重新审视一下历史的话，就明白这种情况根本不是只有荷兰才有的。就拿英国来说，它对威尔士和苏格兰的统治由来已久，原来并不是产业革命孕育了大英帝国，而是因为有了大英帝国的存在才使得世界最早的产业革命成为可能，这一点十分明显。而对美国来说，成立国家和占有殖民地这两件事，又是孰先孰后呢？因为国力充实而形成殖民帝国这种看法只有部分合理。

　　如此考虑的结果是我更倾向于世界体系论的观点。从这样的观点来看，17世纪的荷兰掌握着世界体系的霸权。仅凭这一点，就应该从相同的角度看待荷兰与后来的英国和美利坚合众国。相对于取得近代化成功的英国而言，荷兰绝不是一个"失败的反例"。

无法完全掌控大西洋经济的荷兰

　　17世纪的欧洲，整体陷入"危机"的状态中。"危机"从根本上是经济方面的问题，可是在社会和政治方面也有所体现。英国的清教徒革命和法国的投石党运动，可以说正是这次危机中政治方面的一部分表现。但是在那样的情况下，就17世纪而言，掌握了世界霸权的荷兰并没有出现所谓"危机"。不过，这对荷兰来说也是一种不幸。因为荷兰没有遭遇危机，可以说无法完成结构转换，或者说没有必要进行结构转换。英国将毛织品工业转换为"新毛织品"，而荷兰专门加工"旧毛织品"，二者的不同就在于此。

　　不过，英国的状况有所不同。因为英国与法国、西班牙一同经历了"17 世纪的危机"。为了克服"危机"，英国人全力寻找解决之策，其结果是确立了"大西洋经济"。荷兰虽然在加勒比海孕育了"砂糖革命"，却没能充分享受这一成果。

将"世界商品"砂糖引进加勒比海

真正将甘蔗引进拉丁美洲的是荷兰人。他们早先占领了巴西的巴伊亚，在那里开展生产砂糖的种植园活动。16 世纪，世界上的砂糖生产绝大多数是在巴西进行的。在欧洲，虽然也有"葡萄牙砂糖"的说法，但事实上，那些都是荷兰人在巴西生产的。

可是，1645 年，荷兰为了确保在葡萄牙的食盐交易，打算恢复与葡萄牙的友好关系，于是从巴西抽身而出。如此一来，在非洲已经建成的奴隶贸易据点以及林立于阿姆斯特丹的砂糖加工设施就闲置了下来。这导致巴伊亚的种植园主开始大批向英国以及法国的加勒比海殖民地迁移。加勒比海域的"砂糖革命"就是这样开始的。

现在的委内瑞拉海域的库拉索岛原本是袭击西班牙白银船队的私掠船基地，荷兰人以此为据点，向这些殖民地提供甘蔗和奴隶，为其蜕变成种植园社会创造了契机。一直以来是由葡萄牙人向西班牙领地提供奴隶，可是这份奴隶供应合同被荷兰人改换以致废弃，因此向广阔的西班牙领地供应奴隶也就变得自由自在。

尤其是在一直以来白人移民依靠栽种烟草勉强度日的英属岛屿巴巴多斯岛（Barbados），甘蔗种植园大获成功。在 17

世纪末牙买加开始大规模种植甘蔗以前，这里是世界上最大的砂糖产地。烟草在欧洲市场上曾经一度供应过剩，对陷入困境的烟草种植者而言，荷兰人的技术指导和奴隶供应如同甘霖一般。然而，对种植者来说的幸事，对非洲奴隶们来说无疑是悲剧的开始。

到了 1654 年，又有另外一个荷兰人甘蔗种植园主的团体离开了巴西。正好当时处于第一次英荷战争期间，种植园主们没有前往英国领地，而是转向法属的马提尼克岛和瓜德罗普岛。这两座岛屿在 18 世纪时成为拥有高效生产力的砂糖殖民地，甚至超过了当时享有"加勒比海的珍珠"美誉的英属殖民地牙买加。

因此，加勒比海的砂糖生产不久便在巴巴多斯岛、牙买加、马提尼克岛等英、法两国的殖民地内发展起来，而技术支持以及作为劳动力的奴隶由荷兰人提供这种模式一直在维持。17 世纪中叶，荷兰霸权在这里也的确发挥了实质性的作用。加勒比海域的开发——意味着走向发展种植园和单一经营这条路，或许倒不如称其为"低开发路线"——是以提供非洲奴隶为前提的。由葡萄牙人开创先河，荷兰人和英国人继承的大西洋奴隶贸易，究竟带来了多大的纯利，这个问题是争论的分歧点。不过，在这里，如果只看 17 世纪的情况，那么荷兰人的活动还是十分显眼的。

荷兰霸权衰退的原因

荷兰人将甘蔗和奴隶带进加勒比海域，创造了开展奴隶制种植园的契机。尽管如此，荷兰最终也没有真正成功地建立起以砂糖和奴隶贸易为基轴的"大西洋经济"。其最大的原因就是，除去包括纽约（当时的新阿姆斯特丹）在内的北美洲新尼德兰和南美洲北部的苏里南，西半球事实上并不存在荷属殖民地。

荷兰没能在西半球建立"砂糖殖民地"的原因，与爪哇总督库里受挫的原因一致，即为了提供大量"移民"，本国人口急剧减少。英国在 17、18 世纪形成大西洋帝国的过程中，输出了大约 60 万白人移民，法国也输送了相当多的人口，可是荷兰无论如何也没有足够的人口。

当然，绝非仅仅是人口少这一个方面的问题。从英国迁移到美洲的大部分白人移民都是"合同雇佣工"。有人为他们负担旅费和餐费，作为代价，他们会被卖给种植园主，成为在美洲失去自由的劳动力。这些人中有因为失业而难以谋生的贫民或流浪汉，有被教区官员或者继父卖掉的孤儿，甚至还有 5 万被流放的犯人。所谓建立合众国的美洲移民是追求宗教自由的中产阶级清教徒这一说法，只不过是后世美国人，尤其是大家熟悉的统治阶级 WASP（白人盎格鲁-撒克逊新教徒，即 White Anglo-Saxon Protestant 的简称）所编造的故事而已。很多到达了加勒比海的法国人也是被称为"engage"的合同工。在握有世界体系霸权、拥有欧洲最高福利水平的荷兰，像许多英国人那样，把奔赴美洲当作自己最后的谋生手段、甘愿在一定期限内充当"白人奴隶"的人并不是太多。

就这样，霸权国家荷兰正是因为它霸权国家的特性，无法在以"定居"为必要条件的西半球继续保有广阔的殖民地。而 17 世纪末至 18 世纪，正好是世界经济努力开展"奴隶和砂糖经济"的时期，因此对荷兰造成了致命性的打击。荷兰霸权衰退的真正原因就在于此。

英国的商业革命和生活革命

英国大西洋经济的确立

从贸易结构上来说，17 世纪初的英国尚局限于欧洲框架内。占其进出口 99% 以上的贸易都是在包括土耳其在内的欧洲市场内部进行的，而且出口的商品几乎是同一种商品，即尚未完成染色和最后一道工序的毛织品半成品。这种贸易特征在当今"发展中国家"中也是常见的一种倾向。

从数据上来看，即使是在"危机"重重的 17 世纪 20 年代，这种出口单一商品的趋势也基本没有改变。英国 2/3 的进口商品来自包括现在的德国、荷兰及法国在内的西北欧，此外还有从波罗的海进口的造船物资和谷物，而亚洲物产及巴西产的砂糖等商品一般可以在地中海海域获取，由东印度公司直接带回的物产还极其有限。英国在欧洲内部，通过与西班牙、葡萄牙的贸易以及黎凡特公司的活动等，使得地中海贸易的比重得以提高，而亚洲、非洲及美洲贸易只占进口的 5%～6%。这种传统的贸易模式直到 17 世纪 40 年代也没有发生根本性的变化。

不过，之后经历了大约 20 年的"清教徒革命"，到 1660

年迎来王政复古之时，情况发生了彻底的转变。从那时起，直到美洲 13 个殖民地独立的 18 世纪 70 年代中叶，作为英国的贸易伙伴，亚洲、非洲、美洲这些欧洲体系之外的地区，其重要性超过了欧洲。英国成为一个庞大的殖民地帝国，占据了世界体系的中心位置。

交易的商品中，传统毛织品的比重也在不断降低——其本身发展顺利，并已经完全转化为成品出口。以往毛织品占比超过 90% 是很常见的，但是在美国独立战争前夕降到了 27%。相反，毛织品以外各式各样的工业制品同加勒比海域出产的砂糖、弗吉尼亚和马里兰出产的烟草，以及从亚洲进口的棉织品（印花布）和茶叶等，成为出口商品的主角。在接下来的论述中，我想依照英国贸易史料中的术语，将前者称为"杂类工业制品"，将后一部分商品（包括亚洲产品）称为"殖民地物产"。需要注意的是，前者在欧洲市场的空间很小，而在美洲殖民地拥有占绝对优势的广阔市场。

之前一直停滞不前的贸易总额，仅在 17 世纪后半期，出口就增长了 3 倍，进口也增长了 2.5 倍。进入 18 世纪后，各自又分别实现了 2.5 倍的增长。也就是说突然实现了暴风雨般的高速成长。当时，英国主要是向加勒比海域和北美殖民地出口"杂类工业制品"，同时能够从这些地区获取大量的世界商品，即砂糖和烟草。当然，这些世界商品的生产主要是依靠非洲的黑人奴隶，英国通过大西洋奴隶贸易获取了高额利润，而这部分收益在英国的贸易统计中是不显示的。

通过东印度公司与亚洲开展的贸易也同样取得了戏剧性

增长。其中，印花布和茶叶发挥了主要的作用。美国独立战争前夕，英国与欧洲以外市场的交易量超过了与欧洲市场的交易量。并不是因为英国取得了产业革命的成功，才成为帝国，而是因为已经成为帝国，即成为世界体系的中心，才获得了产业革命的成功。总之，这次以贸易上的巨大变化为中心的社会、经济巨变被称为"英国商业革命"。

生活革命

那么，进口到英国的砂糖、烟草、棉织品和茶叶等世界商品，后来的情况又是怎样的呢？这里有两条道路：其一是这些商品作为"殖民地物产"被再次出口到欧洲各地或者北美；其二则是不再出口到外地，而是留在国内，自然是供英国人消费。新商品的大量消费使生活文化发生了翻天覆地的变化。

事实上，近代英国生活文化的典型模式，其大多数都是这个时代从欧洲以外世界进口来的商品与英国文化相结合的产物。在红茶中加入砂糖后饮用便是其中最典型的例子。英国人将位于地球两端的中国和加勒比海的茶叶与砂糖混合在一起，并用起了模仿中国和日本的瓷器制成的韦奇伍德（WEDGWOOD）品牌的陶瓷茶杯。而在砂糖的生产过程中又大量使用非洲的奴隶，因此"红茶文化"无疑是横跨四个大陆的大规模贸易，也就是世界体系的产物。另外，尽管在红茶出现以前咖啡已经普及，但是提供红茶的咖啡馆在各种意义上才是近代文化的发祥地。

英国人的生活文化发生了巨大的变化，称其为"生活革命"更为贴切。不过，包括 13 个殖民地在内，世界各地的英帝国殖民地内也都发生了"生活革命"，殖民地所发生的这种变化，被称为生活模式的"英国化"。17 世纪 20 年代，即清教徒早期移民（Pilgrim Fathers）横跨大西洋逃亡到美洲的时代，英国还没有"红茶文化"。因此，美国的红茶文化是美国种植园主利用英国"再次出口"的茶叶和砂糖，后来才引进的"英国式生活文化"。在英国的"生活革命"与殖民地的"英国化"背后，可以看到由英国确立起来的大西洋经济的存在。

走上"财政、军事国家"之路

英国掌握了世界体系的霸权，这是大西洋经济成功确立的原因。然而，为什么会这样呢？这可是连曾经盛极一时的荷兰都没有办到的事情。这其中的原因有帝国的形成，而在帝国形成的背后，有所谓重商主义政策的成功。17 世纪中叶，碰巧有 20 年左右的时间与被称作清教徒革命的政治动乱重叠在一起，这期间出现了从贸易停滞向"商业革命"的转变。如果从这一点来看，之前我们提及的东印度公司改组，以及奥利弗·克伦威尔（Oliver Cromwell）为了获取打击西班牙白银舰队的基地而断然入侵牙买加（1655 年）等，或许都应该说其结果具有重要的意义。

当时的牙买加只不过是一个以"buccaneer"（皇家海盗）之名闻名的海盗据点而已，一般的解释是，耗资巨大的这次入侵是基于克伦威尔略带疯狂的反西班牙、反清教徒情绪的狂妄之举。不过，这座岛屿到 17 世纪末的时候就已经成为享誉世界的甘蔗种植园之岛，被欧洲人称为"加勒比海的珍珠"。

但是，如此这般走上通往帝国之路的英国，在整个18世纪都未曾停止脚步，即使竞争对手由荷兰变成了法国，仍在不懈地追求，这究竟是为什么呢？而这些政策又为什么全都能获得成功呢？英国自身于1694年设立英格兰银行，并以此为中心创建了国债与抵押证券的市场是一大原因。这种被称为"财政革命"的变化是英国特有的一种现象，直到今天，也还是英国经济围绕着金融业而展开，甚至被称作以伦敦这座城市为中心的"绅士资本主义"的原因。

取得了"财政革命"成功的英国，也想获得发达国家荷兰的闲置资金。英国的国债有议会做担保，兼具透明度高、安全性强的特点，故而荷兰人大量投资于英国国债。

另一方面，在18世纪的欧洲，军事实力的高低基本上取决于政府能多快筹集到军用资金。之所以这样说，是因为当时的士兵大多数是雇佣兵，在将领能力、战争技术、军队士气方面，各个国家之间并不存在太大的差别。一般情况下，将领的职位等级被放在报纸的广告栏里明码标价。绅士家庭中没有机会继承家业的次子或者三儿子，就通过购买将领职位的方法来维持自己的绅士体面。

三胞胎革命——商业革命、生活革命、财政革命

取得了商业革命成功的英国人，将大量的杂类工业制品出口到加勒比海和北美，并获取"殖民地物产"。包括棉织品在内的"杂类工业制品"的生产活动与英国产业革命的开展息

息相关。棉织品最初是从东印度进口的商品，由于其色彩鲜艳，适合在热带地区穿着，因而深受非洲人的喜爱，其低端产品甚至成为奴隶贸易的必需品。曼彻斯特作为奴隶贸易据点利物浦的大后方，能成为棉织品生产的中心，其原因之一就在于此。毋庸置疑，这些英国产的杂类工业制品对殖民地种植园主生活上的"英国化"也发挥了作用。

王政复古后的一个多世纪内，英国在贸易上发生的这种巨大变化，源于英国在世界体系中所处位置的变化。其结果，英国的政治、社会、生活文化都受到了绝对的影响。英国历史上称此事件为"英国商业革命"，就是这个原因。而"生活革命"则是"商业革命"的必然结果。

政治上也发生了巨大的变化。当时英国有两大党派：一方是要求强化王权的托利派；另一方是主张议会占优势地位的辉格派。但是，辉格派开始了连续执政，他们认为建立和维持殖民地帝国最为重要，主张为此忍受应该是当时世界上最繁重的苛捐杂税。作为一个向国民征收重税，并一味将其用于扩大帝国势力的战争之中的国家，这个时代的英国也被称为"财政、军事国家"。

在社会方面，伦敦和利物浦这样的港口城市发达，居住在那里的贸易商人和殖民地种植园主的社会地位急剧上升。虽然他们的地位不能与传统的绅士相提并论，但是已经可以被看作与绅士极其接近的"伪绅士"阶层。就这样，18 世纪的英国成为由地主绅士和大贸易商人联合统治的国家。

英国商业革命的开展（单位：1000 英镑）

年	1640L	1663/69L	1699/1701L	1699/1701E	1752/54E	1772/74E
a′毛织品	（1107）	1512	2013	3045	3930	4186
a″杂类工业制品	（27）	222	420	538	2420	4301
a 制品	（1134）	1734	2433	3583	6350	8487
b′谷物	（17）	1	59	147	899	37
b″非谷物		61	79	341	519	535
b 食品	（17）	62	138	488	1418	572
c 原料	（35）	243	202	362	649	794
A 本国产品出口统计	（1186）	2039	2773	4433	8417	9853
B 再出口统计	（76）	—	1677	1986	3492	5818
总出口额（A+B）	（1262）1346	—	4450	6419	11909	15671
总进口额	1941	3495	4667	5849	8203	12735

注：A=a＋b＋c。括号内仅为英国人的交易。L：仅伦敦港。E：英格兰和威尔士。左侧的 3 栏仅为伦敦港数据，右侧的 3 栏是全国的统计数据。虽然没能拿到 17 世纪全国的数据统计，但是比较同一时期的第 3 栏和第 4 栏，可以看出伦敦占据了全国的 2/3 以上。因此，关于 17 世纪的数据，可以根据对伦敦的统计基本上推测出全国的趋势。可以看出杂类工业制品与谷物的出口，以及（殖民地物产的）再出口成长显著。外流及流进的总额在 17 世纪的 60 年间都增长到 2～3 倍以上，在 18 世纪的 70 年间再次增长到 2 倍以上。

法国的情况

17 世纪后半期，英国在三次与荷兰的战争中均取得了胜利，而法国也在经济方面具备凌驾于荷兰的实力，这是因为英法两国一直以来都在实行被称作重商主义的工商业保护及殖民地排他性统治政策。重商主义思想的基础就是金银才是真正的财富（重金主义）。这样的话，为了使国家变得富有，就需要增加金银的持有量。可是，这样一来就需要减少进口，增加出口的贸易政策（贸易差额论）。1651 年以后，在 17 世纪的英国多次颁布的航海法以及路易十四统治时期的法国柯尔贝尔保护政策便是其中的典型代表。

为了增加出口，需要降低国内的工资水平，实行产业保护，制造大量的廉价商品。而为了减少进口，则需要提高关税，鼓励进口商品的国产化。为了独占殖民地市场，确保交易利润，还需要排除外国人势力。这么一来，重商主义从广义上来解释，就是甚至涉及工资政策及产业保护政策的大范围政策体系。但是，正如亚当·斯密（Adam Smith）所批判的那样，这其中贯穿着的是政府对经济活动的干预（保护主义）。金银才是真正的财富这一观点当然并不正确，但是在这样的政策下，工商业得到了保护，促进了资本主义发展也是事实。

然而，对当时掌握着世界体系霸权的荷兰来说，这样的政策反而阻碍了自由发展，因此只有荷兰无缘于重商主义。由于荷兰没有经历"17 世纪的危机"，因此倡导"海洋自由"反而符合其国家利益。19 世纪，不列颠治世确立，英国刚一举起自由贸易的旗帜，德国为了追赶英国就开始提倡保护主义，荷兰的做法与此同出一辙（"德国历史学派"经济学的形成）。

18 世纪的欧洲就这样进入英法两国争夺世界体系的霸权，俗称第二次英法（殖民地）百年战争的时代。

咖啡馆文化

17、18 世纪以英国为代表，欧洲各国都发生了"生活革命"，品尝加糖的红茶或咖啡成为最普遍的生活习惯和文化现象。另外，以印花布为中心的棉织品等衣料革命也开始出现。这些与人们衣食相关的新奇生活物资的大量供应，使欧洲人的生活和生活意识发生了巨大的改变。例如，在咖啡或红茶中加入砂糖，可以刺激劳动欲望，甚至有利于形成规律的作息时间，而棉织品的普及提高了清洁度，关系到环境卫生的改善，还有利于人口的增加。

没有比咖啡馆更适合成为这个时代"生活革命"据点的了。随着世界体系的扩大，席卷全世界直至今天仍是主流的英国乃至欧洲的近代文化，首先便是作为"咖啡馆文化"出现的。

英国最早的咖啡馆出现在牛津大学城。据说在清教徒革命中，一个对革命政权持批判态度的带有一丝反体制性质的组织在此秘密集会，他们一边喝着带有特殊香味的黏稠而奇妙的饮品，一边暗中批判体制。1652 年，伦敦出现了第一家咖啡馆。巴黎最早的咖啡馆基本上也是在同一时期出现的。

咖啡馆最繁盛的时期是在 1700 年前后，据说仅伦敦一地就有数千家。当时，一杯咖啡售价大约一个便士，咖啡馆成为人们加深交流，获取各方情报的场所。后来，咖啡馆也开始提供红茶，这大大推动了加糖红茶在英国国内的普及。

进入 18 世纪 80 年代，一位到访英国的德国神职者，有些许古典情趣的英国迷卡尔·莫里茨（Karl Moritz），向人们讲述了当时牧师在咖啡馆中书写传教稿件时的情景，由此得知这一时期还保留着一部分咖啡馆。只是咖啡馆的全盛时期出乎意料地短暂，到 18 世纪中叶便基本丧失了社会意义。只有在社会阶层序列混乱、社会动荡不堪的 17 世纪，像咖啡馆这样打破不同阶层间的壁垒，使所有阶层的人都能愉快谈话的地方才能繁荣。

到 18 世纪前半期，被称为"地主阶级统治"（squirearchy），由辉格派大地主和贸易商人以及城市金融资本家实行的统治得以确立，此时否定不同阶层间交流的具有封闭性的俱乐部作为"社交"场所成为主流。

尽管咖啡馆的繁荣时期很短，但是它对近代欧洲的文化以及生活方式的形成产生了不可估量的作用。这些咖啡馆是以咖啡、茶、巧克力、砂糖、瓷器、香烟等商品为工具而成立的社交场所和情报中心，因此欧洲人获取的亚洲、非洲以及以加勒比海为中心的美洲的物产才是咖啡馆的孵化器。

欧洲的"生活革命"——欧洲的亚洲化

印度产棉织品（印花布）的普及也十分迅猛。由于普及速度过快，以传统为荣的毛织品行业及丝织品行业强烈抵制印花布进口，1700 年甚至颁布了禁止进口法令。可是，由于购买印花布已经成为一种时尚，因此抵制并未见效。这强烈地刺激了印花布的国产化，其结果，世界上最早的工业革命在英国诞生。然而，东印度公司的盈利欲望并不能就此简单满足。尽管进口的重点逐渐转向了茶叶，但是棉织品进口的急剧减少还是让东印度公司无法忍受。

总之，依据法律而被英国公开抵制的印花布，从英国被再次出口，出现在阿姆斯特丹的市场上。因为阿姆斯特丹仍是欧洲的中心市场，所以这样从英国运来的印度产印花布无疑在整个欧洲流行开来。痴迷于购买亚洲、美洲以及非洲物产的"印度热"当然不仅仅是出现在英国的个别现象，而是不同程度地扩展到欧洲所有的中上流阶层。

印花布的使用不限于礼裙、窗帘等。18世纪后半期到访英国的德国神职者卡尔·莫里茨及贵族吉尔曼赛格在伦敦等都市中极目所见的英国老百姓全都身穿洁白色的衬衫，这让他们深有感触。棉织品具有可以水洗的特点，因此给人感觉十分干净。或许当时英国的印花布大多已经是国产，不难想象莫里茨和吉尔曼赛格二人也已经适应了这种生活习惯。

当然，在红茶中加糖饮用的习惯等也可以说是英国特有的现象。与英国咖啡馆逐渐变成以提供红茶为主不同的是，法国开始流行主要提供咖啡的咖啡屋，西班牙则在墨西哥种植可可粉，巧克力（可可）作为饮品流行开来。陶瓷杯搭配盘碟、汤匙、毛巾和糖罐等，这些与饮茶习惯相配套的多样化产品（称为 Tea Complex）也不仅在英国，甚至在全欧洲，包括那些饮茶习惯并不普及的地方流行开来。

中国和日本的瓷器，以及欧洲模仿中国和日本烧制的瓷器便是其中的典型代表。荷兰联合东印度公司在日本有田烧制的带有"VOC"标志的瓷器到现在依然在各地能看见，众所周知，代尔夫特瓷器就是模仿它烧制而成的。无论我们游览西班牙、法国的博物馆和宫殿，还是比如说参观一下俄罗斯的艾尔米塔什博物馆，都会马上明白这一点。

从生活史的层面来说，棉织品、红茶和瓷器这些亚洲商品，以及非洲人在美洲生产出来的砂糖、香烟等，带来了欧洲的亚洲、非洲、美洲化。从整体上来看，18世纪末以后所发生的大范围的欧洲工业化，其实是亚洲等地的物产国产化的过程。实现"国产化"，除依靠工业化在本国国内进行生产外，白糖、香烟之类本国无法生产的商品还可在帝国即殖民地体制的框架内确保获取。

第五章　欧洲的工业化与种植园开发

环大西洋革命

形成于 16 世纪的近代世界体系进入 17 世纪后停止扩大，陷入了危机，但是到了 18 世纪，又再次迎来扩大发展的局面。其原动力是以奴隶贸易为中心的大西洋经济的确立。18 世纪后半叶，特别是 1763 年签订《巴黎条约》之后，土耳其、俄罗斯、印度等虽曾经与欧洲有贸易往来，但基本上一直独立为营、自成体系的各个地区，也被并入以欧洲为核心的近代世界体系中。另一方面，在美洲 13 个殖民地定居的白人建立政权，并取得了独立。以此为先河，在拉丁美洲各国定居的白人陆续建立了独立政权。但是，这些国家并未完全脱离与欧洲的关系。

或者更应该说，它们与欧洲的关系只在加深，并无丝毫弱化。这期间，在欧洲，由英国发起的产业革命即工业化浪潮，以及源于法国革命的自由主义和民主主义浪潮不断扩大，被人们称为"二重革命"。这些事件之间究竟存在着怎样的关联呢？

七年战争和大英帝国的形成

18 世纪末至 19 世纪上半叶，以欧洲为中心的世界构造发生了巨大的变化。工业化浪潮和以法国革命为开端的政治变革潮流，在自由主义和民主主义的背景下，有着相同的性质，最终促使英国取得了绝对的霸权，形成了"不列颠治世"。

然而，欧洲发生的此类大事件也使欧洲以外的其他地区发生了连锁反应。以法国革命为开端的欧洲一系列革命与美洲13 个殖民地的独立运动、拉丁美洲各国的独立运动合在一起，被统称为"环大西洋革命"就是其中一例。当然，进入 19 世纪后，不仅南、北美洲，俄罗斯和亚洲的许多地区也都被囊括进一体化的世界体系之中。

这种构造变化的起因是 1756 年至 1763 年爆发的七年战争。虽然这次战争的主角是英国和法国，但欧洲的很多国家都被卷入其中，战争甚至波及印度和北美。最终，于 1763 年缔结的《巴黎条约》，决定了争夺世界霸权的英法两国的胜负走向。

即是说，凭借《巴黎条约》，英国在北美地区获得了加拿大和密西西比河以东的领土，并且在七年战争的一环——普拉西战役后，确立了在印度的统治权，基本上掌握了当时以欧洲为中心的世界体系的实权。英国将战争中占领的两个生产力极高的砂糖殖民地——瓜德罗普和马提尼克返还给法国，却将被酷评为"仅有冰雪的数英亩之地"的加拿大收入囊中。这在当时被视为英国外交上的失败，而法国则被认为是"输了战争，赢了外交"。但是，以长远的眼光来看，《巴黎条约》确保了13个殖民地的安全，使英国获得了辽阔的土地，对大英帝国的形成具有决定性的意义。

大英帝国占领了北美和加勒比海域大约30个殖民地，它与在世界历史整体进入"帝国主义"时代的19世纪后半叶，以印度为中心的帝国相对比，被称为"旧帝国""第一帝国"，或者"重商主义帝国"。当然，正如艾瑞克·霍布斯鲍姆（Eric Hobsbawm）所说的，由于"目前，世界只能容纳一个帝国"，因此法国还不能同时建立帝国。世界体系经历了决定性的结构变化。

七年战争引发财政困难

就这样，七年战争在英国走向世界体系霸权国家的道路上起到了决定性的推动作用。相反，法国当时却被排除在世界市场之外。英国得到了世界市场，在进口、出口、金融、技术等各个方面都充分发挥其优势，展开"世界第一次产业革命"，直到今天其工业化程度仍领先于世界。与之相反，法国的经济走向停滞，不得不由国内的政治和社会结构改革开始重新做起。1786年缔结英法通商条约（通称"伊甸条约"），两国开始自由通商后，英国制造的商品便如洪水般向法国倾泻而去。

　　七年战争同时也是一场耗资巨大的战争。因此，参与这场战争的国家，即英国、法国、西班牙等国家，不管胜利与否，都在战后出现了严重的财政问题。从18世纪末到19世纪初，美国独立战争、法国革命、海地独立运动，以及其他拉丁美洲各国的独立运动等环大西洋地区爆发的数次革命，即"环大西洋革命"，都应该从这个角度来看待。

　　英国取得七年战争的胜利，将加勒比海域、北美以及印度次大陆等地区纳入势力范围。但同时，战后的国债发行额高达1.3亿英镑，是岁入额的16～17倍。而且，为了防卫战争中获得的土地，英国无论在印度，还是在美洲，都需要投入庞大的费用。维持帝国、殖民地从经济层面来讲是否划算？围绕这个问题，即便在现代历史学家中也存在着各种各样的争论。而当时，《国富论》的作者亚当·斯密等人认为，维持庞大的帝国，归根结底是不合算的。

　　在印度，确保在当地的征税权看似可以在某种程度上解决这个问题。但事实上，为了扩大统治区域，反复发动战争的东印度公司造成了巨大的财政赤字，在整个18世纪，东印度公司的财政问题都是英国政府的烦恼之源。

美洲13个殖民地的独立

　　而在美洲，事态更加严重。战后，由于原住民和法国人发生叛乱，英国政府准备派遣1万人的军队驻留于此。为了筹措费用，1765年英国计划向殖民地居民征收印花税，要求在各种证书、出版物、扑克牌、色子上都贴上政府发行的印花纸（印花税法案）。这个要求招致殖民地居民的强烈反对，以波士顿为代表，殖民地的各个城市都爆发了示威和暴动。因此，这次征税尝试仅仅过了半年时间就夭折了，不仅如此，殖民地居民的心中还根植下对英国政府挥之不去的不信任感。

虽说如此，苦于财政困难的英国政府最终仍是采取了异曲同工之策，在两年后尝试对殖民地进口的玻璃、铅、油漆、茶叶征收新的税金。殖民地居民对此也展开了猛烈的反击，开始抵制英国商品。陷入绝境的英国政府于1770年废除了对茶叶以外其他商品的课税。其结果，最终对茶叶仍要征税这一点成为殖民地居民反英情绪的焦点。1773年，由于反对东印度公司垄断茶叶贸易，塞缪尔·亚当斯（Samuel Adams）等人奋起发动了将东印度公司停泊在波士顿港口货船上的茶叶全部倾入大海的事件（波士顿倾茶事件）。正如大家所熟知的那样，这次事件最终促成美洲13个殖民地的独立。

法国革命与拿破仑帝国

七年战争的印迹在法国和西班牙尤为深重。失去了世界市场的法国，在1786年为了扩大葡萄酒输出而尝试与英国进行自由贸易。然而事与愿违，这一尝试反而使英国的工业品大量流入法国，破坏了法国自身的手工业发展。路易十六的绝对王政财政困难越发严重，为了增税，他不得不召开长年有名无实的三级会议。由此引发了法国大革命。

正如本套丛书的其他卷本中所详细论述的那样，打着

"自由"与"平等"旗号的这场革命，废除了贵族一直拥有的"封建特权"，审议通过了《人权和公民权宣言》，即人们所熟知的《人权宣言》，完善了便于资产阶级活动的社会环境和政治环境。可以说这是为了对抗以世界市场为后盾的英国工业化压力而进行的一场不可或缺的改革。

可是，接下来的法国革命因为左右两派的严重对立，以掌握独裁政权的雅各宾派颁布宪法的 1793 年为界开始变得保守化。尤其是英国、奥地利、普鲁士等国担心革命浪潮会波及自身，便开始军事介入，促成了以军事才能突出而著称的拿破仑势力的崛起。

1802 年开始终身执政的拿破仑，又于两年后登上了帝位。1805 年，各国结成反法大同盟试图压制法国，拿破仑与之对抗，并陆续征服了欧洲各地。他甚至能与依靠海洋贸易建立起来的"世界帝国"英国相抗衡，在欧洲大陆建立起"拿破仑帝国"。

然而，拿破仑建立的帝国一眼看上去便与大英帝国不同。1806 年，企图禁止英国与大陆各国贸易的拿破仑颁布了"大陆封锁令"，拿破仑帝国由此轻易地崩溃了。这是因为，俄国违反"大陆封锁令"，频频向英国出口谷物，于是拿破仑军队于 1812 年开始远征俄国，但是占领莫斯科后，因天气寒冷和补给困难而又不得不撤兵，由此整个帝国的军事形势急转直下。

自由贸易的帝国

那么，拿破仑帝国为何如此迅速地衰落，而大英帝国能持续保持繁荣发展呢？一言以蔽之，是因为英国的世界统治，即"不列颠治世"并不是以军事统治为核心的。本已获得独立的美利坚合众国，除去1812年至1814的短短两年，也就是美英战争期间，当前几乎与殖民地时代一样，仍然是英国最重要的贸易伙伴。不仅如此，尽管从西班牙和葡萄牙统治下独立出来的拉丁美洲各国并没有遭受过英国政治和军事上的统治，

18世纪70年代上半叶英国殖民地帝国的贸易结构
（包括奴隶在内的财富走向）

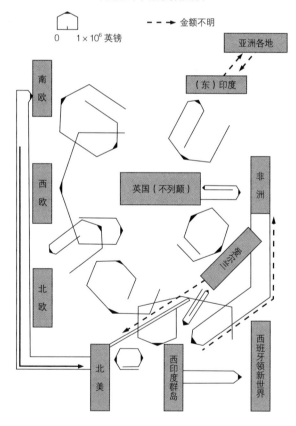

但也在经济上与英国保持着密切的往来，事实上已经加入了英国的"自由贸易帝国"。

政治上不受统治，但维持分工体制，这正是近代世界体系特有的一种做法。研究史上，相对于意味着政治统治的"帝国主义"，这种做法被称为"自由贸易的帝国主义"。对英国这样工业化进程领先于其他国家，工业竞争力处于压倒性优势的国家来说，这种方法应该也是最为有效的。

就这样，英国通过贸易，也就是通过"分工体制"这种经济手段，仅用相对低廉的成本就控制了世界经济。而实际上，大英帝国的繁荣只不过是一种政治宣传，或者说是人们的一种误解而已。事实上，19世纪的英国繁荣，无论是帝国内部还是外部，其实都起因于对世界经济的统治。无论是查看贸易对手的各地域贸易额，还是查看包括海运服务和资本输出等贸易外收支在内的整个国际收支情况，这一事实都可以轻易得到证明。例如，1825年前后，英国的出口总额约为4000万英镑，其中流向美利坚合众国和拉丁美洲的为1100万英镑，超过了总额刚好为1000万英镑的殖民地地区（亚洲、非洲、加拿大、加勒比海域等）。

拿破仑的失败

英国成功的原因也就是拿破仑失败的原因。换言之，拿破仑想要做的，并不是在整个世界，而是在欧洲确立霸权；并不是高效控制海洋，而是建立陆地上的帝国。而且，在他的脑海里，似乎的确只有伴随着军事和政治统治的"帝国"概念。

他忽略了英国人正在不断地构筑一个庞大的"自由贸易帝国"这一事实。

　　然而，进一步来探讨这个问题的话，可以说即便在统称为"环大西洋革命"的一系列革命活动中，在西半球发生的革命也可以分为两种类型，它们之间的区别对欧洲来说很重要。也就是说，一种是由原住民（印第安人）和非洲黑人掌权的海地型革命；另一种则是发生在其他拉丁美洲国家，由被称为克里奥尔的人们，也就是出生在当地的欧洲裔定居者掌权的革命。拿破仑时代法国统治下的殖民地革命属于前者，或许是引以为戒，后来在西班牙、葡萄牙领地爆发的革命则属于后者。

　　而且，尤为重要的一个事实是，在英国领地爆发的"美国独立革命"也是后一种革命的典型。大家应该都注意到了，19世纪的英国当作帝国以外的贸易伙伴维系的地域，即相当于"自由贸易帝国"的地域，主要是克里奥尔革命的爆发地。革命后的海地政治上持续动乱，经济也陷入低迷，完全无法再成为法国强有力的贸易伙伴，而拿破仑也确实缺乏这样的远见卓识。

海地独立

　　在号称加勒比海域第二大岛屿的圣多明各岛（Santo Domingo，西班牙名为伊斯帕尼奥拉），爆发了由白人与黑人所生的混血儿杜桑·卢维杜尔领导的叛乱，经过与拿破仑执政的法国一番厮杀后，海地最终于1804年取得了独立。欧洲人自不必说，这一事件还对克里奥尔造成了巨大的冲击。尤其是对黑人奴隶人口占绝大多数的加勒比海域和美利坚合众国南部的种植园社会来说，不一定什么时候就发生同样的事情，危机一触即发。之后，在西蒙·玻利瓦尔的带动下，拉丁美洲各国相继独立，可以说，其背后有欧美各国企图避免海地型黑人革命而发挥的作用。

在西班牙的领地上，1780 年在安第斯山脉也发生了自称图帕克·阿马鲁二世之人所领导的原住民大起义。在拉丁美洲各地，原住民爆发革命的可能性极高。对欧美各国来说，如果是为了避免这个，那么美利坚合众国型的克里奥尔革命还算可以接受。从美利坚合众国的独立非但没有对英国造成损失，反而既不再需要帝国在殖民地的防卫费用，又可以继续保持贸易伙伴的关系，分工体制并未遭到破坏这一点来看，对因为七年战争这种殖民地掠夺竞争而经历了严重财政危机的欧洲各国来说，这反倒是一件众望所归的事情。

大西洋奴隶贸易

奴隶贸易促成产业革命

至此，我阐述了英国能够在世界上最先成功产业化的原因，那就是英国以七年战争为契机，压制了法国，并全面控制了世界体系。不过，在世界体系的霸权与产业化的形成之间究竟有哪些具体的关联呢？答案可以有好几种，我想先从以下三点进行思考。

第一，所谓近代世界体系，是指全球性的分工体制，这直接意味着世界市场。英国将世界第一的棉织品产地印度并入这种世界体系，得以建立了世界市场。如果不是已经将世界市场掌控在手的国家，恐怕很难维持机器和动力带来的大量生产，也就是产业革命。

第二，世界体系的收益，当然绝大多数是装进了控制世界体系的英国的腰包。英国自然能够成为世界上资金最为充裕的国家。围绕工业化，也就是产业革命的资金究竟从何而来这个问题，很早开始就有诸多争议，不过至少有一部分资金是来自世界贸易，尤其是从大西洋奴隶贸易中攫取的利益，这一点毋庸置疑。

第三，来自世界贸易的进口商品给英国造成了冲击。自17世纪以来，在英国，"商业革命"带来了大量亚洲、美洲以及非洲的商品，从而引发英国人的"生活革命"。前文中已经叙述过，对于"生活革命"中出现的极具异国风情的商品，英国彻底实现了能在本国生产的就国产化（以此取代进口），而无法国产化的商品则转换成在帝国内生产。

前者的国产化过程正是产业革命本身，而后者的过程，是以伦敦西郊的邱园植物园为据点，将大英帝国在各殖民地的植物园连成一个巨大的植物园网络，以此为背景发展种植园经济。这些殖民地的植物园包括印度的加尔各答、马来西亚的槟榔屿、加勒比海的圣文森特和巴巴多斯、南非的好望角等。如此一来，砂糖、棉花以及茶叶在世界体系的框架内便得到了确保。于是，茶叶和砂糖等进口商品开始对英国人的生活造成越发强烈的影响。例如，加糖红茶成为产业革命时代城市居民的生活必需品。

在这个意义上，就如同奴隶和雇佣工人分别为同一个世界体系中的"周边"和"核心"的劳动者一样，植物园和工厂也只不过是同一个世界体系中的不同生产状态而已。

奴隶贸易和奴隶制种植园的收益成为英国产业革命的资金来源，正是这种将奴隶与砂糖结合起来的大西洋"三角贸易"，起初不仅为英国提供了棉花，还提供了产品出口的市场。英国产业革命从根本上来说就是非洲黑人奴隶血与汗的结晶。提出这一观点的是20世纪50年代领导特立尼达和多巴哥脱离英国的独立革命，并在独立后直到去世前一直担任该国总理的埃里克·威廉斯。因此，我们首先来看一下大西洋奴隶贸易和三角贸易。

开发美洲的劳动力

16至18世纪近代世界体系的历史同时也是英国开发美洲的历史。借用美国历史学家韦伯的话来说，美洲整体对欧洲来说，在这个时代发挥着"大边界"的作用。不过，"边界"只有具备足够开发它的劳动力，才有价值。据说，早年哥伦布对于利用美洲原住民来充当劳动力抱有一些期待。监护征赋制（参考第三章）就是对此的实践，但这一尝试很快便以失败告终。取而代之的是利用非洲奴隶进行劳动。尽管从欧洲移居到美洲的贫困白人作为合同雇佣工，起到了"白人奴隶"的作用，但种植园的劳动基本上是由非洲黑人承担的。

提起《论法的精神》的作者孟德斯鸠，他是拥护奴隶制一方的代表人物，"欧洲各民族使美洲各民族陷入灭绝，所以为了开拓那片广阔的土地，不得不将非洲各民族变成奴隶的身份"。就这一点来说，他是做出了正确的论断。

西非的奴隶贸易

大西洋奴隶贸易最初采取的是"三角贸易"的形式。例如，18世纪初，从英国西南部的布里斯托尔（Bristol）出港的载重100多吨的奴隶贸易船急派号，在西非销售枪支、首饰、廉价棉布以及被当地视为"流通货币"的棋盘宝螺等价值约为1300英镑之物，然后购买240名黑人奴隶。

位于非洲西海岸的达荷美王国、贝宁王国等黑人国家，将内陆的黑人作为奴隶贩卖给西洋人。急派号将这些奴隶运往牙买加——从非洲开往加勒比海的这条航路被称为"中间航线"，据说十分艰辛并且死亡率极高，比奴隶制本身更为残酷。买卖奴隶的商人中有的采取尽可能往船上塞满奴隶的"紧密捆包式"（Tight Packer），有的则为了避免奴隶在"中间航线"中罹患传染病而采取少装一些奴隶上船的"宽松捆包式"（Loose Packer），但无论是哪种方式，在运送路途中出现自杀、传染病、脱水症状的危险性都极其高。当然，奴隶暴动也时有发生。

总之，急派号到达牙买加后，便在当地拍卖黑人奴隶，平均一个奴隶可以卖到13英镑。至此，商人们获得的利润已经远远超过了1倍。而黑人到达美洲后，被迫需要适应新的气候、环境和疾病，这一期间的死亡率也是相当高的。尤其是，由于奴隶贸易汇集了三个大陆的疾病，因此疾病问题颇为严重，18 世纪 70 年代，仅在牙买加一地，每年就必须补充6000 人才能保证有劳动力。

"有砂糖的地方就有奴隶"

"三角贸易"的最后一条线，就是返航回国，船上装载的是从西印度群岛买进的砂糖和棉花。这便是整个贸易实现收益的过程。正因为砂糖和棉花这样的世界各地都有需求的"世界商品"能够在种植园大量生产，奴隶贸易才有意义。需要注意的是，面向世界市场的大量生产早在欧洲产业革命之前很久，就已经实行了种植园的生产模式。之前提到的孟德斯鸠曾论断："如果不是让奴隶栽培甘蔗的话，砂糖就会成为价格十分昂贵的物品"，因此"睿智的上帝是不可能让这些黑色生物身上寄宿灵魂的"，同情黑人奴隶的只不过是些"小格局的人"。整个"三角贸易"正是依存于这些"世界商品"的生产和销售。提出"有砂糖的地方就有奴隶"的就是此前提到的埃里克·威廉斯。

活跃在 18 世纪末至 19 世纪初的法国小说家贝尔纳丹·德·圣皮埃尔的以下言论也极具代表性：

咖啡和砂糖对于欧洲人的幸福而言是否不可或缺我不太清楚，但可以确定的是，这两种作物给世界上两个地区带来了不幸。首先是在美洲，为了建造栽培这些作物的种植园，原住民被一扫而光；为了获得种植这些作物所需的劳动力，非洲的黑人又被连根拔起，全部带走。……淑女们身上裹着棉布，早餐享受着砂糖和咖啡……你们享受的这些物品，沾满了他们的眼泪和鲜血。

西欧从"三角贸易"，即环大西洋经济中攫取了巨大的利益。在英国和法国那些从事奴隶贸易的城市里，全民掀起了一股世界贸易的热潮。据当时一位观察家叙述，在18世纪的利物浦，"几乎每一个市民都成了贸易商人。即便是没有财力把一大木箱货物运送出去的人，也能将一小纸箱的货物运往几内亚"，参与奴隶贸易。

当然，大西洋奴隶贸易并非由英国人发起。16世纪，由于在巴西开始种植甘蔗的葡萄牙人在西非一直有据点，因此已经将大量的非洲人运往巴西；17世纪的荷兰人、18世纪与英属加勒比海竞争砂糖生产的法国人也以南特和波尔多为港口，展开了大规模的奴隶贸易。

大西洋奴隶贸易的规模

通过大西洋贸易究竟运走了多少非洲人？这个问题在很长一段时间里一直是争论的焦点。无论是在"中间航线"，还是在到达加勒比海后"适应"的过程中，奴隶的死亡率都极其高，平均为15%～20%。因此，从非洲被拉去充当奴隶的人数与实际在南北美洲被奴役的奴隶人数之间差距很大。不过，以往按照推测通常认为，16至19世纪跨越大西洋被运送到美洲的黑人奴隶高达数千万，可是现在较为合理的推测是，其人数为 1200 万～2000 万。

大西洋奴隶贸易的全盛时期在 18 世纪。当时，每年平均有五六万人的非洲奴隶被送往大西洋彼岸。约占总数 1/3 的奴隶是由已经在巴西开展奴隶制的葡萄牙人运来的。以 1700 年至 1810 年这 100 多年为例，巴西以及以加勒比海域砂糖殖民地为中心的英、法两国领地，这三个区域分别引入了数量几乎相同的非洲奴隶。其中，被运往英国领地的奴隶仅在 17 世纪就达到了 26.4 万人，而在整个贸易期间，被送往英国领地的奴隶高达 300 万人。正如威廉斯所说，奴隶通常是"与砂糖共存"。

在英国，1672 年成立的"皇家非洲公司"一直持续到 1711 年。不过，尽管公司设置要塞派遣守卫部队，但因为非法商人不断活动，所以在这一方面并没有像东印度公司那样成功垄断贸易。因此，奴隶贸易成为任何人都可以参与的一种游戏，利物浦和布里斯托尔也都由此迎来了像之前看到的那样的热潮。曾经不过是一个乡下海湾的利物浦，能够一跃而成为仅次于伦敦的英格兰第二大城市，其原因便在于此。

英国产业革命与三角贸易

18 世纪前半叶，世界棉织品产业的中心在印度。前文已经叙述过，印度生产的印花布在英国等欧洲国家广受欢迎。不过，相对于英国传统产业的毛织品仅在欧洲销售这一点，棉织品是畅销世界各地的"世界商品"。特别是低档的棉织品由于轻薄清凉、易于洗涤、印花鲜亮等特点，成为西非贸易初期的重要出口产品。除了英国国内，截至 1780 年前后，英国的棉织品市场几乎都在从非洲到加勒比海的三角贸易路线中。

而作为原材料的棉花也是一样。印度从英国的棉织品供应地转变为英国的棉花供应地，是在 18 世纪与 19 世纪相交之际。后来成为巨大的棉花种植带的北美 13 个殖民地中的南部殖民地，此时也尚未开始种植棉花。因此，在 18 世纪中叶，能够为英国提供棉花的只有加勒比海的群岛。而在加勒比海，受种种条件所限，只能在不适合修建甘蔗种植园的地区零星种植一些棉花，这些棉花和砂糖一起被运往英国。

就这样，在英国，无论是棉花原材料，还是棉织物成品出口的市场，都由奴隶和砂糖的"三角贸易"提供。而"三角贸易"本身是以生产砂糖这种"世界商品"为目的而构建起来的。威廉斯说过"有砂糖的地方就有奴隶"，那么同样，"有奴隶的地方就有棉花和棉织品"。利物浦成为大西洋奴隶贸易的一大中心，而作为它的大后方，曼彻斯特的棉织品工业也理所当然得到了发展。

西印度群岛与非洲的悲剧

当然，不久后，随着英国的经济霸权得到确立，奴隶制度同航海法、谷物法等限制外国人贸易自由的重商主义法律和企图限制英国同胞竞争的东印度公司一起，变得与历史发展的潮流背道而驰。不过，截至 19 世纪初，大西洋奴隶贸易对英国乃至欧洲的经济发展都发挥了极大的促进作用。

而另一方面，大西洋奴隶贸易对非洲、加勒比海域、美洲南部也造成了深远的影响。世界体系历史的特点是具有两面性，即"核心"地区的"高度发展"总是与对"周边"的"低度开发"相结合，经济发展总是伴随着环境破坏。无论怎么看，非洲都被掠夺了远超 1000 万人口的健康劳动力。其中甚至出现了像贝宁和达荷美王国这样将人类作为商品，拼命出口奴隶的变态国家。1960 年，非洲很多国家实现了独立，这一年被称为"非洲年"。从这一年算起，到如今已经过了近 40 年，然而"低度开发"仍然是困扰现代非洲的一个问题，而问题的起源正在于此。

当然非洲并非一无所获。经欧洲人之手从美洲传来的玉米和木薯成为非洲人的主要粮食品种。可是，仅凭这一点非洲人民很难得到安慰，毕竟他们所受的伤害太深了。现代非洲史的研究学者沃尔特·罗德尼说过这样的话："如果在长达 4 个世纪的时间里，是从英国将同等数量的年轻人作为奴隶运送到其他大陆，那么英国最终是否还能实现近代化？"

作为接收奴隶的一方，过去加勒比海域就有与拿破仑对抗的海地的杜桑·卢维杜尔领导的起义，也有卡斯特罗和威廉斯等人领导的武装斗争，然而这里还是陷入"低度开发"的深渊。发展奴隶制种植园的地方只栽培甘蔗这一种单一作物，其他作物几乎难以种植，以至于形成了一种扭曲的经济结构。社会阶层由三部分构成，即极少数白人统治者、时而由白人担任时而由黑人担任的现场监督者、大多数黑人奴隶，不存在中间阶层。而对那些回到英国生活，不待在当地的种植园主来说，种植园只不过是他们自然获取收益的"摇钱树"而已，他们丝毫意识不到在当地修建学校、道路和水利等"公共设施"的必要性。尽管在程度上稍有出入，但可以说，作为美利坚合众国独立的 13 个殖民地的南部地区也是同样的境况。

普拉西战役始末

笛福与斯威夫特，加勒比海与亚洲

鲁滨孙·克鲁索出生于英国东北部港口小镇赫尔（金斯顿），他不顾父亲的劝阻，毅然出海，也就是去南方的殖民地。他父亲的意见是："上流阶级的人爱慕虚荣、攀比成风，日子过得够呛；下层阶级的人每日为生活奔忙，十分艰辛。与之相比，我们这些中层阶级的人最为幸福。"但对野心勃勃的欧洲人，特别是 16 世纪的西班牙人、葡萄牙人和 17 世纪末以来的英国年轻人来说，海外，也就是殖民地，是他们提升自身社会地位的最好的去处。

与 18 世纪初斯威夫特所描述的从长崎游历到江户的格列佛不同，笛福笔下的鲁滨孙是以非洲和大西洋为舞台，并没有前往印度。斯威夫特小说的目的在于批判当时，即 18 世纪初期的英国社会，可见，当时位于远东地区的日本是作为一个让欧洲人满怀憧憬的文化深厚的国家，也就是作为一个位处西洋文明另一极的国家登上历史舞台的。

另一方面，在同一时代登场的还有拼命想要挤入上流社会，即绅士阶层的英国中层阶级的人物笛福在其著作中多次提到的奴隶贸易兴盛的非洲、大力发展甘蔗种植园的加勒比群岛，以及开始兴起烟草种植园的弗吉尼亚。17、18 世纪相交之际，以印度为代表的亚洲单纯只是从事贸易的场所，还不是殖民地。

普拉西战役——领土征服的开端

然而，进入 18 世纪中叶后，加尔各答、苏拉特、孟买等地英国人口增长，事实上已经急速地殖民地化。而决定性的变化无疑是由于 1757 年在加尔各答北部爆发的普拉西战役。这是一场杜布雷（一译"杜普莱克斯"）指挥下的法国东印度公司与印度酋长联军同英国东印度公司的战争。指挥英国东印度公司军队的是书记员克莱武，"书记员"是东印度公司正式员工中地位最低的一个职位。

总之，由于克莱武指挥的英国东印度公司取得了胜利，以此为开端英国开始征服印度。随后，该公司在 1764 年布克萨尔战役后获得了对孟加拉、比哈尔、奥里萨各地区的征税权——被称为"diwani""kharāj"等。这样一来，原本只具有贸易公司性质的东印度公司便逐渐转化为领土征服的一个机构。印度的财富以极为直接的方式被运往英国。

同时，英国政府对印度的控制也逐步加强，1773 年，在作为诺斯的《印度规管法案》而闻名的改革中，孟加拉总督被指定为包含马德拉斯和孟买两个管辖区域在内的印度全境的负责人。另外，在 1784 年的《东印度公司法》中，英国又明确了本国政府对东印度公司的监督权。1813 年，英国废除了东印度公司的贸易垄断。接下来在英属殖民地的奴隶制度被废除的 1833 年，根据印度统治法案，孟加拉总督成为印度总督。这一系列举动，从英国的角度来看，可以说是确立世界体系霸权过程中的所谓"自由主义各项改革"的一部分。对英国来说，像东印度公司这样具有垄断性质的公司，其存在已经开始成为一道枷锁。

对"纳瓦布"的批判及其结局

如此一来，印度（当时英国人称其为"东印度"）也如同被称为"西印度群岛"的加勒比海一样，成为英国年轻人想要干出一番事业的广阔天地。之后，来印度淘金的人一夜暴富后衣锦还乡的场面引起了本国人的反感。他们将表示印度有权势之人地位的"nawab"（纳瓦布）一词变音为"nabob"，来嘲讽在印度的英国人。待在国内的他们评价那些人说："那些几乎衣不裹身的家伙跑到印度攫取了数百万英镑的财富回国，他们如雨后春笋般冒出来，甚至成为与公爵相当的绅士。"

事实上，印度作为世界首屈一指的棉纺织工业地区，在英国人的统治下备受蹂躏，既被当成曼彻斯特工厂的棉花生产基地，在随后爆发的普拉西战争之后，又被当成购买中国茶叶（产业革命过程中，曼彻斯特工厂的劳动者早餐时也饮茶）的资金来源——鸦片的种植基地。而且，踏上印度这片土地后还能活着回到祖国的人都不到一半，所以在那个时代，去印度也是一次巨大的冒险。可是尽管如此，其中仍有少数人获得成功也是事实。这些成功者无法从印度向国内汇款，于是只能将所有宝石带在身上回国，这样腰缠万贯的形象异常显眼。

在 18 世纪的英国，那些一边在加勒比海殖民地拥有甘蔗种植园，一边在英国本土作为绅士阶层生活的种植园主和砂糖商人的富豪形象广为人知。有一个著名的故事，说的是乔治三世（1760—1820 年在位）在路上与一辆正准备赶往英国西南部豪宅的种植园主的马车擦肩而过，当他看到这辆马车远比自己的马车更加豪华时，就质问同行的首相小皮特："皮特，砂糖关税怎么样了？砂糖关税！"

但是，奔赴印度的人本来的出身比甘蔗种植园主更卑微，也正因为如此，受到的攻击才更严重。人们称他们一定是在印度不择手段地攫取利益，肆意压榨当地居民。1772 年首演的塞缪尔·富特的戏剧《纳瓦布》将这样的批判传播至全国各地。曾经担任首任孟加拉总督，并于 1785 年回国的沃伦·黑斯廷斯就受到了制裁，针对"纳瓦布"的批判至此达到了顶峰。可是，进入 18 世纪 90 年代后，这种批判又一下子销声匿迹，到 1795 年，黑斯廷斯也被无罪释放。岂止如此，在英国的统治阶级家庭，把次子和三子送往印度甚至被认为是一件无比光荣的事情。19 世纪的"印度官僚"体制就这样诞生了。

这一过程同时也衍生出英国将亚洲变为殖民地，并对其进行统治乃理所当然之事的观点。普拉西战争前，以英国人为代表的欧洲人认为，印度、中国和日本虽与欧洲有所差异，却有着极丰富的文化底蕴；虽然不是基督教，但也信奉着印度教、伊斯兰教、佛教这样了不起的宗教。可是，到了黑斯廷斯的继任者——1793 年回国的查尔斯·康沃利斯统治时期，英国人当中流行着一种普遍的主张，那便是只有英国人统治印度，印度民众才能获得幸福。

印度与英国的产业革命——棉纺织品的进口替代

世界上最早的产业革命（工业化）为何是在英国兴起的？关于这个问题，至今已有不计其数的答案。其中有一种说法是，这是由于英国清教主义盛行，涌现出一批恪守禁欲、勤勉工作、合理经营的资本家。还有一种说法是这得益于丰富的煤炭资源。

然而，18 世纪末英国所兴起的产业革命，从世界的角度来看，可以说就是将 16 世纪以来欧洲人原本从亚洲和美洲索取的奢华商品变成在欧洲内部自给自足的过程，这一点很清晰了。总之，在伴随着"商业革命"出现的"生活革命"中，多种多样的商品走进以英国人为代表的欧洲人的生活之中，如砂糖、茶叶、烟草、靛蓝染料，以及最重要的棉纺织品、丝绸、陶瓷器等，受气候条件的限制，其中很多在欧洲无法生产。这些产品一般以种植园的形式，在欧洲以外的世界大量生产。

棉纺织品等工业产品也是，其所需的原材料很多都无法在欧洲实现自给自足，但是制造工程本身在欧洲还是可行的。依靠海外殖民地不断提供棉花，成为产业革命初期支柱产业的棉纺织业，就是一个典型。17、18 世纪交替之际，东印度公司大量进口的棉纺织品（印花布），在欧洲的中、上阶层中甚至掀起了一股"印度热"，这使得英国的毛纺织品及已有的丝织品产业陷入危机。其结果，英国政府相继颁布了两部禁止印花布的法令，即 1700 年禁止进口印花布的法令和 1720 年禁止使用印花布的法令。

可是，这股热潮并未衰退，国内的需求不断增加，再加上奴隶贸易需求也很大，使其市场持续扩大。始于 18 世纪中叶的纺纱机和织布机的技术革新，即产业革命的核心部分，便以"商业革命"创造的强大需求为背景而展开。19 世纪初期，印度已经不再供应印花布这种商品，而是转变为原料产地，在种植园种植棉花，并将其供应给曼彻斯特。印度无法维持独立自主的经济，开始变成英国霸权走向确立的近代世界体系的"周边"国家。

有关棉纺织品的研究很出色，教科书中也有刊载。事实上，要是这样来看，砂糖的情况也几近相同。由于其商品性，甘蔗需要在收割后立即进行熬水作业，所以甘蔗种植园里一定设有制糖工厂。甚至可以说，甘蔗种植园从一开始就是工、农业复合设施，也是最早的真正意义上的工厂。那里使用大量燃料成为消灭热带雨林的第一步，从破坏环境这一点来看，可以说它与黑烟弥漫的兰开夏的工厂有类似之处。然而，将这样制作的粗糖进一步精加工，这种工序则大都安排在欧洲的城市内进行，利物浦、布里斯托尔、伦敦等英国的城市以及阿姆斯特丹等地的名人录里有很多砂糖精加工从业者作为权威人士留下了姓名。

有一点人们不太清楚，那就是陶瓷业也曾是英国产业革命初期的核心产业。产业革命时期成立的工商总会的第一代会长就是至今仍闻名于世的陶瓷业者乔赛亚·韦奇伍德。这些包括荷兰代尔夫特生产品在内的陶瓷的技术，基本上都是从模仿中国和日本开始的，它们借着饮茶和咖啡普及的东风，成为典型的进口替代产业。

种植园的形成——帝国内自给自足

18 世纪，茶叶仍然只能从中国获取，为能与其对等交易，英国开始在印度推进鸦片的原材料罂粟的种植、专卖制度，此事广为人知。这件事情本身也体现出在世界体系的影响下，印度的经济走向变质的过程。总之，就这样，配有加糖红茶的早餐成为英国人在工厂劳动时的基本生活物资。既然如此，英国就希望这种商品不再依靠从中国进口，而是在英国本土实现"自给"，或者在本土很难的话，就在大英帝国版图内的某个地方实现"自给"。四处寻找"茶树"的英国，最终于 1823 年发现了阿萨姆品种的茶树，随后便在印度、锡兰（现在的斯里兰卡）等地开垦种植园。尽管这样，但是就连红茶和烟草，其一部分精加工部门也是设在英国。

如果将英国进口瑞典或俄罗斯的铁矿石发展冶炼业这一点加以综合考虑的话，我们可以得知，初期的英国产业革命概括起来就是亚洲、美洲物产的国产化（在经济学中，称之为"进口替代"）过程。另外，也可以看出，所谓殖民地的种植园，是与曼彻斯特等地的工厂相辅相成的。

土耳其和印度的"周边"化

在世界体系的影响下，英国的工业化进程反过来给印度社会带来了决定性的变化。总之，印度在这个时代被纳入以欧洲为"核心"的近代世界体系，其结果是被明确要求承担世界体系"周边"国家的责任。

1793 年，康沃利斯总督实施的《永久居留法》否定了孟加拉地区传统的土地所有形式，以欧洲的现行模式认定土地为"财产"，这大大增加了东印度公司的收入。于是，在孟加拉管区，诞生了被称为"Zamindar"的"地税包收人"阶级。这种制度被称为"地税包收人制度"。在南印度马德拉斯管区也引入同样的制度，被称为"莱特瓦尔制"。按照这项制度，佃农缴纳的重税为收入的五成，这些苦不堪言的佃农被称为"莱特"农民。无论是地税包收人还是莱特农民，都可以贷款，但是由于贷款的背后早已被设下无法偿还的陷阱，因此他们无法自由行动，在半被强迫的状态下生产棉花、靛蓝染料、面向中国市场的鸦片等"世界商品"。如此一来，印度经济开始整体受到世界体系动态的左右。

18 世纪末，在叶卡捷琳娜二世统治下的俄罗斯以及奥斯曼帝国也发生了同样的情况。这两个国家都和印度一样，被迫经历了制造业衰落，不得不转向初级产品出口。俄罗斯的钢铁、谷物、大麻、亚麻等商品向世界市场出口的数量急剧增加。奥斯曼帝国内被称为"大农场"的生产基地不断扩大，出自巴尔干半岛和埃及的棉花等初级产品成为出口的主要内容。

奥斯曼帝国早先在外交上习惯与西欧划清界限，坚持采取的是一种在欧洲人看来"妄自尊大"的姿态。而 1792 年奥斯曼帝国在伦敦设置了最早的常任大使，迅速地站在与欧洲大多数国家互惠互利的伙伴立场上。这是奥斯曼帝国丧失独立自主性，被纳入以西欧为"核心"的世界体系的证据。与欧洲达成同样的互惠关系的还有 1875 年的中国。可见，中国被纳入世界体系的时间很晚。

总之，这么一来，印度、西非、土耳其、俄罗斯等曾作为独立的经济圈运转的广大区域，到 18 世纪末均被纳入近代世界体系。而且，在这个世界体系中，法国已经衰退，英国的霸权地位日渐明显。尽管英国本来的目的只是模仿亚洲的商品，并将其国产化，但是现如今，英国已经将视野扩大到整个地球，面向全世界销售本国的产品。

第六章 "不列颠治世"之盛衰

"不列颠治世"——英国的繁荣

伦敦万国博览会

1851 年 5 月 1 日，在伦敦海德公园内建造的一个巨型玻璃建筑"水晶宫"中，维多利亚女王亲临现场，举办了一次"大型博览会"，后来称之为"第一届伦敦万国博览会"。"水晶宫"是一项突击完成的工程，也利用了部分天然木材。竣工后的"水晶宫"充分显示了刚刚完成产业革命的英国的技术精髓，而博览会正是象征英国繁荣的一大盛事，也可以说是一个历史的转折点。

在为期 141 天的博览会期间，参观的人数达到 600 万人，而此时英国的人口还不到 2000 万。当时的报纸称"博览会期间，整个伦敦陷入发疯般的狂欢之中"，显然这样的描述并不夸张。维多利亚女王本人在开幕式当天的日记中扬扬得意地写道："今天是我人生中最美好、最辉煌的日子之一。"

由于英国人争相前往伦敦旅行，旅行也成为可以经商的对象。此前刚刚开始策划一日游，将旅行商品化的托马斯·库克以此为契机，联合铁道公司，策划了从地方到伦敦的廉价旅游团，取得了巨大的成功。该公司时至今日仍是世界上最著名的旅游代理公司。据说，正是从此时起，"旅行"作为一项娱乐活动开始扎根于英国的民众之中。

铁路的普及也促进旅行作为娱乐的流行。英国国内的铁路网此时已经基本形成，截至 1846 年，得到议会认可的铁路总长达到 8500 英里。事实上仅投入运营的铁路，1850 年就已经超过了 6000 英里。铁路网的形成正是产业革命完成的指标之一。因此，这些数字启示的是，这次"大型博览会"可以说正是已经掌握了世界体系霸权的英国利用世界霸权，完成产业革命，因为高度的生产效率而提倡自由竞争，并能够领先于他国的这个时代的象征。

但同时，这次"大型博览会"中，除德意志关税同盟和欧洲各国外，美利坚合众国及作为英国人定居殖民地（后来的自治领）的加拿大、澳大利亚等国家和地区也纷纷出展，美国的手枪和缝纫机作为对英国经济文化不熟悉的美国独有的商品而受到关注。这两种商品，明显地表现出美国社会文化生活的特征。其特征之一是事到如今美国仍然是一个持枪社会；而另一个特征是与美国的土地面积及资源相比，美国的劳动力资源不足。以缝纫机为代表的美式机械化使节省劳动力成为可能，将生产效率提高到英国水平以上。19世纪末，英国和美国的经济实力开始发生逆转，其原因之一便在于此。

英国成为世界中心

然而，不仅仅如此。在此次"大型博览会"上，以大象造型示人的印度展品与中国清朝的展品也出现在博览会上。这些都无疑象征着英国，或者说象征着大英帝国的无比繁荣。这次博览会留下了这样一则趣闻：说在开幕式当天，正巧有一艘中国帆船停靠在泰晤士河畔，船长若无其事地混入博览会的庆典行列中，毕恭毕敬地向维多利亚女王表示问候。由此可见，当时的伦敦与亚洲的日常往来是何等密切。"大型博览会"不仅是大英帝国繁荣的具体象征，也是维多利亚女王向全体参观者展示英国已经掌握了世界体系霸权这一事实的盛会。

1851年，英国的繁荣为世人所共睹，世界上没有任何一个国家能与之抗衡。于是出现了一种堪比古代"罗马帝国统治下的和平"（Pax Romana）的模式，被称为"不列颠治世"（Pax Britannica）。英国如此繁荣的原因明显在于，只有英国以七年战争的《巴黎条约》（1763年）为契机，取得了产业革命的成功这种特殊状况。

多亏了1806年拿破仑下令实行"大陆封锁"政策，到1815年为止的战争期间，欧洲大陆各国都处于依靠英国商品的状态——这与实行锁国政策的日本相同。用今日的国家概念来说，无论是法国，还是德国的莱茵河流域，抑或是构成比利时的地域，都引进了水力纺织机，发展纤维产业。而在普鲁士

（德意志）的西里西亚等地区也发展了制铁业。乍一看之下，似乎可以预见欧洲大陆上的其他国家也紧随英国之后很快进入产业革命的进程。

"世界工厂"

然而，拿破仑战争失败了，这种预测显然已经落空。由于没有了贸易壁垒，英国的产品开始大量流入欧洲大陆的各个国家。法国、普鲁士等国当时尚无力与之抗衡。由此可见"自由贸易主义"对掌握霸权的国家来说是何等有利。

例如，我们来看一下19世纪30年代后期生铁的产量，记录显示英国是法国的4倍，是"关税同盟"（以普鲁士为中心，即后来的德国）的8倍。而两国的人口又都远远超过英国，如果按人均来计算，这种差距会进一步扩大数倍。在煤炭生产量方面存在着更大的差距，英国约为任意其他国家的10倍。拿破仑战争期间，欧洲大陆应该或多或少使工厂得到了一些发展，然而就工厂中安装的棉纺织机的数量而言，包括美国在内，其他任何一个国家都无法超过英国的10%～20%。英国成了名副其实的"世界工厂"。

而在英国本国，国内的就业开始大规模转向第二产业，即矿产工业。1851年其比例为42.9%。相反，曾经占据人口大多数的农业和渔业等第一产业的从业人员，1851年时的占比只有21.7%。到1871年降为15.1%，甚至一度跌到3%。事实上，英国农民这个群体曾经消失过一段时期。这些都是英国工业化发展的最明显的证据。

基本的粮食等只要通过扩大自由贸易，从世界体系的"周边"国家进口就行，毕竟这是最为划算的做法。而英国应该致力于工业生产的专业化。从结果来看，这样做是提高世界整体生产力水平，使众人获得幸福的一种方法。英国古典经济学家大卫·李嘉图的"比较成本学说"是这种做法的有力证据。

事实上，作为霸权国家，采取这样的做法是理所当然的。17世纪掌握世界体系霸权的荷兰也是采取了几乎相同的做法。17世纪的荷兰一直从波罗的海和英国进口粮食谷物，因此阿姆斯特丹成为欧洲粮食供应最便宜、最稳定的市场。

处于世界体系"核心"地位的欧洲各国难以与英国抗衡，亚洲和非洲各国更是如此。李嘉图的学说是以"英式早餐"的形式被实践的，这件事广为人知。在英国，从地球两端进口的食品，即加糖的红茶比国产的啤酒更为便宜。

英国充分利用世界体系的优势，取得了产业革命的成功，逐渐称霸世界经济。"自由贸易"正是适应这种现状的一种意识形态。因此，实行保障自由贸易的粮食法和废除奴隶贸易，以及撤销东印度公司，对英国来说都是绝对必要的举措。亚当·斯密的《国富论》一书回应了当时英国政治、社会方面的需求，因此得到了人们的认可。

绅士资本主义

然而，这里有一点十分关键。那就是英国的经济虽然控制着世界经济，但事实上英国经济本身是否已经是"产业资本主义"这个问题。其结果，倡导自由贸易的经济学理论家理查德·科布登（Richard Cobden）等人，即所谓"曼彻斯特学派"的立场——"产业资本主义"，已经成为英国利害得失的关键了吗？

事实上，英国作为"世界工厂"的时期非常短，可以说英国的繁荣是由以伦敦城为中心的金融实力带来的。因为在19世纪60年代末之前，法国、受1830年七月革命影响而宣

英国工业生产在整个世界的占比（1780—1958 年）

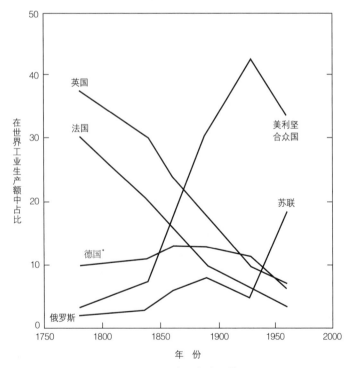

* 1958 年：仅为西德

根据艾瑞克·霍布斯鲍姆，浜林正夫等译《产业与帝国》（未来社，1984 年）制成

布独立的比利时，还有最需要提到的德国和南北战争后的美国等都已经各自完成了产业革命，在制造业方面的繁荣程度开始超过英国。

另一方面，英国很早就开始出现商品交易，即贸易收支方面的赤字，而这些赤字是用海运服务业及资本输出的收益等国际金融盈余来弥补的，其结果英国整体收支保证了盈余。简单来说，整个英国成了国际性的"金融业者"。这种状态被称为"绅士资本主义"。

近世以来，在英国社会一直占主导地位的是被称为"绅士"的大地主阶层，他们维持着英国特有的生活文化。成为"绅士"的最主要条件是拥有巨额资产，并将资产贷与他人，由此获得参与中央及地方的政治、慈善事业、文化活动的时间和资金。可以说，英国的对外扩张也是以这些绅士的利害得失为前提的。例如，18世纪英国从印度向中国扩张的最大动机便是为了获取茶叶。据说在当时，饮茶是"绅士"的一种身份象征。

"世界银行"

总之，到了"大型博览会"时代，城市银行家和海运业者都成了绅士的典型代表。与那些将所有土地出租给当地居民的传统地主不同，在英国掌握了世界体系霸权后，伦敦的银行家们向世界各地的政府、矿山、种植园提供资金，赚取利息。利息（英语的说法为"interest"）和地租（英语为"rent"）虽有差别，但在表示巨额资产的租金这个意思上是相同的。

如果把地主绅士这个阶层算作依靠地租谋利的"有闲阶

级"，那么整个英国作为一个国家，则可以算作绅士般的"有闲国家"。这里所附的图表是英国著名历史学家霍布斯鲍姆绘制的。从图中可以看出，利用利息和服务所得来填补贸易收支赤字的这种倾向从 1850 年左右开始变得尤为突出。与其说英国是"世界工厂"，倒不如说它是"世界银行"。

在海运业方面，例如，在 1822 年创建之初以开往伊比利亚半岛的定期航线起家的 P&O 公司（Peninsular and Oriental

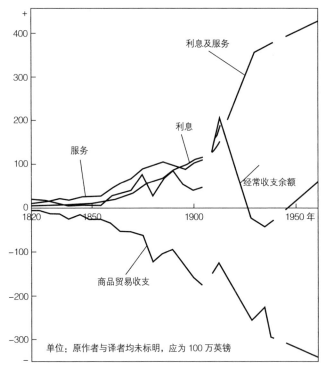

英国的国际收支

根据艾瑞克·霍布斯鲍姆，浜林正夫等译《产业与帝国》
（未来社，1984 年）制成

Steam Company，半岛东方邮轮公司），陆续开通了驶往亚洲各地的航线。1843 年，在苏伊士运河尚未开通的情况下，该公司开通了经过苏伊士地峡的加尔各答航线。

在金融领域，罗特希尔德、巴林等被统称为"商人银行家"的人们活跃起来。不知什么原因，他们中有很多人是出身于德国或荷兰等地的外国人。他们是 19 世纪初，伦敦成为世界金融中心的那个时期来到英国的。

于是，19 世纪中叶的整个世界以英国为中心发展开来。接下来，笔者将分析一下以英国为中心的世界拥有怎样的结构。但是由于篇幅有限，笔者想将对 18 世纪世界经济产生重要影响的奴隶解放问题、英国从印度向远东扩张的问题与本国人的生活变化联系起来进行论述。

奴隶解放与传教士

黑人传教士登场

在探讨欧洲与欧洲外部世界的关系时，有一个重要的因素就是宗教。原本西班牙人和葡萄牙人对外扩张的动机就是为了在获得经济利益的同时，传播天主教的教义，这一点自不必说。

17、18 世纪，当荷兰人和英国人成为欧洲对外扩张的中坚力量后，便凸显对经济利益的追求，宗教传播的热情有所减弱。而到了 18 世纪末期，在美利坚合众国和英国，福音主义复苏了。英国的福音主义者在国内积极推动人道主义的各项改革，与此同时，也积极致力于向海外传教。澳大利亚、新西兰等白人定居的殖民地自不必说，非洲和亚洲也成为他们传教的舞台。传教中心国教会中的福音主义者创办了多个海外传教团体，其中出现了一位象征"不列颠治世"时代的重要人物。此人便是名为塞缪尔·阿贾伊·克劳瑟（Samuel Ajayi Crowther）的黑人主教。

他出生在西非尼日利亚西部的约鲁巴兰，在作为奴隶被运送于大西洋的途中，被英国的巡逻艇解救。英国当时已经废除了奴隶制度，正伺机打压其他国家的奴隶贸易。而发现克劳瑟，并教育他成为一名传教士的那位伯乐，就是英国圣公会差会的名誉书记亨利·本。

圣公会差会是当时英国规模最大的传教团体之一，在亨利·本担任名誉书记的 1841 年，录用了 107 名欧洲人和 9 名当地人为传教士。其中录用的一名当地人就是黑人传教士克劳瑟。在亨利·本去世的 1873 年，仅该协会就派出了 148 名当地人传教士，由此可见规模之大。

"推广文明的使命"——福音主义者的活动

亨利·本家族是"圣徒"组织的一分子，这些人因致力于废除奴隶贸易和奴隶制度而闻名。"圣徒"组织又称为"克拉朋联盟"，是福音主义的一个派别，他们彼此保持着家庭成员一般的亲密关系，在伦敦西南克拉珀姆这片地区毗邻而居，信教的同时积极从事向海外传教、政治改革、写作等活动。因奴隶制度废除运动而闻名遐迩的首相小威廉·皮特的密友威廉·威尔伯福斯、著名历史学家托马斯·巴宾顿·麦考莱（Thomas Babington Macaulay）的父亲扎卡里·麦考莱（Zachary Macaulay）都是其中的成员。尤其值得一提的是，扎卡里·麦考莱 16 岁时就已经成为牙买加甘蔗种植园的经营者，他目睹了黑人奴隶遭受严苛对待的悲惨场面，痛心不已，所以毅然回国。

当时，在英国，黑人流落街头的问题引起博爱主义者的关注。1772 年，围绕黑人奴隶詹姆斯·萨默塞特逃跑事件展开了一起著名的审判——萨默塞特判决，在英国当地，即使是黑人，也不再被视为奴隶。这次审判掀开了奴隶解放史的崭新一页，黑人成为自由人后，很多白人雇佣者担心黑人索要报酬，于是"解放"了奴隶，约 2 万在英黑人因此失去了安身之地。

于是，1791 年，扎卡里·麦考莱与威尔伯福斯以及一直为奴隶解放不断奔走的教友派信徒格伦维尔·夏普一起创办了塞拉利昂公司，旨在将这些黑人送回西非。他们以塞拉利昂为据点，最终目的是要将基督教的福音传播到以尼日尔三角洲为代表的非洲各地，并终止奴隶贸易。也就是说，让非洲靠近欧洲人所认同的"文明"是他们的目标。

从牙买加归国后，扎卡里·麦考莱受该公司派遣，参与到塞拉利昂的建设中。他的工作是修建学校、创办教会、策划福音传播。正是在这片土地上，在这样的情况下，亨利·本任命了黑人传教士克劳瑟。

任命黑人传教士的这则趣闻，或许恰恰证明了人们经常听到的一种论调，即商人和传教士成了帝国主义的排头兵。与深受耶稣会传教运动影响的西班牙和葡萄牙相比，英国的对外发展中几乎没有传播基督教的因素。传教，即传道的意愿急速高涨是由于进入产业革命时代后，福音主义的影响急速扩大。

欧洲人认为向"野蛮"的亚洲和非洲人民"推广文明"是他们的"使命"（被称作"明确的天命"），这种想法在18世纪被明确地表达了出来。然而，就英国而言，原本并不一定有"推广文明"就意味着必须改信基督教这种想法。例如，在印度，英国人虽然大力进行了教化活动，但基督教的传播并未成功。东印度公司为了避免纷争，也并没有协助传教，特别是在印度大叛乱（1857年）之后，政府甚至采取了禁止宗教传播的措施。在亚洲，伊斯兰教、印度教等宗教根深蒂固，想要让当地居民全面改变宗教信仰可以说几乎是不可能的。产业革命前，欧洲人竭尽了全力"参与"亚洲的商业活动，但在宗教方面，使亚洲欧洲化，也就是全面推广基督教是不可能的。

因此，英国的福音主义者和教友派信徒给自己的活动确定了一个政治、社会目标，那就是与其改变宗教信仰本身，不如将奴隶贸易和奴隶制度这种世人皆知的反文明行径废除。

英国奴隶贸易与奴隶制度的废除

大英帝国奴隶解放的历史是经历了三个阶段才得以实现的。即，以1772年"萨默塞特判决"为契机英国国内实现了黑人奴隶解放；1807年废除了奴隶贸易；1833年大英帝国全域的奴隶全部得到了解放。在18世纪的英国政界，"西印度群岛派"强烈反对废除奴隶制度。"西印度群岛派"是由种植园主与居住在伦敦的砂糖商人等组成的派系，据说他们有时候在下议院拥有 40 多名议员。由于废除奴隶制会使种植园无法经营，因此立刻提出废除奴隶制议案困难重重。再加上包括威廉·威尔伯福斯在内的福音主义者们主张体制内改革，所以废奴运动就变得更加困难。就连该组织的领袖托马斯·巴克斯顿（Thomas Buxton）也表示了废奴的难度："这件事不能急……奴隶制度最终会走向腐朽、衰弱，直至消亡。"

但是，因为奴隶无法在当地实现自给自足，所以奴隶贸易废止之后，最终在 1833 年，奴隶制本身也只能走向消亡。废除奴隶制度时，一方面种植园主得到了相应的补偿金；另一方面，获得解放的奴隶被规定有义务作为"学徒"在原来的种植园内劳作。

不管怎样，如此一来英国在世界范围内比较早地实现了大英帝国区域内的奴隶制废除。将奴隶解放列入《独立宣言》草案的美利坚合众国直到 19 世纪 60 年代中期南北战争结束为止仍维持着奴隶制，而法国是到 1848 年，古巴事实上是到 1880 年，巴西是直到 1888 年还一直维持着奴隶制度。

英国之所以能够这么早就实现了奴隶制的废除，其中一个原因就是福音主义者所做出的努力。后来，他们的热情也自然而然地影响到其他国家，尤其是非洲当地废除奴隶制的运动。包括克劳瑟所在的西非在内，各殖民地内传教士的活动都成为当地废奴运动的中心。

濒临消亡的种植园

然而，奴隶制度是世界体系"周边"国家的一种劳动形态，要废除它很难单靠人道主义宗教人士的热情。更重要的因素是经济和社会背景。而最大的因素是加勒比海甘蔗种植园的收益率明显下降。

18世纪末至19世纪初，巴西、古巴等地扩大了甘蔗生产，欧洲也增加了甜菜糖的生产量，世界砂糖市场的供需平衡遭到破坏。在1826年下议院委员会上，有人发言说"没有任何一个人愿意拿出一个先令作为英属西印度群岛的资产担保"，这恰恰证明了英属殖民地与当年荷兰殖民地苏里南一样，面临着"濒临死亡"的境遇。

加勒比海域作为商品市场的意义也在迅速地消失。西印度群岛对英国而言，曾经是最大的一个市场，而19世纪20年代中期，其所占的市场份额充其量只有10%。所以，连利物浦市当局也不得不积极倡导废除奴隶贸易。1807年威廉·威尔伯福斯的日记中有这样一段话："当前废除奴隶贸易为什么会得到如此好评，这正是神赐予人心的变化。"

因此，奴隶贸易和奴隶制度在经济方面的意义不断缩小。但仅凭这一点很难说明为何积极推动奴隶解放运动的发展。奴隶贸易和奴隶制度都不是没有受到人为干预的自然消亡，而是根据议会法，被有意识地废除的。既然如此，那么是不是有什么重要的因素促使人们这样做的呢？如果真的存在这样的因素的话，那恐怕除了社会史或者生活史的因素就别无其他了。

城市化——奴隶解放的社会史要因

当时的时代无疑是一个城市化的时代。大家都知道，受产业革命的直接影响，英国的兰开夏和中部的城市发展了起来，当然，超级大都市伦敦更是膨胀。产业革命并不是靠排挤城市的绅士资本主义而展开的。不如说，伦敦和产业革命的关系，比课本上的解释要复杂得多，而这一点我们在此不再进行深入探讨（参照川北《时尚与贫民窟》，中村贤二郎编《历史中的城市》，MINERVA 书房）。

不管怎样，所谓城市化并不单纯是指城市人口的激增。民众生活的城市化才是最大的问题。例如，取消了民众获取柴火和进行放牧的公共用地的圈地运动和城市化，剥夺了民众的廉价燃料，恶劣的居住环境还剥夺了民众方便做饭的厨房。除此之外，时代已经开始要求人们必须遵守时间规律。也就是说，周末喝酒，周一不工作这种"神圣星期一"习惯所象征的工匠性情已经行不通了。于是，每天早晨能让人立刻精神饱满的早餐就变得必不可少。

在城市恶劣的居住环境中，对被强制性要求遵守时间规律的人们来说，最适合的早餐就是含咖啡因和糖分的早餐，也就是加糖的红茶。亚洲与加勒比海，这两个在英国看来一个在地球东面，一个在地球西面，完全处于地球两端的地区所产的茶叶和砂糖，构成了英国普通市民的早餐。而这一事实，恰恰证明英国占据了"近代世界体系"的核心地位。19 世纪英国人生活方式的城市化，如果没有这一事实也是无从谈起的。

然而，如此一来，茶叶和砂糖很快就成了生活必需品。生活必需品的供应必须既便宜又稳定。从这一点来看，由在议会内外都很强势的"西印度群岛派"所守护的英属殖民地生产的砂糖，与处于东印度公司垄断之下的茶叶一样，价格都非常高。英属殖民地的砂糖价格远远超出了国际价格。因此也就理所当然地出现了"免除早餐税"的口号同降低进口砂糖关税的要求。廉价的食物与廉价的劳动力密不可分。无论是在曼彻斯特，还是在伦敦，也就是不管是工厂经营者，还是伦敦的商人、银行家或律师，在这一点上认识是一致的。

大家都知道，保护英国所产粮食价格高昂的粮食法案也在这前后遭到废除。关于这一点，课本上的说法是，在废除粮食法运动中，理查德·科布登和约翰·布莱特（John Bright）等所属的曼彻斯特学派发挥了主要作用。可是，渴望"廉价粮食"的并不只是工厂的经营者。地主姑且不论，至少伦敦对此也是持欢迎态度的。因为无论是对于茶叶还是对于砂糖，如果不是与其相关的生产者或经营者，那么人们的追求目标应该都是相同的。"西印度群岛派"现在正是应该革除的旧弊。他们所依赖的奴隶制和奴隶贸易也应该遭人唾弃。教友派信徒及福音主义者的改革和解放主张之所以深入人心，正是因为处于这样的背景之下。

奴隶贸易的废除

然而，对于这样的对策，还是有不少人表示无法满足。奴隶贸易废除协会的创立就证明了这一点。强迫法国和俄罗斯废除奴隶贸易的托马斯·克拉克森（Thomas Clarkson，1760—1846 年）及教友派信徒们的宣传，与威廉·威尔伯福斯及小威廉·皮特支持下的克拉珀姆教派的宣传重叠在一起，他们的运动产生了连当事者自己都感到出乎意料的成果。而事实上，贵族院（上院）的大多数人不久前还是反对废除奴隶贸易的。他们的理由是，说奴隶贸易反人性是对奴隶贸易商人的无礼之举。可是，经过小威廉·皮特和威廉·威尔伯福斯劝说，废除奴隶贸易的法案顺利通过了。因此，假如没有这两位政治家，废除奴隶贸易的历史就无从谈起。可以说，奴隶贸易的废除是依靠旧时代的政治交易手段而实现新时代的意识形态。在此，我们可以清楚地感受到福音主义要进行体制内部改革的态度。

然而，对那些出于经济和社会方面的理由而希望废除奴隶制的集团来说，只要能得到便宜的早餐，外国的奴隶制度怎样就不那么重要了。"1833 年以前曾经那般正气凛然地攻击西印度群岛奴隶制之人甚至开始公然为巴西和古巴的奴隶制辩护。"就连福音主义者当中也有持同样主张的人。扎卡里·麦考莱的儿子——著名历史学家托马斯·巴宾顿·麦考莱曾说过："我对奴隶制问题的责任和义务，在 1833 年就结束了。"这句话充分表明了这种立场。

世界体系与奴隶制的废除

毋庸置疑，从世界体系的观点来看，仅仅在英属殖民地及法属殖民地实现奴隶解放是不够的。为生产"世界商品"提供大规模劳动力的黑人奴隶制度最终大体上消亡是在因 1861

年爆发的南北战争美利坚合众国的奴隶制度被废除之时。至此，不仅是加勒比海域的甘蔗种植园，还有美国南部的棉花生产地带至少从形式上废除了奴隶制。

当然，比如在甘蔗种植园里，中国人、印度人或日本人等来自亚洲的"合同工人"取代了黑人奴隶，他们仍然从事着没有自由的劳作。不过，在那里，赤裸裸的奴隶制度已经彻底消灭了。这说明世界体系已经从依靠非洲奴隶制的状态转向依靠亚洲移民劳动者（随着茶叶等种植园的开发，在亚洲内部迁移的劳动者也变多）。

印度大叛乱

持续亏损的东印度公司

人们一般都认为英国东印度公司在孟加拉取得了征税权，作为一个领土统治机构一定因此获得了巨大的利益。而事实上，尽管被称为"富豪"（nabob）的个人层出不穷，但公司本身持续亏损。18 世纪 80 年代以后，爆发了迈索尔战争、马拉塔战争等没完没了的战争。1817 年爆发了最后一次马拉塔战争，此后英国实际上已经几乎统治了整个印度次大陆。在政治上，这些战争是成功的。

但同时，由于这些战争，英国付出了庞大的军事费用。随着英国国内产业革命的进行，贸易结构发生了彻底的变化，欧洲与亚洲之间原有的"干线贸易"的收益也大大减少。尽管英国政府不断谋求东印度公司的财政改革，但基本上没有取得成功。

拥有殖民地在财政方面究竟是获利还是亏损？这一问题早在18世纪末就已经成为人们激烈争论的焦点。一方面，自由贸易旗手亚当·斯密阐明了保有殖民地的非效率性；另一方面，以法国革命为契机由激进派转为保守派的思想家埃德蒙·伯克（Edmund Burke）则坚持主张保有殖民地的重要性。直到现在，对于保留殖民地所需要的成本和从殖民地能够获得的利益孰多孰少的问题，学者之间仍然存在着白热化的争论。印度的情况也是如此，单从财政的观点来说，是否获利是很难说清楚的。当然，就算维持殖民地没有获利，对被殖民地区的民众来说，他们的生活依然会受到压迫，这一点不会改变。

总之，对英国政府来说，东印度公司的亏损往往让他们十分头疼。英国政府分别于1773年和1784年尝试进行改革，逐渐加强了政府和议会对公司活动的监督权，然而效果甚微。最终英国政府于1813年，取消了东印度公司除茶叶以外对印度的所有贸易垄断权，于1833年又剥夺东印度公司对中国的贸易垄断权以及茶叶的贸易垄断权，东印度公司失去了所有的贸易垄断权。亚洲贸易在英国人中已经在事实上实现了自由化。而特别需要提及的一点是，1833年正是加勒比海的奴隶制被废除，英国开始准备迎接砂糖进口自由化的重要年份。

殖民地统治的人力资源

对地域辽阔的印度次大陆实施军事统治，对英国来说不仅仅存在财政方面的困难，人力资源也是一个大难题。东印度公司于 1805 年创建了专门为统治印度培养人才的机构，即著名的黑利伯瑞公学。公学（Public school）是为英国的统治阶级，即绅士阶级的子女提供教育的学校。这暗示了英国人的态度在骤变，因为就在不久前，英国人还对在印度谋事持怀疑态度，甚至用"nabob"这种极具讽刺性的称呼来形容那些在印度一夜暴富的人，并对他们百般谴责。

而如今，奔赴印度成为绅士阶层的子弟的首要选择。公学毕业生所升入的大学，尤其是牛津大学成了与英国在亚洲的帝国扩张有着紧密联系的大学，如此看来也就没有什么不可思议的了。事实上，后来印度开始实行文官考试制度，牛津大学取代了黑利伯瑞公学成为印度官僚的主要供应地。

英国向以印度为中心的亚非各地以及加勒比海等地提供的殖民地官僚的规模，以本国的社会状况而言，已经庞大到极度不平衡的程度了。对那些想要脱离本国的统治阶级绅士阶层的人们来说，这无疑就是救世主降临。因为这些人本身就是有可能引发社会不稳定的因素，所以殖民地官僚阶层的扩大也有助于英国社会的安定。

所谓绅士，就是依靠继承土地等巨额资产而生活的人，在英国一般是由长子继承。那么，次子、三子的处境往往就与困难相伴了。因此，从这一点来说，扩大殖民地官僚层的意义是很大的。

英国在亚洲的兵营

可是，统治印度不可能只依靠文官。所以，东印度公司雇佣了大量的当地人作为佣兵。这些雇佣兵就是被称为西帕依（Sipahi）（英语是 Sepoy）的军队。本来雇佣当地人充当佣兵是从法国人开始的，从 18 世纪中期开始，英国东印度公司也效仿了此举。即使口中说"英国式和平"，或是自由贸易帝国主义，英国对印度的统治本质上还是以军事统治为基础的。随后英国继续扩大对阿富汗和缅甸（缅甸旧名为 Burma，现在为 Myanmar）等地的统治也是依靠军事行动。

事实上，英国不仅仅是在统治印度本地时雇佣佣兵，后来在跨世纪的南非战争以及 20 世纪的世界大战中，印度也都成为英帝国士兵的供应源。这就是印度被称为"英国在亚洲的兵营"的原因。

然而，19 世纪中期据说已达到 20 万人的这些接受英式训练的印度雇佣兵在 1857 年 5 月，从德里北方开始发动了叛乱。过去日本通常称这次叛乱为"印度雇佣兵（Sepoy）叛乱"，而英国一直称其为"谋反"（mutiny）。现在，大多数人一般不是按照英语的说法，而是按照当地的语言称其为"雇佣兵（Sipahi）叛乱"。不过，叛乱的主体不只有雇佣兵，印度传统的权威人士以及普通民众也大量参与进来，随着事态越来越清晰，更多的人认为这次叛乱是与印度和巴基斯坦独立相关的民族主义运动的开端，"印度大叛乱"的称呼就固定了下来。

当时，东印度公司对那些有传统的当权者的国家（被翻译为"藩王国"）单方面采取"失权原则"，接连废除了很多藩王国，将其纳入东印度公司的直接统治范围。所谓"失权原则"，指的是对于没有直系继承人的藩王国，将不承认其养子继承，该藩王国就此废除。藩王们之所以参加到这次叛乱中，其原因就在于此。

印度大叛乱的影响

关于战争的详细内容，这里不再赘述，但这次叛乱使英国对亚洲的统治，或者再扩大一些范围来说，使欧洲和亚洲的关系出现了巨大的转折。使印度人民怨声载道的东印度公司终于解体，持续两个半世纪的历史就此落幕。同时，名存实亡的莫卧儿王朝也随之灭亡。英属印度全境的统治权转交英国女王，派驻德里的印度总督成为英国政府官员。英国政府对印度人也采取了怀柔政策，尤其是拿出大批下级官员的职位，向印度人开放。

印度大叛乱也有效地缓解了当时欧美列强对中国和日本施加的压力。可是，印度局势刚刚稳定下来，"帝国兵营"就作为英国统治亚洲的据点，开始发挥巨大的作用。例如，1860 年时的印度占英帝国军事力量的一半，当时有 12.5 万名印度士兵和 6.2 万名英国士兵。

英国之所以认为有必要在印度设置这样的军事据点，对印度实施统治，是因为印度本身既是一个庞大的税收来源，又是以棉花为主的众多种植园产品的供应地。不过，与始于 16 世纪的欧洲向亚洲的扩张相同，即便已经进入 19 世纪，比起对某一特定地区的直接统治，欧洲人仍更倾向于"寄生"在亚洲内部传统市场贸易和通商活动上。例如，英国以印度为据点的结果就是，英国人能够以各种各样的方式充分利用印度与中国等国家之间持续繁荣了几个世纪的亚洲内部传统贸易网。其中一个典型的例子就是众所周知的鸦片三角贸易，即英国从印度向中国输入鸦片，再从中国进口茶叶。截至 1830 年，印度出口产品的 1/3 都是面向中国，其中大部分是鸦片。

除此之外，英国还有另外一个不得不重视印度的原因，那就是印度人移民到大英帝国的各个地方定居，形成了一个巨大的移民网络。19 世纪是全球大规模移民的世纪，如果不考虑从东欧、南欧及爱尔兰流亡美国的移民，便是以中国人和印度人为中心了。

鸦片战争

英国迫切需要茶叶，为了进一步扩大中国贸易，分别于 1793 年派遣乔治·马戛尔尼、于 1816 年派遣阿美士德作为特使前往中国。不过，清政府并没有迹象要更改"海外贸易仅限广州一地"的政策，这一政策是在印度爆发普拉西战役的同一年，即 1757 年制定的。拒绝实行平等国家间贸易的中国，只认可"朝贡贸易"。

然而，英国的城市化进程发展迅速，茶叶已经成为普通劳动者的日常食品，其进口量持续增加。英国贸易赤字猛增，这使得英国政府急速采取了在印度生产鸦片并垄断销售的方式，以与茶叶购款相抵。大略估算 1800 年前后，英国运到中国的鸦片约为 300 吨，而到 19 世纪 30 年代末，已经达到了原来的 8 倍。因此，中国吸食鸦片的人口激增，造成了严重的社会问题，而且鸦片反而使得中国在对英贸易中出现了赤字，白银源源不断流往英国。自 16 世纪以来，墨西哥、秘鲁以及日本等地生产的白银大部分都经由欧洲人之手，最终积攒到中国。中国从明末的一条鞭法开始，基本上一直实行白银纳税制。因此，白银外流导致白银升值，使得农民的负担越来越重。

清政府派对待鸦片态度十分强硬的林则徐作为钦差大臣解决鸦片问题。林则徐前往广州赴任，没收并销毁了 2 万多箱鸦片。而从英国方面来说，鸦片贸易的收入已经占英属印度殖民地总收益的 1/6，而且茶叶的进口对英国民众的生活来说也不可或缺。印度也是如此，因为生产鸦片，许多民众的生活被组织起来。可以说，鸦片与茶叶的交换贸易是处于世界体系"周边"的印度与尚未被纳入世界体系，仍处于世界体系外的中国之间的贸易，而这种贸易本身也与处于世界体系核心地位的英国的民众生活密不可分地捆绑在一起。

1839 年，英国宣战，鸦片战争爆发。[①] 战争以英国的压倒性胜利而结束，1842 年中英签署《南京条约》。条约要求清政府割让香港岛给英国，开放上海、宁波等五处为通商口岸，废除清政府一侧垄断贸易的行商组织——公行等。次年，又签署了承认英国享有领事裁判权，中国丧失关税自主权的典型的不平等条约，加快了中国走向半殖民地化道路的进程。继英国之后，美国和法国也要求拥有同样的权利，清政府于 1844 年分别与美、法签订了条约。

———————————

① 这是部分历史学者的观点，主流观点是鸦片战争始于 1840 年。

中国被纳入世界体系

在这些条约的背景下，1845年上海出现了第一个英国租界。所谓租界，意思就是外国人拥有裁判权和警察权，犹如在自己本国的领土上一样可以自由活动的地方。

另外，1856年，英国以亚罗号商船遭到中国警察盘查为借口，再次发动战争。这就是被称为"亚罗号事件"或"第二次鸦片战争"的历史事件。法国也找借口参与了此次战争，因此中国战败，1858年清政府同英、法签订《天津条约》。就连没有参战的美、俄两国也参加了该条约的签署。可是，英法两国对该条约仍不满足，又于1860年强迫清政府签订了《北京条约》。这些条约要求清政府同意各国公使常驻北京，允许基督教自由传教，增开通商口岸等。就这样，中国逐渐被纳入世界体系的框架内。

鸦片贸易完全自由化，外国商品充斥了中国市场。英国的怡和洋行等贸易公司利用这种情况得到了迅速发展。东印度公司的中国贸易垄断权遭到废除后，把持着包括日本在内的远东贸易的怡和洋行（Jardine Matheson）承接了东印度公司的业务。该洋行于1832年在广州创立，主要向英国出口茶叶和从事鸦片秘密交易。不过，1842年《南京条约》规定将香港岛割让给英国后，怡和洋行的据点转移到了香港。亚罗号事件后，鸦片贸易自由化，使其获得了巨大利益。

如此一来，到1860年，东亚处于世界体系之外的地区也所剩无几。

霸权国家与生活——英式早餐的形成

"一成不变"的变化

英国掌握世界体系霸权后，给英国人的生活习惯也带来了巨大的影响。在世界上最早爆发产业革命的同时，英国人的饮食习惯也发生了巨大变化。"英式早餐"便由此开始。前文中已经提到，如果没有这种早餐的变化，英国的产业革命或许无法实现。至少在伴随着产业革命的进行，城市化不断进展，工厂劳动也越来越普及的过程中，这种变化具有重要的意义。

或许有人认为，早餐变化之类的话题过于琐碎，与历史上的重大变革扯不上关系。不过，在理解文化这层意义上，早餐吃什么、怎么吃等问题远比政权政党的更迭与总统换届等政治事件更具有深远的影响，与根本性变化深刻相关。即使柏林墙已经倒塌，俄罗斯人的饮食习惯也没有改变。但是，更长期来看，饮食习惯必定是会发生变化的。表面看似"一成不变"的事物，经过长期发展后就会发生变化，探究这种变化的规律就可以看到不同于政治性变化的历史侧面，这正是生活史真正有趣的地方。

城市化与马铃薯、砂糖、茶叶

在产业革命时期的英国，燕麦粥和马铃薯迅速普及，成为劳动者的食物。马铃薯由北部开始普及各地，尤其在爱尔兰成为贫民的食物，为 18 世纪末以来的人口增加做出了贡献。然而广为人知的是，到 19 世纪 40 年代，发生了马铃薯病害，出现了被称为"马铃薯饥荒"的大规模饥荒。这次饥荒导致大批爱尔兰人迁移到英国、美国和澳大利亚。即便在移民世纪19世纪，这次迁徙也算得上是一次显著的移民现象。不用说，马铃薯也是在16世纪从美洲传到欧洲的。

不过，产业革命时期英国饮食习惯的一个最大变化就是，加糖红茶已经普及普通劳动者阶级。

伴随着产业革命的进行，相当大一部分英国民众变成了城市居民。17世纪末，居住在称得上城市的地方的居民大约占总人口的1/4，而到了19世纪末，总人口的3/4都已经居住在城市。即使在欧洲，也没有哪个国家像英国这样城市化进程如此迅速，不过其他国家在开始工业化之后，也都出现了同样的倾向。但是，曾经的产业革命论者传达给我们的是受圈地运动的影响，农民被赶出农村，像难民一样流落到城市去，这显然是夸大其词。因为也有很多年轻人是为了过上比移民去美国更好的生活，自己决定移居到城市去的。即便如此，生活环境的城市化还是使民众的生活基础完全改变。

关于迁移到城市的那些普通劳动者的居住环境，恩格斯在《英国工人阶级状况》中提到，工人阶级所居住的地方很多都没有厕所。能称得上厨房的地方就更加稀有了。与农村不同，城市里没有共享森林，无法捡到免费的燃料，而如果烧煤的话，则不可能在短时间内做好早饭。在家烤面包什么的另当别论。

而另一方面，工厂制度普及后，时间规定更加严格，"神圣星期一"这种习惯所象征的松懈生活已经不再得到认可。另外，在工业化不断发展的城市，包括妻子和孩子在内，劳动者的家庭成员也大都开始在家庭之外的其他地方工作。从前那种丈夫在家里操作织布机，妻子和孩子在一旁协助的家庭内劳作方式越来越少。这么一来，妻子也就无法抽出大量的时间去做饭了。

而与这种城市劳动者的生活条件完美契合在一起的，便是加糖红茶、面包和燕麦粥这样的早餐。事实上，据留下大量社会观察记录的亨利·梅休记载，19 世纪的伦敦街道上经营着各式各样的简易餐饮摊点。

依赖于世界体系的饮食生活

"英式早餐"以加糖红茶为基础，基本上只要把水烧开就能做好。尤其是红茶和砂糖由咖啡因和糖分构成，作为醒神剂和速效热量之源，具有决定性的意义。象征着工业化之前松散的时间管理的"神圣星期一"这一习惯，往往与喝浓啤酒或杜松子酒的饮酒风俗联系在一起，这与加糖红茶形成了鲜明的对照。在速效性这层意义上，加糖红茶不仅在早餐时，还可以在工作间隙的"茶歇"时迅速补充热量。含有大量咖啡因的红茶和高热量的砂糖，以及用砂糖制作的果酱和糖浆（模仿具有强烈高级感的蜂蜜制作而成，是当时典型的"替代食品"）等，都成为英国工业化时期不可或缺的基础食品。一杯加糖红茶瞬间可以把凉的面包变成热餐，如果缺少它，就不会有维多利亚时期英国的城市生活。

在欧洲看到的世界地图是以欧洲为中心的。因此，美国位于地图的左边，大西洋的形状被清楚地描绘出来。相反，就像普通的日本人一般不太清楚大西洋的形状一样，欧洲人对太平洋的形状也不甚了解。因为在他们的地图上，太平洋是分置两端的。以欧洲人的这种地理感觉，中国是"远东"，而加勒比海是"远西"——尽管好像并没有这个词。总之，这么看来，"加糖红茶"就是以欧洲为中心，从地球的东西两端获得材料加工而成的。正因为英国占据了世界体系的"核心"地位，这样的情况才得以实现。

而且，并不仅有砂糖和茶叶来自遥远的地方。正如当时的一位商人在议会发言时说道："总之，我们英国人无论在商业上，还是在金融上，都占据着极为有利的位置，因此即便我们把从地球东端获得的茶水中加入从地球西端西印度群岛运来的砂糖饮用（即便需要花费舟船运费和保险费），也还是比国产的啤酒便宜。"这一事实才是极为重要的。英国的工厂劳动者的早餐是建立在印度的莱特农民、中国的贫苦农民，以及加勒比海和巴西黑人奴隶的劳动之上的。这与曼彻斯特的棉纺织工业需要依赖美国南部的黑人奴隶生产棉花如出一辙。

城市劳动者的标志——红茶

17 世纪，英国的红茶在以英国王室为代表的上流阶层，特别是贵妇人之间，作为社会地位的象征流传开来。可是，在世界体系的作用下，红茶和砂糖逐渐普及下层民众，最终转化为工业化时代英国城市劳动者的标志。这么一来，"加糖红茶"到 19 世纪时就兼具了两种意义，既是绅士阶级的象征，也是工厂劳动者所代表的民众劳动和生活的标志，这种看似很奇怪的事情却真实地发生了。或许我们应该这样说：加勒比海的非洲奴隶和亚洲贫苦农民的劳动，最初为英国的绅士阶级提供了社会地位的象征物，后来又支撑了在都市贫民窟的生活环境中被严苛的工作时间压迫得喘不过气来的英国劳动者的生活。

埃德温·查德威克（Edwin Chadwick）是最著名的公共卫生改良运动家，在他的报告中有一位叫约翰·弗拉的证人的一段证词，这段话为我们清楚地展现了红茶对于城市劳动者的意义。

> 如今不要说威士忌，连喝啤酒的习惯也大大减少了。……因为人们更多喝红茶和咖啡。近年来，据我所知，几乎没有人从大白天就开始喝啤酒。咖啡店的出现对人们的身心健康是极其有益的。或许是因为它使人们远离了小酒馆吧。

"免除早餐税"——要求废除奴隶制的曼彻斯特学派

19 世纪初期，英国在世界上基本实现了最初的工业化，进入其完成期。在这个时代，正在称霸"世界经济"的英国在粮食政策方面（不仅如此，是在整个饮食生活方面）发生了巨大的变化。这是否反映了伴随着工业化而出现的城市化？关于粮食的各方舆论开始从保护生产者，即地主和农业经营者的利益迅速地转向保护以城市劳动者为主体的消费者和雇佣他们的工厂经营者的利益。1838 年成立的反谷物法协会（后改为反谷物法同盟）集结了科布登和布莱特等人，也就是所谓曼彻斯特学派，大力推动了这一转变。

1846 年废除粮食法后，一直以来受粮食法保护而远远高于国际粮食价格的英国粮价终于下降了。这是希望通过"廉价粮食"来降低劳动成本的一次尝试。随后，英国对进口食品的依赖急速增加，英国的农业人口最后甚至跌落到只剩百分之几。以进口自由化为目标的英国的这些动向是比较出名的。

而针对白糖和茶叶也可以这样说，但这一点是人们不太熟悉的。虽说随着工业化的开始，加糖红茶成为工人阶级的早餐，但茶叶和砂糖对劳动者来说还是十分昂贵的物品。例如，英国砂糖的价格比法国砂糖的价格要高出很多，在国际市场上完全没有竞争力。这是因为一方面，法国在加勒比海的两个殖民地——瓜德罗普和马提尼克岛可以廉价地生产砂糖；另一方面，虽然咖啡在法国国内得到了一定的普及，但人们还是以喝红酒为主，消费砂糖的习惯并没有推广开来。18 世纪末，法国砂糖的人均消费量只有英国人均消费量的 1/8，甚至 1/9。

与法国相比，英国虽然在加勒比海也有很多殖民地，但英国的砂糖需求量过大，而且不在当地的种植园主在国内已经形成了强大的施压团体，所以他们的砂糖生产受到了各种法令的保护。被通称为"西印度群岛派"的这个团体成为同一时期没有富裕到可以不在北美殖民地当地看守的种植园主怨恨的对象。在北美殖民地，有些地方也开展了烟草种植园经济，比如马里兰和弗吉尼亚，但烟草种植园主从未自己离开种植园而委托他人管理，所以他们是不得已才与完全没有经济作物的新英格兰殖民地一同对"无代表不纳税"的口号产生共鸣。他们和本国的地主一样，与"事事都有人代表"的西印度群岛的甘蔗种植园主有着本质的不同。

就这样，粮食和砂糖就同今天日本的大米一样，处于典型的过度保护状态。虽然稍有不同，但处于东印度公司牢固的垄断体制保护下的茶叶，本质上状况相似。从18世纪开始，之所以荷兰等地大规模走私茶叶，就是因为通过东印度公司的正规渠道进口茶叶，需要缴纳高额关税，导致茶叶价格太贵。这么一来我们就能够完全理解为什么打倒"西印度群岛派"、废除东印度公司的垄断成了曼彻斯特学派最大的政治目标。其结果，正如我们所看到的那样，1813年和1833年出现了东印度公司特权缩小的情况。

对"西印度群岛派"的攻击，首先采取的是批判奴隶贸易和奴隶制度的形式。因为这样一来，曼彻斯特学派就可以与复活的福音主义者运动共同对抗西印度群岛派。斗争的成果表现为1807年禁止了奴隶贸易，1833年废除了奴隶制度。废除奴隶制度也实现了曼彻斯特学派本来的目的，消灭异常顽固的"西印度群岛派"，降低砂糖特惠关税。也就是说，到1844年，砂糖关税下降到30%，1852年，外国领属殖民地的砂糖也开始适用与英属殖民地砂糖相同的税率。曼彻斯特学派提出的"免除早餐税"这个口号完美地实现了。

"一体化世界"中的水晶宫

以英国为中心掀起的工业化浪潮，单凭英国人乃至欧洲人的勤奋，或者他们的发明天分之类的主体性因素是无论如何也不可能实现的。世界已经变成了"一个整体"，一体化的世界正在接二连三地吞并新的区域。以英国产业革命为开端的工业化这一长期的世界性的变化也是在这样的世界体系中才得以产生的。

英国在这个世界体系中获得了压倒性优势，也就是说占据了主导权。他们用印度农民生产的鸦片，买进中国农民制造的茶叶，再配以加勒比海和巴西黑人奴隶以及亚洲移民所生产的砂糖，制成了英国城市劳动者的早餐。他们在工厂纺织所用的棉花也是由美洲黑人奴隶和印度农民生产出来的。他们纺织出来的商品不用说又销售到了世界各地。

1851 年水晶宫闪耀的光彩正是站在世界体系顶端的国家之荣耀。

第七章　战争与殖民地统治

林立的高楼大厦、低矮的饮食摊点、炫彩的霓虹灯、拥挤并充满活力的景象，这一切形成了香港的特色。只需坐上电梯上楼回家，就能享受到应有的宁静，而如果有意换个心情，短短几秒钟就又可以置身于热闹之中。这里既有人讲广东话，也有人说英语，而且最近还能听到很多普通话。香港就是这样一座集喧嚣与宁静、融东西文化于一体的城市。

1997 年 7 月，按照中英之间的约定，香港时隔 155 年的漫长岁月重新回到了中国的怀抱。对中国来说这是"收回"被夺走的香港，对英国而言则是"返还"获得之物。香港回归中国后不久，我时隔多年再次来到了香港。

香港由香港岛、九龙和新界三部分组成。其中，香港岛因鸦片战争（1839—1842 年）后签署的《南京条约》（1842年）而被清政府割让（实为强制掠夺）给了英国，又以当时英国女王维多利亚的名字被命名为"维多利亚岛"。香港岛对岸的九龙，由于 1856 年开始的第二次鸦片战争（亚罗号事件）最终于 1860 年签订了《北京条约》，也遭受了同样的命运，被割让给英国。两地没有归还期限，可以永远不返还。如果有人想在这里盖房，则需要向土地所有人，即英国女王申请租借土地。

新界的情况则与香港岛和九龙不同。按照 1898 年签订的条约，这里以 99 年为期限租借给了英国。而新界的面积是最大的。距离 99 年的租借期限约有 10 年的时候，中英之间就如何处理这一问题展开了磋商。

其结果，中英之间约定：包括香港岛和九龙在内，整个香港将于 1997 年"回归"中国（从英国的角度来说是"返还"），中国保证香港的制度（资本主义制度）50 年不变。中国所实行的这种一个国家内包含社会主义和资本主义两种制度的做法被称为"一国两制"。

香港面貌

中国香港与韩国、中国台湾、新加坡并称为"亚洲四小龙"，是经济飞速发展的地区之一。我比较喜欢香港的两个面貌：其一是办公楼、住宅、生鲜食品店等各种各样的商店鳞次栉比，混杂在一起的摩天高楼商住区；其二就是新界农村与城市分界线一带恬静的风景。前者是极具代表性的城市空间，后者则如同留存在我年少记忆中的东京郊外的情景一般。

日本的大都市一般对住宅用地有楼高限制，不允许建造高层建筑。高层建筑地段一般都是商业区域，也就是所谓商业办公区。不像香港这样，住宅区也如此高楼林立，并且排列着各类日常生活用品的店铺。

这属于城市规划的问题。香港岛和九龙确实存在着在狭小的空间密集盖房的情况。不过，日本大都市的那些高楼商业街区，要么只是白天热闹一时，要么只在晚上供人娱乐，因为没有住户而缺乏生活气息，这样的城市又有什么未来值得期待呢？在这个意义上，香港的做法也是一种弥补的方法。

经历了第一次世界大战、第二次世界大战，以及战后的冷战阶段，在即将迎来 21 世纪的当下，亚洲以惊人的速度走向复兴。亚洲的富裕和生活质量，以及支撑着这一切的劳动欲望和交易网络一脉相传，成为亚洲经济发展的基础。香港是亚洲经济腾飞的一翼。虽然始于 1997 年金融危机的亚洲经济危机尚处于前途未卜的状况，但着眼于与世界各国的比较优势，我认为这种发展势头不会停止。

香港的价值

距今约 150 年前，香港还没有什么像样的街区。香港岛虽然是个有几千户人家的渔村，但并没有被列入清政府确立的行政区划中。香港岛对岸的九龙设有清政府的衙门。近年，为了重新开发而被拆毁的九龙城便是当年的衙门。香港当时无论在清政府眼中还是在外国人眼中，都还只是一个贫穷渔村。

而英国深知香港岛的价值。英国有在 1819 年将同是贫穷渔村的新加坡占为殖民地，并将其作为贸易据点进行开发的经验。英国将仅有很少居民的新加坡开发为贸易港口，同时赋予其军事港口的功能，设置司令部，发展城市建设，从世界各国召集必要的劳动力。

亚洲四大帝国

15 世纪末至 18 世纪的大约 300 年间，西欧各国在亚洲一直扮演着不稳定的新加入者的角色。其向亚洲的扩张，只是到这些亚洲沿岸的港口，西欧各国竭尽全力通过这些港口渗透进亚洲的局部市场，购买热带地区的物产，接入远程区域间的贸易。

亚洲一直存在着四个强大的帝国。它们分别是东亚的中国清王朝、印度的莫卧儿帝国、西亚的奥斯曼帝国、以欧洲为大本营的俄罗斯罗曼诺夫王朝。15 世纪至 18 世纪前叶，是这四大帝国称耀的鼎盛时期。这里简要概述一下四大帝国的历史，我将按照自东向西的顺序记述。如果注意到欧美势力是按照"由西向东"的顺序进行扩张这一点，就可以明白四大帝国由繁盛走向衰败的时代差。

（1）中国清王朝

清王朝建于 1644 年，在康熙（1661—1722 年在位）、雍正（1722—1735 年在位）和乾隆（1735—1796 年在位）三代皇帝在位期间迎来了最繁盛的时期。清王朝于 1720 年征服西藏，与莫卧儿帝国接壤。随后又于 1757 年控制了准噶尔王国，并取"新的疆域"之意将其命名为"新疆"。这样一来清王朝与俄罗斯帝国版图相接，也完成了疆域的扩张。清帝国的特征是辽阔的地域和众多的人口、强大的皇权和家产制、维护着皇权的官僚和税收、大规模的国家投资以及扩张后形成的多民族共存，等等。

进入 19 世纪后，由于人口急剧增加、科举官僚腐败、鸦片走私、白银流失等，清王朝出现了财政困难和世风混乱等重重危机，开始走向衰败。因为鸦片战争失败，清政府在 1842 年签订《南京条约》，1858 年签订《天津条约》，1860 年签订《北京条约》。1912 年辛亥革命彻底摧毁了清王朝，自秦始皇以来维持了 2000 多年的皇权帝制宣告结束。1949 年，中华人民共和国建立了。

（2）印度莫卧儿帝国

巴布尔取得了 1526 年帕尼帕特战役的胜利，在德里建立了莫卧儿帝国。莫卧儿帝国的疆域在奥朗则布（1658—1707 年在位）时号称扩张到最大，这个时期正值日本的元禄时代。奥朗则布皇帝是一位虔诚的伊斯兰教逊尼派信徒。其后，作为莫卧儿帝国的敌对势力，位于印度南端的马拉塔发展势头强劲，与此同时，欧美势力也开始蚕食沿海地区的各个港口。1757 年，围绕南印度的领有权问题，英法之间爆发了普拉西战役，最终英国作为战胜国成为占据印度的最大势力。

1765 年，英国在孟加拉地区取得了征税权，自此印度部分变为英国的殖民地，近 100 年后的 1858 年，印度彻底成为英国殖民地。在接下来几十年后的 1947 年，以印度和巴基斯坦分离的方式达成了印度地区的独立，后来东巴基斯坦变成孟加拉国，各地的民族、宗教纷争频起（尤其在南部以及斯里兰卡即锡兰地区）。

（3）奥斯曼帝国

奥斯曼帝国自 14 世纪起发展势力，1453 年，穆罕默德二世占领君士坦丁堡（伊斯坦布尔），消灭拜占庭帝国（东罗马帝国），掌控了地中海的制海权。这是一个在苏丹（皇帝）之下拥有大臣、评议会和亲卫队的强大帝国。1529 年奥斯曼帝国包围了神圣罗马帝国的首都维也纳，1571 年在勒班陀战役中惨败于西班牙海军。

之后，奥斯曼帝国走向衰落，但帝国真正的崩溃始于1822 年希腊独立，巴尔干半岛各民族反目，克里米亚战争（1853—1856 年）爆发。1877 年，奥斯曼帝国在与俄罗斯的战争中败北。

（4）俄罗斯罗曼诺夫王朝

罗曼诺夫王朝建于 1613 年，罗曼诺夫作为第一任沙皇登基。继罗曼诺夫之后的彼得大帝（1682—1725 年在位）不断扩大疆域，向东方扩张，从西伯利亚进到太平洋沿岸。1689年俄罗斯与清王朝签订了《尼布楚条约》。18 世纪后半叶，出生于德国的女皇叶卡捷琳娜二世（1762—1796 年在位）崇尚"贵族自由"，主张领土扩张，向南挺进控制了黑海，向西挺进瓜分了波兰。接着，俄罗斯进一步将势力范围向东延伸到西伯利亚，又于 1799 年开始经营阿拉斯加，在北美西海岸设立了多个贸易据点。

19 世纪后半叶，罗曼诺夫王朝作为列强的一员，以强大的海军为傲，迫使清王朝割让了大面积领土。俄罗斯帝国与其他三个帝国的不同之处在于：首先，它积极建设和发展海军力量，加入了列强的行列；其次，俄罗斯帝国的崩溃并没有出现分裂或者成为殖民地的结果，而是因俄国革命（1917年）走向了社会主义制度。在这个意义上，尽管它在20世纪初的过渡期应付得还不错，但后来还是爆发了矛盾。

苏联的国家统一模型主要是斯大林时期的治国理论。这个国家尤其重视语言、文化、领土三方面，并设置共产党（前卫党）的组织作为领导国家的力量，可是轻视或忽略了民族、宗教、传统等的并存，统一的国民市场的形成，议员选举与立法机关设置，法律体系建设等的意义和作用。

四大帝国表现出的特征

这四个亚洲帝国，表现出几个共同的特征，我们可以列举其中的以下三点：第一，实行的都是世袭的皇帝在疆域内统治多个民族的政治制度；第二，都重视对农民的统治，主要依存于地税收入；第三，都采取重视内陆的政策，对贸易十分冷淡（"闭锁体制"）。

这三点一直是四大帝国到发展期乃至到繁盛期为止的特征。这些特征截止到一定时期曾是支撑帝国发展的重要因素，但同时它们也是帝国衰败的主要原因。例如，为了维持对第一点中谈到的广阔疆域和多个民族的统治，需要投入大规模的军队和庞大的军费，消解各民族之间的矛盾和摩擦。第二点中帝国对农业的依赖，使得帝国陷入与新兴工业国家相比的劣势位置。至于第三点中对贸易表现出的不关心、冷淡的态度，与帝国对世界货币的功能表现出漠不关心和一无所知是相通的。

按第一章和第二章的记述来说，伴随着西欧向亚洲的扩张，亚洲进入"闭锁"状态，尽管维持了大约 300 年的发展，但曾经支撑其发展的那些特征，在进入衰败期后又原封不动地转化为促使其衰亡的主要因素。

处于成长期的欧美

而欧美各国自 18 至 19 世纪，步入了形成国民国家乃至领土主权国家的成长期。新政权为了确立自身的正统性而实行改革，统一了民族、宗教、语言不同的地方。例如，进行独立战争（1776 年）的美利坚合众国，爆发了法国革命（1789 年）的法国，采用王政和议会制，实行了君主立宪制的统合的大不列颠及爱尔兰联合王国（1801 年）。另外，日本、德国、意大利等新兴国家的统一始于 19 世纪后半叶。

一旦内部统合的力量加强，就会出现向量反转后对外膨胀的趋势。在国内实现民族、宗教、语言的统一，出现人口增加、产业繁荣的景象后，就出现了两种动向：第一是人的移动，第二是物的移动。

有关人的方面，出现了大量的移民和移居现象。来自欧洲的移民流入美国，进而通过西部开发驱赶土著居民，实现扩张。另外，欧洲人也开始向人口稀少的澳大利亚、新西兰移民。运送移民的船舶返航时装满食用的羊群。

亚洲由于人口稠密，具有高度的文明，所以来自欧洲的移民较少。反而是亚洲内部之间的移民较多。比如，中国人移民东南亚、印度人移民东南亚及非洲等。

欧洲人对于亚洲的需求，更多的是物而不是人。为了确保得到物产，欧洲人在亚洲不断扩张殖民地。这是对外膨胀的一种形式。

亚洲物产丰富、阳光明媚、海域广阔。这片土地在文化、宗教、食物方面，都具有不同于欧洲的独特魅力，深深吸引着人们。然而，获得物产并不容易。开展贸易自然是一种形式，但另外还有一种方法，就是靠军事实力说话，诉诸武力强取豪夺。也就是通过战争，在战争结束后将其占为殖民地。

英国对亚洲的统治

在进入成长期的欧美国家中，英国鹤立鸡群。自18世纪后半叶起，英国确立世界通商网，开启了产业革命。另外，英国在与强国荷兰的海战较量中获胜，逐步取得了世界上七片海洋的制海权。以英国为首的欧美世界开始向亚洲施加压倒性的力量。

英国对亚洲的统治有三个时期的三个地点很重要。第一是1765年对印度孟加拉地区的统治，英国在此地确保了征税权，开始亲自进行热带作物（特别是鸦片）的生产。第二是为了建立在"印度以东"地区的立脚点，于1819年购买新加坡。第三就是通过1842年的《南京条约》，对香港岛进行殖民统治。

将印度变为殖民地的英国，改变了向"印度以东"地区扩张的意图和方式。确保拥有广阔的领土进行生产（主要是农业生产），获得物产，需要过高的成本。在东亚地区，掌握流通，也就是贸易才是最重要的课题。

新加坡和香港有共通之处。第一，它们都拥有面积大、海水深的优良港口；第二，它们都拥有广阔的腹地；第三，它们在通航方面都十分便利。

英国采取的方式是将这些偏僻渔村占为殖民地，将它们与其他港口连为一体建成港口城市网，吸引劳动力，推动城市化。英国并没有发展农业生产的意图，而是始终着眼于贸易（国际流通）。

另外，第一和第二点特征与 15 世纪时的马六甲和澳门有很大的不同。

第一次中英接触

一方是拥有数百年传统，以繁荣为傲的四大帝国，另一方是顺应新时代，推动国民国家统合的欧美世界——正是这种不对称性决定了亚洲与欧美之间的关系。恰好此时进入了外洋船只、枪炮、白银占据主导地位的时代，欧美一方得以在军事和贸易两个方面掌握了对外扩张的最好武器。

位于欧洲最西部的英国首次向亚洲四大帝国中位置最靠东的中国派遣使团，是在 18 世纪即将结束的 1792 年。使节团规模庞大，由马戛尔尼任正使，斯当东任副使，另外还有翻译 2 人，机械技师、医生、测量师、画家等若干人，共计 94 名成员（船队的船员除外）。

英国使团搭乘狮子号军舰以及另外三艘船，满载着精心挑选的豪华礼品前往中国。之所以组建如此庞大的使节团，挑选大量的珍贵礼品，其原因是，英国认为清王朝乃泱泱大国，如不精心准备恐不被接待，同时英国也想借此机会获取更多的信息。

对中国充满憧憬

副使斯当东描述了中国的广阔疆域以及统治多个民族的强大皇权。他对紫禁城及其身后的万里长城，还有纵贯南北长达 1800 公里（当时的全长）的大运河（使节团回程途经于此）赞不绝口。他对朝廷建设如此庞大工程的强大意志、能够组织其实施的高水平社会，以及完成这些伟大事业所表现出的精神和耐力都给予了高度的评价。

人口方面，中国约为 4 亿人，而英国仅有 1600 万，二者的比例约为 20∶1；国土面积方面，双方的比例大约是 40∶1。斯当东对这个亚洲帝国的优势因素完全认同。这是他与自己的国家进行了比较后得出的结论。

恰逢此时英国国内开始了产业革命，对道路、运河等基础设施建设的投资方兴未艾，但英国的投资不仅规模较小，而且基本上都来自私人资本，像中国那样投入国家资本（税收）的情况几乎难以想象。英国税收规模与中国相比要小很多，双方的比率基本上与人口、面积的比率相同。将中国与英国的情形相对比，斯当东十分羡慕中国朝廷有如此庞大的"公共投资"。

中国在文化、工艺以及农作物生产能力方面的优势，也大大地吸引了英国人。英国开始大量进口中国茶叶就是一个代表性事例。产业革命使得英国对中国茶叶的需求量猛增，中国茶成为人们的生活必需品。除了从中国进口茶叶外，英国别无选择。因为印度红茶直到19世纪后半叶才开始生产，所以当时还没有替代手段。

饮茶所使用的瓷器也随之发展起来。日本生产的有田烧瓷器非常受欢迎，取代了中国出产的瓷器。18世纪，西欧各国也开始模仿制造。以迈森地区为代表，英国国内也开始尝试烧制瓷器，但这些还只是东亚瓷器的仿制品。斯当东丝毫掩饰不住他来到瓷器发源地时那种无比兴奋的心情。另外，还有一种中国出产的质地较为厚实的棉布，被称为"nankeen"（南京棉布），这种棉布很久以前就是英国绅士们渴望得到的东西。尽管产业革命已经开始，但英国的工厂还无法制造出厚质棉布。

政治性决裂

马戛尔尼一行会见了正在热河休养的乾隆皇帝，清政府要求他们对清朝皇帝施传统的"三跪九叩"之礼，但英国方面认为此乃屈辱，故予以拒绝。倘若如此僵持下去，使节团此次访问就失去了意义。妥协的结果是采取了异例，马戛尔尼向清朝皇帝行单膝跪地之礼。

此次使团访问的本来目的是扩大贸易，并与中国建交，但结果是这两项都未能实现。清政府没有所谓"贸易"概念，也意识不到它的重要性，只是单纯考虑要为前来朝贡的"英夷"施舍一些恩惠而已。

1816年，英国向中国派出了以阿美士德为团长的第二次使节团。不过，会谈又因为英使在礼仪问题上不妥协而破裂。第三次是在1834年，威廉·约翰·律劳卑（William John Napier，后面将提到的首位英国驻华商务总监）奉命出使中国，但他既没有到访北京，也没能实现会谈。针对中英建交的摸索，之后也只是停留在官员层面的一点点接触，连通过书信往来交换意见这种实质性的进展也没有。

北京的态度

从18世纪末乾隆皇帝执政的终期开始，清王朝逐渐走向衰落。巨大的人口压力、农业生产停滞不前、官僚腐败，以及鸦片流入带来的经济和社会方面的衰退是主要原因。对于新时代出现的新变化，清政府应对不善，以致陷入被动。从中我们可以清楚地看出基于中华思想的传统对外意识。

清政府对世界的新思想漠不关心，也不想了解工业所创造出的西欧新"装备"，更是严重缺乏对通商、议会制度、军事组织等新"事物"的学习热情。昔日的荣光使清政府迟缓了迈向未来的脚步。

清政府使用传统手段进行自我保护。例如，在中英之间书信用语问题上，清政府固执己见，不允许用英语，要求只能使用汉文。当时清政府与周边各国的交往中都使用汉文，没有懂英语的官员。要求英方使用汉文，可以省出一些时间。

清朝官员中最终也没有出现学习外语和外国知识的人。当时掌握文字的阶层，除了科举合格的官员外，就是耗费多年时间备考却未能成功的科举后备军。为了参加科举，考生必须掌握 6000 字以上的汉字，以及一种被称为"八股文"的特殊的文章形式。

学习英语和外国文化的并非清政府的官员，而是特许商人（公行）和一部分华侨。可以敏锐感知迫近的国际政治浪潮，并将其传入官员耳中的渠道，还是在鸦片战争爆发后才开始建立的。

由交涉转向战争

正在走向衰落的亚洲帝国与处于新兴势力阵营的欧美列强，二者之间的攻防之战于 18 世纪后半叶至 19 世纪在世界范围内展开了。起初的表现形式比较"温和"，之后逐渐发展为动用武力的"激烈"形式。

依靠海军实力建立了海上交通线的欧美列强，可以乘坐本国商船到达世界任何地方。其第一大武器就是新兴工业制造出的军舰、大炮等强有力的巨型"装备"，是支撑它们的经济发展。第二大武器是民主平等的思想、议会制度、军队机构、国际法、公司组织等新"事物"。第三大武器则是信息的收集能力。

信息在任何方面都表现得十分重要。例如，报道股票和金融信息等商业情况的资讯刊物、船和货物的进出班次，以及报纸、杂志等大众传媒。尤其是报纸和杂志具有很强的舆论导向作用，因此被竞相刊发。除文字性信息外，据说他们也开始利用铜版画传递图像类信息。

在对外交涉中必须要获取对方的信息。有句格言说"知己知彼，百战不殆"（孙子），这句话原本就出自中国。19 世纪的中国没能发挥这一智慧。

而英国方面加强了汉语学习。居住在澳门和广州的传教士及东印度公司的职员们深切地感受到要想获得对手国的信息，就有必要掌握那个国家的语言。《大清律例》是清朝的国家法律，其英译版于 1810 年出版。另外，英国传教士马礼逊等人制作了第一部汉英、英汉词典，由英国东印度公司协助出版，于 1815 年至 1823 年间刊行。这部词典共四卷，是一部划时代的出版物。其第四卷是英汉词典，所以当它被引进日本后，懂汉文的日本人直接就把它当成英和词典来使用。

1832 年，由马礼逊等人主导、传教士创办的以中国为报道和研究对象的刊物《中国丛报》（*Chinese Repository*，1832 年创刊）在广州创刊。从创办这份刊物的成员中涌现出大量具有高超会话能力和口译能力的人才。在《南京条约》谈判（1842 年）中担任英方翻译的郭士立（德国传教士）、在 1844 年中美《望厦条约》谈判中担任美方翻译的传教士裨治文，他们都参与了《中国丛报》的编辑工作。

19 世纪亚洲三角贸易

鸦片是引起中英之间冲突的最大因素。鸦片以野生罂粟为原料，人们从公元前起就已经知道了它的功效。鸦片的主要成分是吗啡，具有极强的镇痛效果，同时它也是极容易让人产生依赖的麻药。由于吗啡这种物质具有医药和麻药的双重特性，因此必须将其作为一个社会性问题来管控。

罂粟主要栽培于印度北部恒河流域。花瓣刚掉落的时候（6月前后），将子房割开裂口后会流出汁液，这些汁液在太阳光的照射下会变成茶褐色然后凝固。这些凝固的胶体就是鸦片。人们将这些褐色固体用镊子剥落后收集起来，做成如婴儿头颅般大小的球状体，阴干后包装以供出口。鸦片一般被标记为"阿片""鸦片""阿芙蓉"等，从颜色来看也被俗称为"烟土"。精制而成的结晶体就是吗啡，俗称"白面儿"。

鸦片是中英之间爆发战争的主要原因，它作为将中国、印度和英国连接在一起的三大商品（茶叶、棉布、鸦片）之一，于18世纪末开始出现，不久就促使"19世纪亚洲三角贸易"形成。随后鸦片大量流通，成为与其他商品截然不同的具有特殊作用的商品。

我走过了相当长一段弯路后，才清楚地认识了这个问题。我曾经把中英之间的交往表达为"波涛汹涌的相遇"，而把日美之间的交往称为"风平浪静的相遇"，但这一事实从何而来不得而知。

后来，我又进一步对英国影响下的中日两国历史和中日关系、明治日本与清末中国近代化的比较以及英国所发挥的作用等方面产生了兴趣。换句话说，我开始思考"英国在19世纪对东亚产生的作用"这个问题，尤其是想搞清楚英国对中国产生的作用、对日本产生的作用，比较二者之间的相同点和不同点。

正好这个时候，我获得了外出调研的机会，从1977年开始在英国居住了一年多。在英国居住一段时间后，我产生了迷惘。要想研究英国在东亚所起的作用，那是不是首先要从英国内部去探明导致它走向东亚扩张之路的诸多主要因素呢？这又是一个很大的课题。在反复犹豫之后，我终于决定改变研究课题的方向。最终完成的研究成果之一就是拙作《英国与亚洲》（1980年）。

英国的消费革命——对热带产物的需求

提到近代英国，我们首先会注意到三个课题，即始于棉纺织工业的世界上第一次产业革命、与产业革命并驾齐驱发展起来的农业革命和消费革命。受到来自印度和中国的进口商品的刺激影响，棉纺织工业作为替代进口的产业，开始以曼彻斯特和兰开夏为中心蓬勃发展起来。这就是始于18世纪60年代的世界上第一次产业革命。在这次产业革命中，确保原材料棉花的进口成为关键。

那时候，中国产茶叶的进口量增加，加勒比海域产砂糖等的消费量也增长起来。也就是说，产业革命与消费革命是并行的。二者应该是以某种形式紧密地结合在一起了。另外，农业革命将农村人口推向城市，使这些人成为产业革命所需的劳动力，加速了城市化发展。城市的水污染是导致啤酒（酿造业的发达与需求的增加）和茶叶普及的一个因素。截至目前，先行研究的成果已经在一定程度上明确了这一点。

　　然而，古典的经济史研究一般比较重视生产的观点，主流是顺着其延伸线，即在"生产—流通—消费"的流程中研讨问题。也就是说，以生产革命衍生出流通革命和消费革命为前提。而我的方法则与此相反，我认为在"消费—流通—生产"这种反向流程中才能够把握问题的实质。

　　家庭是可以反映个人的消费状况的场所，我以家庭为出发点，扩展开来思考一下这个贸易世界。家用账本可以作为研究的资料，这样的账本有很多，我就是从分析这些家庭账本开始的。英国各个地方的文档资料馆里都保存着地主贵族的文件。比起中国史研究的资料，这些资料要丰富得多。于是，我兴高采烈地着手这项研究。在当时一般老百姓的家庭支出中，平均每天肉类（培根等）的消费量少得惊人，仅为 25 克。主食为小麦粥，茶叶（从中国进口）和砂糖（从加勒比海进口）也频繁地出现在家用账本中。

家用账本上的红茶和砂糖

　　茶叶和砂糖都依靠进口。进口商品，还是遥远的中国产茶叶和跨越大西洋的中美洲产砂糖，竟然已经这般渗透进人们的日常生活中，这一点令人震惊。我们还能知道，甚至连主食小麦也主要是从法国等欧洲大陆国家进口。先进口原料，然后在国内加工，最后将商品出口，这不禁让人想到了"加工贸易立国"这个词。人们生活的再生产也好，棉纺织业原料棉花也好，都依靠进口。

我感觉有必要掌握英国从亚洲进口的商品的统计情况。这方面并没有特别系统的统计数据。关于茶叶的进口情况，我利用议会文件中的贸易统计数据进行了汇总。按照每年收集的结果，茶叶有不发酵的绿茶、半发酵的乌龙茶和完全发酵的红茶三种类型，可以看出自 17 世纪初至 19 世纪 60 年代，英国所有的茶叶都是从中国进口，而且 18 世纪 80 年代以后，价格低廉的中等红茶进口量大增。

日本人一般提起红茶，首先想到的是印度红茶，但印度红茶其实是 19 世纪 60 年代以后才出现的。茶树据说产自印度，可是中国早在 10 世纪前后就已经广泛栽培茶树，生产茶叶，而印度红茶是新时代的产物。它的产生源于英国植物学家罗伯特·福琼（Robert Fortune）在 1843 年上海刚刚开港之后不久，将 1 万株茶树苗和 5 名中国制茶技师先用船运到加尔各答，然后再通过陆路送到阿萨姆。最早做出茶叶成品是在 19 世纪 60 年代以后，而真正出口则是从 19 世纪 80 年代开始。

棉布的流向

根据同一份贸易统计数据，我还掌握了印度生产的薄质地棉布与中国生产的厚质地棉布输入英国的情况。进入 19 世纪后，英国对这两种棉布的进口量骤减。取而代之的是从美国进口的棉花量增加，这些棉花成为以曼彻斯特为中心的棉织品工业地带机械棉纺织品的原料。这说明在英国，外国棉布的进口减少了，而本国产棉布的出口在逐步增加。

不过，新兴英国棉织品向很长一段时期内一直是最大的棉纺织品出口国的印度发起反击，并且基本取得成功的过程，也就是说棉纺织品的流向从"由东向西"转变为"由西向东"的时期，我们并不清楚。

在收集统计数据的过程中，我终于搞清楚了发生逆转的时期就在1823年左右。这个逆转的过程，正好与英国向印度实行殖民扩张的时期相吻合，可见这并不是单纯的自由贸易竞争的结果。

围绕棉纺织品的这种长期的经济发展过程，显示了一段产业化的历史与世界市场之间的联系。不过，产业化的前提是贸易与增加的国内消费。单纯在理论上从生产情况来看，无法搞清产业革命的历史。我深切地感受到需要进行消费及流通方面的分析，于是我以贸易（国际性流通）为轴，思考了以下内容。

英国国内鸦片流行

接下来是鸦片。一般都认为中国的近代历史是从鸦片战争开始的，可是印度生产的鸦片向中国出口的统计情况并没有出现在英国议会文件的贸易统计之中。

我翻阅过好几次厚厚的议会文件，看到的只有英国进口土耳其及波斯（伊朗）生产的鸦片，并将其再出口的一些记录。英国大量进口鸦片也是一个新的发现。鸦片在英国国内是如何被消费的？我想先完成对此事实的调查。

经查阅《泰晤士报》等老牌报刊，我了解到英国国内当时从波斯及土耳其大量进口鸦片，任由鸦片销售，并出现了一大批鸦片中毒的人。英国人吸食鸦片的方法主要是将鸦片溶入酒精中，然后饮用鸦片酒，并不像中国人那样使用烟枪吸食鸦片。鸦片不仅在中国，在英国竟然也如此盛行，这种同时在中英两国盛行，或者说同时期盛行的事实令我震惊。事实上，鸦片被放任自流的状况一直持续到20世纪的第一次世界大战。

探明英国国内鸦片流行的事实后，接下来需要解决的问题就是印度生产的鸦片的实际贸易情况。这一数字没有出现在英国议会文件中的"英国贸易统计"中。为什么没有出现呢？带着这个疑问，我再次来到大学的图书馆，在收藏议会文件的微暗角落重新翻阅资料，发现自己犯了一个低级的错误。那就是我想调查的数据并没有在英国（Great Britain）的文档中，而是出现在英属印度（British India）这个庞大的文档里。英国本土与英属殖民地的相关文件管理和文档分类的方法是不同的。

垄断印度生产的鸦片

印度自 1773 年开始向中国出口鸦片，至 18 世纪末数量猛增。后来从 19 世纪 30 年代起再次出现猛增势头，成为鸦片战争的起因。1839 年，由于林则徐没收鸦片，鸦片出现了短暂的减少，但是很快便卷土重来，而且以惊人的势头增长。接着在第二次鸦片战争（1856—1860 年）期间，鸦片再次猛增，之后便出现下降的趋势。我基本上统计到这个时期，就以日本明治维新（1868 年）为界限停止了调查。因为我想当然地认为到这个时期应该就差不多结束了。

可是，在我查阅其他资料的时候发现，后来英国国内也

印度产鸦片的 140 年（B.P.P.）

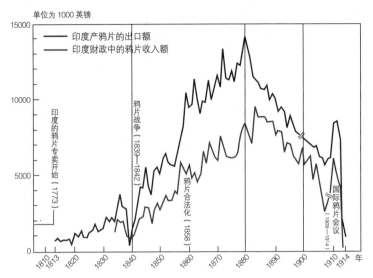

曾经几度掀起反对鸦片贸易的呼声。其中声势浩大的一次是英国议会成立了"王立鸦片问题委员会"，发生在日清开战的1894 年，与此相关的庞大资料都被收录在议会文件中。接着1909 年，"国际鸦片委员会"的第一次会议在上海召开，国际舆论方面开始禁止鸦片贸易。

　　于是，我又马不停蹄地重新进行鸦片贸易的统计。自1773 年英国东印度公司取得鸦片专卖权开始，印度产鸦片的出口情况虽然呈锯齿状发展，但整体上表现出增加的趋势。与我之前的预想相反，鸦片出口不但没有停止，反而在 1880 年（明治十三年）达到最高峰，其后也并没有画上休止符。到鸦片贸易终于在国际鸦片会议被禁止从而走向结束的 1917 年（大正六年）为止，鸦片出口实际上存在了 140 多年，形成了一个跨度很大的庞大图表。当时还没有普及电脑，当我用好多张方格绘图纸，终于绘制完成这个图表后，比起大功告成后的喜悦，我的心情更多的是因这些曲线所代表的那段历史事实而十分沉重。

19 世纪亚洲三角贸易——概念图形成

只要搞清楚印度产鸦片向中国出口的情况，将其结果与已经统计出来的中国茶叶向英国出口的情况，以及英国棉纺织品向印度出口的情况结合在一起就可以了。如此一来，19 世纪亚洲三角贸易的真实情况就浮出水面了。我认为列出每一年

19 世纪亚洲三角贸易

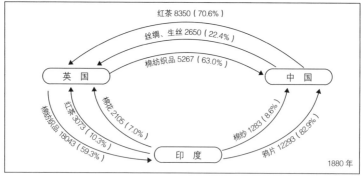

单位：1000 英镑。括号内为该商品占两国间出口总额的比率

的三角贸易图形没有太大意义，所以就选择了特定年份绘制其三角贸易的图形。

其结果显示：首先，中国向英国出口茶叶的贸易于18世纪80年代建立；其次，由印度出口到中国的鸦片贸易建立于19世纪伊始；最后，英国向印度出口棉纺织品的贸易建立于19世纪20年代。至此，亚洲三角贸易建立了。

由将中国、印度和英国三个国家（地域）联结在一起的鸦片、茶叶和英国棉织品这三大商品组成的三角贸易，形成了一个特别完美的三角图形，这让我本人也感到非常吃惊。对我这样一个对历史的个别具体性特别感兴趣的人来说，最后形成了如此简单明了的概念图，甚至让我感到诧异。

鸦片战争的原因

鸦片战争一般被认为是中国近代史的开端。换句话说，中国近代史是从鸦片战争的屈辱失败以及反抗西方列强的运动中开始的。然而，鸦片单纯是一种商品，它真的具有如此强大的生命力吗？为什么在中国爆发的两次大型战争都是鸦片引发的呢？鸦片贸易与一般性的贸易是否不同？已有的研究几乎没有涉及这些问题。

英国的亚洲贸易曾经长期以东印度公司（1600年创建）为主体。作为推行国家政策的公司，东印度公司一直从事垄断性贸易。后来东印度公司的性质渐渐发生变化，转变为代表宗主国（home charge）英国在印度殖民地行使权力的机构。发生这一转变的契机是 1773 年诺斯勋爵的《印度规管法案》得到议会通过，首任印度总督沃伦·黑斯廷斯任职。

鸦片专卖制度

黑斯廷斯就任印度总督（1773—1785 年）后，为了确立殖民地的财政，开始对鸦片、食盐和硝石这三种商品的生产实行专卖制度。我比较关心这个"专卖制度"（英语中它与独占、垄断是一个词，monopoly）。不过，关于东印度公司的资料是另外一个庞大的资料群，我在英国只有一年的停留时间，实在不可能全部查阅、利用。

回国后，我又重新利用英国议会文件英属印度的那个文档（影印版）展开研究。鸦片生产作为贸易存在的一个前提，采取了专卖制度的形态，我主要调查了这一情况的内幕。所谓专卖制度，是指强硬的国家权力独占某些特定产物的生产和销售的制度。虽然中国汉代就曾经实行过盐、铁的专卖制度，但对英国人来说，这并不是他们所熟悉的制度。英国好像是重新利用了亚洲帝国的遗制。在实行专卖制度后的第一份报告（1783 年）中，有以下记载：

> 鸦片专卖是国内公认的最早的专卖。这种药物（drug）是从罂粟科植物中提取而来，主要是东方市场有较大的需求。……据说早在 1761 年就已经在巴特那（加藤注：印度比哈尔邦的一个城市）开始实行专卖，但在 1765 年确保征税权、大面积开放罂粟种植之前，专卖制

度并不是一项强硬的制度。……这项政策依据支持专卖的各项原则，特别是针对商品、贸易的性质，以及本国现状而言的独特原则而实现了合法化。具体来说就是：防止混入异物；防止这种有害的麻药在本国泛滥；为了避免大量供应可能造成的外国市场的破坏，需要控制过度竞争；罂粟种植需要资金，并且存在不稳定性，如果没有预付资金就会出现经营困难；个体商人不具备为可怜的耕种者支付安全保证预付金的能力等。这些都是支撑专卖制度的主要因素。

鸦片专卖制度与殖民地财源

这份报告我越看越有疑问。专卖制度"依据独特原则而实现了合法化"，其中包含 ① 防止异物混入（品质管理），② 在英属范围内禁止有害麻药，③ 防止过度竞争，④ 保护耕种者的经营权益，⑤个体商人无法做到的预付由殖民地政府代劳，等等一系列政策。从中可以看出他们明确认识到鸦片是一种有害的物品，但又为什么将鸦片卖向其他国家呢？他们为了大量销售而想出的"改善经营"的手段又是什么意思呢？

后来，殖民地总督剥夺了东印度公司职员的副业——鸦片生产，由东印度公司集中管理，组成了"东印度公司—承包人—耕种者"的模式，鸦片专卖制度正式形成。1793 年，鸦片收入的管理权由税收局转归通商局，印度境内禁止走私鸦片。1797 年，鸦片的生产基地被限定在瓦拉纳西和比哈尔两邦，这两个地方分别设置了一个精制鸦片的工厂。

由东印度公司所实行的专卖，主要采取的是以下模式：

首先将一半费用支付给经过认可的罂粟种植者作为预付金，等收获后再支付剩余的费用。从公司来说，这部分相当于生产成本。运送到精制工厂里的鸦片要接受检查，杂质经过清除后，鸦片会被打包装入 64 公斤重的三合板木箱中，打上"EIC"（东印度公司）的标记。

包装好的鸦片经由恒河运往加尔各答，在那里进行拍卖。每箱的拍卖价格平均为 1200～1500 卢比。从中扣除支付给农民种植者的金额（每箱 300 卢比）以及鸦片精制工厂的经费后，所剩相当于成本的 4～5 倍，就是东印度公司的最终收益（专卖收入 = 税收）。

自设立孟加拉总督府以来，东印度公司已经失去了它特许商社的本来特征，变为总督府的一个下设机构，成为殖民地统治的代理机关。因此，公司的收益就直接作为鸦片税成为殖民地的财源。以此为契机，鸦片出口开始骤增。

鸦片的种类和销路

印度产鸦片有两种，其中的孟加拉鸦片（比哈尔邦巴特那产和瓦拉纳西产）就是前面提到的用于"专卖"的鸦片。在中国的名称分别是"公班土"（巴特那产）和"喇庄土"（瓦拉纳西产）。

另外一种印度产鸦片是印度中部马尔瓦高原土邦生产的鸦片，这一地区尚未成为英国殖民地。马尔瓦鸦片通过陆路被运送到印度西海岸的港口第乌和孟买。这种鸦片在中国被称为

"白皮土"，在中国市场十分受欢迎。

东印度公司以将鸦片运往港口的过程中充满危险，要出动军队（印度军）保证路途安全为理由，自 1830 年起征收通行税。依据这项举措，英国新确保了一项殖民地财源，同时也减轻了马尔瓦鸦片给实行专卖制的孟加拉鸦片所带来的竞争压力，起到一箭双雕的作用。

鸦片收入成为印度殖民地的最大财源

印度产鸦片出口的市场是中国和东南亚。其中，面向中国市场的出口量占出口总量的 85% 左右，剩余的 15% 左右向东南亚的殖民地出口。进入 19 世纪 30 年代后，印度产鸦片向中国和东南亚出口的市场构成基本固定下来，即向东南亚主要出口孟加拉鸦片，向中国出口约 60% 的马尔瓦鸦片和约 40% 的孟加拉鸦片。

因专卖制度而获得的鸦片收入和向马尔瓦鸦片征收的通行税，为印度殖民地的税收做出了很大的贡献。19 世纪的 100 年间，其比例大约为 17%，一直维持较高的水平。扣除掉低廉的收税成本后，鸦片的实质性收入高居税收榜首位。

由于殖民地已经丧失了立法、司法和行政三权，自然也就不存在财政自主权。英国规定殖民地财政是宗主国财政的补充，用来贴补英国国内的"廉价政府"。也就是说，将黑字的殖民地财政汇款到宗主国，填补本国财政的赤字。印度殖民地财政之所以有盈余，首先要归功于鸦片收入。

英国政府（议会内阁制）有自己的选举对策，他们标榜

"廉价政府"，因此不可能轻易丢掉这块到嘴的肥肉。印度境内禁止鸦片走私，所以鸦片的销售市场只能在国外，而中国就是其最大的市场。如果失去了它，就无法获得殖民地财源的支柱——鸦片专卖收入，甚至本国国内的财政也将受到重创。于是，鸦片出口成为一项使命。

东南亚殖民地的鸦片承包税

鸦片不仅支撑着产地印度的税收和英国的财政，在其他东南亚殖民地，它也成为新的财政来源。进入东南亚殖民地的孟加拉产鸦片并非单纯是一种商品。在英属新加坡、槟岛、荷属印度尼西亚等地，殖民地政府统一购入鸦片，并以收取授权费的方式，将鸦片以进口价格 10 倍左右的高价卖给承包商。从授权费中扣除进口原价后所剩的约 90% 的收入，作为承包税纳入财政收入。鸦片承包收入在殖民地财政中的占比，在 19 世纪中叶的新加坡超过了 30%。

这么一来，鸦片就不再单纯是一种贸易商品，而是可以为英国这个宗主国不断创造财政收入的有力手段。像鸦片这样具有如此多样功能的商品，历史上再找不出第二种。

用于殖民地军队的支出

为了加强对印度殖民地的统治，殖民地内部有一部分直接的财政支出。其中最大的一笔，就是维持殖民地印度军队的费用。在印度军队中，担任将校级别的是英国人，约占总数的 15%，其余的 85% 是士兵，由印度本土佣兵"西帕依"组成。

印度军队的作用，一方面在于维持印度殖民地的治安；另一方面在于可以向英国势力圈之下的周边各国出兵。1840年，印度军队官兵人数合计达到 22 万人。可以看到，与英国本土军队只有 4 万人相比，印度军队人数是如此之多。

印度军队曾经被派遣去与南下的俄国军队作战，也曾被编入鸦片战争的英国派遣军中，1840 年 6 月到达中国的英国派遣军中，印度本土士兵（西帕依）约占 80%。

鸦片禁令与走私

清朝皇帝曾经多次发出鸦片禁令。最早的一次是在 1729年，不过这个时期的进口量尚少，后来以鸦片具有药效为由，解除了禁令。1800 年左右开始，印度产鸦片的进口数量猛增，随后鸦片禁令又慢慢强化。禁令经历了以下四个阶段：

第一阶段：1821—1829 年，"塞源"（堵塞源头）的相关禁令，严禁鸦片进口；

第二阶段：1830—1835 年，除"塞源"外，还规定禁止和严惩鸦片的国内流通，禁止国内种植罂粟，彻底禁止鸦片；

第三阶段：自 1836 年起，围绕白银外流展开财政论争，"严禁派"和"弛禁派"对立；

第四阶段：道光皇帝对"严禁派"和"弛禁派"的争论做出决断，坚决执行没收鸦片的政策。

英国政府出于对清政府外交的考虑，在 18 世纪末时决定东印度公司的船只不再运送鸦片。于是，鸦片贸易的接力棒交接到那些被称为地方贸易商的英国商人（自由贸易论者）

手中。

以英国人为主的鸦片贸易商在 1823 年，也就是鸦片禁令第一阶段被赶出当时公认的鸦片贸易港口广州。于是，为了避开中国海关的耳目，这些商人开始在一种叫作"趸船"的鸦片贮存船上秘密进行鸦片交易。"趸船"属鸦片贸易商所有，停泊在广州南部伶仃（零丁）岛和金星门一带的洋面上。

1833 年，曾经合法承担鸦片贸易的英国东印度公司广州事务所解散，中国的鸦片贸易"自由化"后，那些被称为地方贸易商的英国商人的实力进一步壮大。他们最大的赚钱手段就是鸦片贸易。

英国驻华商务总监

在没有建交的中英之间，把贸易完全交给贸易商，难免导致两国间的对立进一步加重。英国政府迫于这种紧急形势，制定出新的政策，决定由政府向中国派遣商务总监。其正式名称为 "Superintendant of British merchants trading to China"。正如此名称所表示的那样，驻华商务总监的任务之一就是监管从事中国贸易的英国商人（属通商省管辖），而另一个任务则是开展对华外交（属外务省管辖）。后来几经周折，最终归外务省管辖。

因此，英国驻华商务总监如果站在本国商人的立场上保护鸦片贸易的话，就不得不采取一些违反清政府鸦片禁令的行动。相反，如果是站在对华外交的立场上，最大限度尊重清政府鸦片禁令的话，那么势必会与本国商人形成对立。首任驻华商务总监律劳卑和第二任总监查理·义律（Charles Elliot）在任职期间都曾经处在这种矛盾的夹缝中。但终于到了被迫做出决断的时候了。

围绕鸦片的财政争论

自 1836 年开始，围绕鸦片禁令，清朝内部出现了激烈的财政争论（前面所提到的鸦片禁令的第三阶段）。这一年，许乃济上奏提出弛禁论主张，认为应该松缓禁令，征收关税。他在奏折中称："究之食鸦片者，率皆游惰无志，不足重轻之辈……海内生齿日众，断无减耗户口之虞。"具体内容主要包括以下三个方面：

① 准令夷商将鸦片照药材纳税，入关交行后，只准以货易货，不得用银购买。② 至文武员弁士子兵丁等，不得任令沾染恶习。其民间贩卖吸食者，一概勿论。③ 今若宽内地民人栽种罂粟之禁，则烟性平淡，既无大害，且内地之种日多，夷人之利日减，迨至无利可牟，外洋之来者自不禁而绝。

从此，便展开了鸦片严禁派与弛禁派之间的激烈争论。二者的争论焦点在于财政问题。也就是说，当时中国国内的流通货币是铜钱，而税额的表示和贸易（包括走私）结算是使用白银，实行的是银、铜两位制。伴随着走私的白银外流，导致白银与铜钱的兑换价格突变，出现了严重的"银贵钱贱"现象。

长期以来，白银与铜钱的兑换价一直保持在较为稳定的范围内，一般是 1 两白银兑换 600～800 文铜钱。随着鸦片的输入，自 19 世纪 30 年代后半叶起，银价猛增到需要 1500 文才能兑换 1 两白银。纳税额是根据白银确定的，人们在实际纳税时需要在衙门根据当时的兑换价格折算成铜钱后支付。如果由原来的 1 两兑换 800 文变成 1 两兑换 1400 文，就意味着实际的税收负担变成了近 2 倍。其结果是拖延缴税或者拒绝纳税的情况不断发生，严重影响到清政府的财政收入。

为了解决财政问题，严禁派主张切断白银外流的根源，严禁鸦片进口。弛禁派则主张将鸦片列为正规贸易商品，这样既可以通过征收关税减少白银外流，又可以增加税收。在财政方面，双方各有道理。

不过，弛禁派的主张缺乏关于鸦片之祸的社会性观点。与此相比，严禁派的主张充满较强的政治性、社会性危机意识。他们认为鸦片在向高级官员和军人阶层蔓延，甚至连老百姓都可以在鸦片窟吸食廉价的鸦片，导致出现人格丧失、妻离子散的社会问题。如果放任鸦片之祸不管，整个民族就将面临灭亡的危机。

船上的鸦片走私

由于清政府颁发鸦片禁令，鸦片交易转为走私方式，在海关官员监管不到的趸船上进行。卖方英国商人带着专门鉴定白银纯度的鉴定师同行，买方中国商人也带着鉴定鸦片纯度的鉴定人一同参加。鸦片纯度的鉴定方法是将鸦片用开水融化后，通过品尝水中沉淀的晶体进行判断。由于这种交易具有危险性，所以全部是用银块结算，这样一来中国的白银外流情况更为严重。

中国的对英贸易以 1827 年为分界线，由从前依靠出口茶叶达到出超，变为因鸦片进口而转为入超。这种势头一直没有停止，到 1837 贸易年度（7 月—次年 6 月）时进一步失衡，中国变成了大幅入超。如图表所示，很明显这起因于鸦片。

鸦片战争爆发不久前中国和英国之间的贸易情况

中国→英国	英国→中国
茶叶 2390	鸦片 3376
丝绸 513	丝绸制品 1641
其他 244	金属制品 620
合计 3147	合计 5637

注：1837 年 7 月—1838 年 6 月的英方统计，单位为英国货币 1000 英镑

鸦片战争与东亚

没收鸦片

1838 年底，道光皇帝终于采纳严禁派的意见，任命林则徐为钦差大臣。1839 年 3 月，林则徐按照计划刚一到广州赴任，就通告外国鸦片贸易商限期呈缴鸦片。如果坚决实行严禁措施的话，就难免引发战争。通告发给了英国驻华商务总监义律。由于当时中英两国间尚未建交，无法直接沟通，因此只能由中间人，也就是经清政府特许的商人（公行）代为传递。

5 月，义律在收到林则徐的通告后，命令以英国人为主的

鸦片贸易商将手头现有的 20291 箱鸦片全部交出。比起本国商人的利益，义律优先考虑的是改善对华关系。

每箱鸦片都装有如幼儿头颅般大小的 40 个粗鸦片，重量约为 64 公斤。外国鸦片商人手头所持的这些鸦片总量约为 1300 吨，这个数字超出了这个时期一年的输出总量。如果按照零售价格来算，这将是不可估量的巨额交易。

清朝一方在"虎门"村的海滩上挖出大坑，将鸦片和生石灰混在一起投入坑中销毁。这被称为"虎门销烟"。鸦片销毁时出现白烟升腾的景象，看起来很像是在焚烧，但事实上这是一种化学分解式的"废物处理"。鸦片贸易商希望看到鸦片在搬运过程中遭暴徒哄抢的场面，然而整个行动过程井然有序。

发生在 1839 年秋的三次交战

驻华商务总监义律向英国的外务省报告了这次鸦片销毁事件。这份书面报告送抵伦敦的时间是 1839 年 9 月底。依照当时的通信手段，从中国送信到英国最短也需要 3 个月时间。因为当时苏伊士运河尚未开通，所以这是一条依靠陆路相连，再通过水路途经地中海的线路。

1839 年 9 月，在清朝发生了两次交战事件。也就是在刚才提到的那封书信抵达伦敦不久前发生的。9 月 4 日，英国军舰窝拉疑号向清朝的兵船开炮。9 月 12 日，清军炮台将一艘西班牙船只误认作英国鸦片贮存船弗吉尼亚号而发炮。

11 月 3 日，英国军舰皇家撒克逊号沿广东湾逆流而上，向清朝官船开炮。而此时义律并没有接到英国政府的政策决定通知。这艘军舰装备有 50 门大炮，击沉了 3 艘中国船只。英国的大炮打赢了中国。这三次交战事实上拉开了鸦片战争的序幕。

决定出兵并制订作战方案的人

而另一方面，英国接到义律发来的书信报告后，立即于 10 月召开内阁会议。内阁会议是在主张对外扩张的外交大臣巴麦尊（Palmerston）的主导下进行，很快就做出了对华出兵的决议。因为他们知道一旦就此失去鸦片市场，便会危及印度殖民地的税收，也就会给"不列颠治世"带来巨大的隐患。

随后，内阁指示制订作战计划。由于英国海军甚至还没有完全掌握中国近海的海域图，因此制订作战计划的工作由"东印度·中国协会伦敦委员会"主导。说是委员会，其实就是大鸦片走私商怡和洋行的创始人威廉·渣甸（William Jardine）。他预感到事态将急变，便回到英国进行游说和请愿活动。依靠他多年鸦片走私的经验，他是唯一一个除了中国近海地图，还拥有清政府炮台设置地点等详细地图的英国人。

在这份作战计划中，由于主要军舰均为帆船，需要充分利用季风，因此他将 4 月到 11 月这段时期定为在中国海域行动的时间，并且详细列出所需船舶、大炮的数量以及士兵的人数等。另外，作为战术，他指出切断中国方面运送食盐和大米的路线十分重要，并且在此阶段已经列出了战后向清政府提出的七项要求，甚至写明了五大港口开港，以及割让一个或数个岛屿的要求。

在英国议会遭到反对

出兵、开战由内阁执行，其经费一般控制在常规固定支出经费的范围内。可是，一旦发生大规模的战争，就需要临时增加预算，这就必须通过议会的承认。在 1840 年 3 月举行的议会上，议员们围绕着临时预算展开了激烈的争论，最终，政府提案在下议院仅以 9 票之差获得通过。

英国派遣军到达

英国派遣的第一批军队出现在广东洋面的时间是 1840 年 6 月，比当初预定的到达时间推迟了 3 个月左右。有军舰 16 艘，运输、医疗等船只 32 艘，以及陆军将士 4000 人。迟到是因为他们将商船改为军事编制，在印度让印度殖民地本土士兵西帕依登船花费了一些时间。英军很快确定以长江口外的舟山作为战场，但战况并没有他们想象的那么顺利（第一期）。

战争持续了两年多

战争超出了英方的预想，持续了两年多时间。1840 年秋，战场转移到南部的广东省，直到 1841 年夏天，双方一直处于胶着状态（第二期）。这个阶段进入地面战争，但清朝的正规军多是回避战斗，反而是广州的渔民和农民拿起武器展开游击战与英军对抗。当时民间流传的一首民谣唱道："百姓怕官，官怕洋鬼，洋鬼怕百姓。"

英国保持制海权，于 1841 年 1 月占领了香港岛，并将其作为永久居留地，宣布香港政府成立。接着，英国本土和印度派遣的援军到达，蒸汽式军舰复仇女神号也抵达战场，但是战况并没有取得好转，1841 年秋天，战场再次转移到长江下游一带（第三期）。英国派遣军队的人数总计超过了 2 万人。

英国海军封锁长江下游，沿长江逆流而上，于一年后的 1842 年 5 月，掌控了长江的航行权，最后控制了大运河与长江的交汇点镇江，于 7 月逼近中国的第二大城市南京。镇江是物资搬运的据点，占领这里就阻断了"南粮北调"的流通路线，清朝就无法向京城北京运送物资。北京是一个巨大的消费城市，单靠周边华北地区的粮食供应，无法满足生活所需。

南京条约

1842 年 8 月 29 日，英军把清朝钦差大臣耆英等人叫到停泊于南京长江江面的英国旗舰康沃利斯号上，签订了《南京条约》。作为对清政府的"惩罚"，英国要求中国：① 赔偿 2100 万银元；② 割让香港岛；③ 开放五口通商口岸（由南向北依次为广州、厦门、福州、宁波、上海）。

赔款包括军费赔偿 1200 万银元，总额为 2100 万银元。其中的 1500 万银元分 6 次延期付款。原因是清朝国库里没有现金银块用于赔付。最后一次的付款期限是 1846 年 1 月，在交付这笔赔款之前，英军一直驻扎在舟山岛。舟山是英军的战略据点。

没有鸦片条款

《南京条约》中没有战争爆发的导火索——鸦片的相关条

款。鸦片贸易量仅在 1839 年一年出现了骤减的情况，战争过程中又再度猛增，战后的交易量更是进一步增加。在《南京条约》签订不久前，双方代表达成默契，商定在条约中不涉及鸦片的内容，但秘密约定清朝衙门不对鸦片走私采取任何措施。如此一来，鸦片贸易变成了"公开走私"的状态。

鸦片贸易进一步猛增，但仍然属于条约上所说的走私状态。以亚罗号事件为开端，第二次鸦片战争（1856—1860 年）爆发了。战争期间，鸦片贸易于 1858 年签署的《中英天津条约》的另附专条中，以收取关税的形式首次"合法化"。

两次鸦片战争并没有使鸦片贸易走向终结，反而使鸦片贸易增多，加强了英国对印度、香港等地的殖民统治。自产业革命开始过了 100 年后，英国终于打开了中国这个庞大的市场，也开始将它所生产的其他工业产品出口到这里。

战败条约

欧美列强还没有那么大的实力将亚洲各国全都变成自己的殖民地。有没有什么办法可以既不像治理殖民地那样花费巨大，也不用承受来自殖民地人民的强烈反抗呢？ 1842 年签订的《南京条约》就是能够实现这个愿望的最早的一个条约。以白纸黑字签署而成的"契约"形式，束缚这些亚洲国家。

我给这样的契约取名为"战败条约"。战胜国对战败国实施"惩罚"是当时的国际政治，是国际法的习惯。"惩罚"的具体表现形式是赔款、割让领土（香港岛），此外还有五口通商等。

开放上海港

在开放的五大港口中，上海位于最北部，这座城市后来发展成为中国最大的城市。这里地处天然交通要道长江与直通首都北京的大运河交叉的三角洲地带，是全国流通的据点。而且，黄浦江沿岸还拥有绵延 40 多公里的漫长港口。由于鸦片战争中上海并没有较大的战事，所以这里牵扯的政治性问题也比较少。英国方面派遣的驻上海领事巴富尔（George Balfour）于 1843 年一到任，就立刻将当地的地方官上海道台拉入己方阵营。

取得了战争胜利的英国确定了以上海为贸易港，以香港为军事据点的方针。上海和香港如同英国统治东亚马车的两轮，都具有重要的意义，而对英国商人来说，扩大上海的贸易是最大的目标。

中英贸易的主要商品是鸦片，上海的进出口贸易也是如此，在初期鸦片以压倒性比重占据首位。鸦片按条约来说仍属于走私品，为了保证这些昂贵商品的安全，鸦片交易没有上岸，仍然是在贮存鸦片的趸船上进行。鸦片卖家带人鉴定白银的真伪，鸦片买家带人品鉴鸦片的质量，这种形式没有改变。

郭士立见闻

《南京条约》的赔款全额付清后，英国驻军撤退。此时，担任香港总督（英国殖民地最高责任人）翻译的郭士立向总督呈报了一封信。信中对鸦片战争后，位于清朝周边的朝鲜、日

本、暹罗（现在的泰国）和安南（现在的越南）四国如何反应
进行了现状分析，展望了未来英国的外交。

英国通过战争与清朝建立了关系，那么周边四国在得知
战争的消息后就应该了解到英国的强大军事实力。能否不发动
战争，通过外交手段和平签署条约？这是郭士立考虑的主要问
题。他认为在这四个国家中，经济（主要指商业）发达的日本
最有可能答应签约的要求。下面我们就来看看郭士立是如何看
待日本开国的可能性，以及他对日本的分析和展望。

> 如果日本不采取锁国政策而是一直开国的话，那么
> 日本人就是亚洲值得骄傲的最大航海者和贸易商。这种
> 能力虽然遭到铁腕的阻挡，但它并没有被抹杀掉。日本
> 通过荷兰这唯一的途径获取世界上的情报信息，不断了
> 解世界上的新发明。只要这种精神占据主导地位，就可
> 以使政府撤回违背大众意志的锁国政策，这应该不是一
> 件很困难的事情……

> 日本人从出入乍浦的中国船只以及从琉球人那里很
> 快就获得了英军占领舟山的情报。幕府察觉了这个不受
> 欢迎的事件，意识到从舟山到日本距离很近，只需航海
> 数天即可到达，敌人不久就会逼近自己的都城江户……
> 鸦片战争及战争的结果，在江户人尽皆知。日本人对鸦
> 片战争的记忆犹新，如果我们不努力只是浪费时间的话，
> 他们的记忆就会逐渐淡漠，失去了意义……

> 我们应该选择的通商口岸是大坂和江户，加上南部

的萨摩和北部的仙台或加贺。在这些港口所进行的贸易价值高、范围大，而且这些地方的商人很富有，商品丰富，他们应该会接纳英国商船……日本是一个文明国家，应该会消费英国产的商品，我们的贸易在这里十分重要。即便现在我们不能马上开始这样的贸易，也应该逐步扩大……

日本人清楚地知道与英国开展贸易将会产生何种利益，他们具有这方面的明确判断力，自己就可以想明白，不需要我们做过多的说明……日本人对于外国的语言和各种科学发明抱有极高的兴趣。日本人不喜欢撒谎，他们应该会讲真心话，对商量好的内容诚信守约。日本人喜欢勇敢的国民。他们会认为英国人是称霸陆海的民族而对英国人大加赞赏……

我们从中国撤军的时候，理应向以上四国派遣和平谈判的使者。军人和军舰可以在当地调配。届时，最好先向日本派出一艘或两艘蒸汽式军舰。向日本炫耀蒸汽式军舰，是让日本政府意识到我们拥有各种手段的最好方法。

郭士立的这份提案，出于种种原因，并没有被英国运用在外交当中。不过这种"和平交涉论"通过传教士的传播，成为欧美列强的共识。由于鸦片战争持续时间较长，造成军费开支增加，英国国内掀起了反战论调。考虑到这方面的因素，即便是超级大国英国也很难经得起再度爆发战争，而对其他列强来说就更为困难了。如何能在既不招人反感，又少花经费的前提下签署有利的条约，这便是郭士立的提案。美国人在确定对日政策时沿用了这种想法。

第八章　日本开国与亚太世界

　　郭士立考虑的日本开国的可能性可谓极其具体。之所以能够做出如此具体的判断，是因为他很久以前就开始搜集日本情报。他的主要情报一方面来自有在长崎荷兰商馆居住经验的一些人的记录和日本论；另一方面来自在广东和澳门发行的月刊《中国丛报》——郭士立和裨治文（1844 年担任中美《望厦条约》谈判时的美方翻译），以及后来作为佩里顾问兼翻译来到日本的卫三畏等很多传教士都参与了这份杂志的编辑工作。

　　这些关于日本的情报不仅限于贸易，而是涉及政府组织、经济、年号、日语、动植物、气候等所有方面。其中自然也不乏误解，接下来我们通过三段引文，了解一下他们是如何看待日本的。

外国人眼中的日本政体

我们首先来看看居住在长崎（1823—1829年）的德国人西博尔德的著作《日本》（*Nippon*）开头的一句话。这本书出版于1832年，1848年出版了英语节译本。

> 日本是1543年由葡萄牙人偶然发现的。当时日本已经是拥有2203年历史的一大强国，它经历了106代，几乎是在一脉血统的统治下延续至今。

这种"善意的误解"是西博尔德依据荷兰语翻译美马顺三的《日本古代史考》（《日本书纪》的荷兰语节译）而产生的。自神武天皇开始算起，加上源赖朝以来的将军，第106代正好是西博尔德撰写《日本》时期的将军德川家齐。

对当时的基督教国家而言，没有接受基督教恩典的国家都不是文明国家。不过，西博尔德认为日本是打破人们常识的一个例外。《日本》是这位在日本生活了6年的作者所著，是一本值得信赖的著作，也对其他国家日本观的形成产生了巨大的影响。

两位皇帝

第二是日本的统治者究竟为何人的问题。前文引用的那段文字中记载，日本经历了从天皇到将军的传承，统治者延续了106代。可是，不管是坎普法还是西博尔德，抑或是佩里，都做出了如下解释：

日本的制度十分特别，皇帝同时有两个人。其中一个是世俗性的皇帝，而另一个则是宗教（圣职）性的皇帝。（《佩里舰队日本远征记》）

可以说这是类似于欧洲国家国王和教皇之间的关系的观点。当时的西方列强通过与中国交往的经验认识到，签署条约的时候需要与谁交涉是一个非常重要的问题。美国总统的亲笔信是写给"日本国皇帝"（Emperor of Japan）的。由于受理这封书信的是幕府，因此德川将军被置于"皇帝"的地位。

关于江户城

再来说一个，关于江户城，土佐渔民约翰万次郎做过一些介绍，这些内容尤其能代表美国的日本观。约翰万次郎 15 岁的时候，遭遇暴风雨漂流数天后被美国船只救起，在美国等地生活了 10 年。1851 年，佩里率舰抵达日本之前，他强行回到日本，受到幕府机关的审问。其间，他陈述了以下内容：

其他国家都对江户给予高度评价，认为它是世界上最繁盛的地方，外国人都想来参观……江户、北京和伦敦这三座都城是世界第一的繁荣之地。

关于江户的城市化发展，西博尔德的《日本》中也有高度评价，比《日本》早约 100 年的坎普法著《日本志》（1727 年出版）中也有详细的记录。

幕藩体制与锁国

江户（德川）时代自 1603 年德川家康在江户建立幕府算起，至 1867 年大政奉还（德川将军还政于天皇）为止，持续了 265 年。幕府是武家政权，与效忠于将军的藩国领主"大名"联合实行政治统治，称为"幕藩体制"。

幕藩体制是一个相当复杂的政体，这种体制正是江户时代的基本形态。第七章论述了同一时期亚洲四大帝国的情况，我想再补充以下几点内容，以探讨日本与四大帝国的相似点和不同点。

幕府官僚旗本

首先来看一下作为幕府直属家臣、官僚的"旗本"——狭义上指具有面见将军资格，能直接参见将军的高规格家臣，以区别于那些不能直接参见将军的"御家人"，不过广义上把以上两种家臣合在一起称为"旗本"。"旗本"小到只有一代人可以领取 100 石俸禄米的"御家人"，大到可领取多达 9000 石俸禄米的级别（超过 1 万石即为大名）。江户时代后期，可以直接参见将军的旗本约为 5000 家，其中 500 石以上的旗本大概有 1700 家。

级别低的旗本领取的 100 石俸禄，最初是指领取大米产量为 100 石的领地，从江户时代中期开始，一般指"藏米取"（从浅草的米仓领取糙米）。将 100 石俸禄按照当时"四公六民"的税收政策来计算的话，实际上只能拿到 40 石糙米。再把这些糙米精制成白米的话，能够拿到手的实际分量只有总量的 85%，也就是 35 石左右，如果用装米的麻袋"俵"来计算，约为 100 俵。这些旗本的生活需要现金，他们预留出自家食用的米量后，把剩余的大米按照 1 石 1 两钱卖掉，换回的现金用于购买衣物、味噌、酒等物品，以及雇佣武士、家丁、女仆、男仆等，所以他们的生活并不宽裕。这些低级旗本住的地方一般跟着组长，位于宅邸街的一角。

俸禄 2000 石的旗本上层阶级，大多可以就任奉行。他们的实际收入大约为 800 石，折算成现金约为 800 两，包括 8 名武士在内，就算养 38 人也是绰绰有余。他们的宅邸大约 1000 坪 ①，有带门卫的狭长门厅，宅院内还有家臣居住的房屋。而 3000 石级别的旗本，必须有主人座驾等 7 匹马，建有 1600 坪的大宅院，有的还有别墅。

幕府的组织结构

幕府的上层组织结构图可以简单地归纳为下图。

其中不设"大老"的情况居多。大老不在的时候，老中主座（笔头老中）行使幕府行政首脑的职权，相当于现在的内阁总理大臣。初期主要是俸禄 1 万石以上的大名被任命担任此职，后来变成只能由 2.5 万石以上的谱代大名担任。德川政权下的老中有 145 人，其中担任此职位的俸禄 10 万石以上的大名较少，只有 23 人。

---

① 坪：日本计算房屋、建筑用地面积的单位，约为 3.3 平方米。

"町^①奉行""寺社奉行""勘定奉行"，这三种官职被称为"三奉行"，由它们构成了"评定所"（幕府的最高裁判机关）。除此之外，还设有畳奉行、膳奉行、长崎奉行、浦贺奉行等多种奉行职位。"大目付"隶属于老中，负责监视大名及老中以下诸官吏，其权限不仅是针对幕府家臣，甚至覆盖江户藩邸各藩武士。

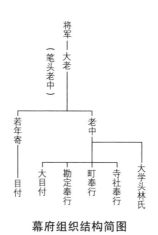

幕府组织结构简图

负责与佩里交涉的大学头^②林复斋比"町奉行"等诸奉行官职级别高。开始实行以职务定俸禄的"足高制"（1723 年）后，"町奉行"的俸禄是 3000 石。宽政改革设立了培养幕府官员的教育机构"昌平坂学问所"（1797 年），林大学头就任"总教"（校长），俸禄为 4000 石。

---

① 町：日本行政区划的名称，可指小规模的都市，也可指都市内小区域的划分。
② 大学头：相当于大学校长。

"町奉行"是掌管江户御府内民生（行政、司法、警察）的官署，南北各设一处，分别配置北町奉行和南町奉行，每月交替轮值。而商业方面的诉讼案，南町奉行所负责处理服装、棉花、药材等的问题，北町奉行所负责处理书籍、酒水、船运、木材等方面的问题。

町奉行还通过发布"町触"（布告）的方式，向民众下达法令，发挥着维持民生的作用。"町触"由 3 位"町年寄"传达给 250 名左右的"町名主"（社区负责人）。19 世纪的江户地区大约有 1500 个町，1 名"町名主"的管辖范围是几个到十几个社区。

町的居民有地主〔或"家持"（户主）〕、佃农、租户、佣人等区别。只有地主（也被称为"家主"或"大家"）拥有参与町内自治的权力，但事实上，很多时候都是由地主雇人替他行使权力。"家主"组成 5 人组，承担连带责任。这样便形成了"町奉行—町年寄—名主—家持—家主—店子（房客）"的体系。

幕府与诸藩的关系

幕府与各藩之间的权力及义务关系比较复杂，但财政、人事和兵役权是幕府作为武家政权的基本，可以大致归纳为以下 5 点：

（1）"改易转封"权力。幕府不用通过战争，就具有没收领主（大名）领地，或将其移去别处的权力。

（2）"石高制"。根据领主作为年贡征收的石高决定领地的土地生产力。大名中最少的有 1 万石收成，最多的像加贺那样甚至有 100 万石收成。

（3）"军役制"。是指旗本和大名需要储备与之石高相匹配的军备力量，一旦幕府发号施令，他们就有义务出兵。比如，1 万石的大名需要提供骑马武士 10 人、长矛 30 支、弓10 张、步枪 20 支、旗帜 3 杆等，共计出兵 225 人。而 5 万石级别的大名平时则需要维持 1500 人的军备力量。

（4）大名"参勤交代"。始于 1635 年，是发动军役的一种形式。这是让半数左右的各藩大名常驻江户，负责守卫京城。因此，大名每隔一年就有义务在江户停留一年，住在江户宅邸（较大的藩有上、中、下三个宅邸）。

（5）"普请役"。幕府责令大名承担的一种土木工程军役。

幕藩体制的特色

全国的总石高约为 3000 万石，其中，幕府直辖领地的收获量仅有 400 余万石（占一成多）。由于幕府要拿这些财政收入来维持行政经费，因此可以说幕府的财政基础是十分脆弱的。而弥补这一不足的正是军役制、参勤交代和普请役等政策。

幕府与各藩（大名）之间长期以来维持着和谐关系，各藩的安定也意味着幕府的稳定。在政治、财政及军事等各个方面，幕府的稳定建立在各藩安定之上，同时各藩的安定是在幕府的稳定之下实现的。这种幕府与各藩之间的关系可以说是一种完美的"地方分权"形式。

这种幕藩体制不仅与欧洲的政体不同，与我们在第七章中看到的亚洲四大帝国的政体也相去甚远。在亚洲四大帝国中，皇帝代表着绝对的、唯一的权力和权威。而与此相比，在日本，作为中央政权的幕府则是与代表地方权力的各藩大名之间和谐相处，采取"分权"体制。

比较政体论

说完地方分权，我们来看看"两个皇帝"的问题。欧洲的"政教分离"已经是既定事实。欧洲人认为宗教是个人信仰的问题，与政治无关，他们将新政体"民族国家"视为最高目标。

亚洲四大帝国不可能出现"两个皇帝"并存的现象。因为所有权力和权威都集中在皇帝一人身上，绝对不会出现一分为二的情况。

而在日本，存在着世俗性的"皇帝"和宗教（圣职）性的"皇帝"，他们分别代表着"权力"和"权威"（比宗教性权威范围更广泛的一种权威）。1615 年，幕府为了削弱朝廷的权威，确立了《禁中并公家诸法度》[①]，但最终幕府也没能确保其行为具有的象征性，也就是说没能确保获得权威。

具体来说，幕府最终没能掌握始于 8 世纪律令制度的那些官位和官职的授予权，将军、大名和幕府阁僚都是从朝廷那里接受的官位和官职（从三位、伊势守等）。幕府把"权威"交

---

① 《禁中并公家诸法度》：江户幕府确立的幕府与天皇及朝廷贵族之间关系的法例。规定天皇的活动限于研究传统文学及执行礼仪，公卿的委任必须经大将军同意，将军有权干涉皇家婚姻等。

给朝廷，自己行使"权力"，与各藩保持着和谐的关系。

幕末维新的权力交替

通常情况下，"权威"并不显露于表面。可是，一旦发生非常事件，导致"权力"出现裂痕，隐藏在内部的"权威"就开始发挥作用。到了幕末，幕府与各藩之间的和谐关系瓦解，对立关系凸显，这时候朝廷问题便浮出水面。幕府与朝廷的关系"如同火山岩浆一般"，也就是说，谁拥有"权威"（正统性）这个问题喷涌而出。

在这种"权力"混乱的状况下，"权威"便处于"权力"之上发挥作用，幕藩体制摇摇欲坠，德川将军向天皇"大政奉还"，这成为幕末至明治维新（1868年）这一时期政治变动的核心内容。

由于"权威"占据上位，"权力"交替的焦点就在于谁拥有"权威"。围绕这个最大的焦点，幕末时期的日本摸索出几种政体论，但这些都仅限于政策方面的论争，伴随着权力交替的内乱在很短的时间内就结束了。

权力混乱一旦出现长期化趋势，来自外国的干涉一般就会加强。从德川政权向明治政权转换的过程中，没有触及作为对外关系象征的条约（《日美和亲条约》和《安政五国条约》），而是直接继承了原有条约，得以将外患控制在了最小限度。

江户时代的框架

德川政权完美谢幕，退出了历史舞台。这次政权交替在各个层面都进行得十分顺利，最大限度地避免了混乱，并维护了积淀下来的物质、文化基础，保持了对外关系。幕府填补了新兴的萨长州势力以及明治政权所不了解的部分，完成了一个长期政权的最后一项工作。

江户（德川）时代在其初期，就已经形成了基本的框架。不仅在最后关头，在最初也表现得十分完美。无论是幕藩体制，还是城下町及基础设施建设等城市开发，抑或是锁国政策都是如此。

同样，远离领地的武士生活方式、以大米为基础的实体经济"石高制"、饮食习惯多样化（变为同时食用大米和江户前①海产品），以及包括"すい""いき"②在内的审美意识和工艺技术等文化体系，基本上都是在江户时代中期以前形成的。

从近代到当今的日本文化，其基础都形成于江户时代，甚至有人说"明治只不过是依靠江户时代的遗产而存活"。那么，究竟是不是这样呢？我们从被人们认为是日本开国前提的几个问题出发，来思考一下江户这个时代。

家康入府时的江户

江户城濒临江户湾，是在关东平原（三角洲）发展起来的。德川家康入府（1590 年，天正十八年）时的关东还只是

---

① 江户芝、品川等地的近海，江户前面的海之意。

② 这两个词的汉字都是"粹"，是江户时代代表上方地区（大阪和京都）和江户地区（东京）市民文化的美学意识，读"すい"时表示纯粹、精湛等，读"いき"时表示举止有度、外表精致、有魅力等。

一个穷乡僻壤之地，唯一的优点就是地广人稀。其东面临海，海岸形成了一片茅草荒原，西南则是绵延至武藏野的萱草荒原，完全没有肥沃的良田。

德川家康凭借其消灭小田原北条家族的功绩，以家乡三河（爱知县）的领地从丰臣秀吉的手中换取了北条家族的旧领地，即武藏、相模等关东八国的广大领地，共计240万石。这相当于现在的首都圈。

家康并没有考虑直接进入现成的镰仓或小田原城堡，而是执意以荒草丛生的江户作为大本营，是考虑了其地缘政治学方面的有利位置。江户城由太田道灌建造，家康入府时的江户城只是北条家族所在的小田原城的一个支城，没有石头围墙，房顶只有木板或茅草，十分简陋。当时的江户町是一个长约3.7公里、宽约1.3公里的长方形，面积大约4.8平方公里，比小田原小。

城市开发

江户的开发存在几个问题。只要解决了这些问题，这片广阔的领地就会变成一块宝地。如何因地制宜地利用江户的地形和自然环境？环抱着关东平原的山脉是最大的防护屏障。利根川等水系通过治理可以成为有用的河川，也可以用在水运方面。如果能够开发出新田，那么河流的水资源就可以多次利用，实现大米丰收。海面平稳的江户湾（江户港）不仅适合海产渔业发展，海运也十分便利。周边地区森林覆盖率高，可以提供丰富的建筑用材和燃料。这里属于海洋性气候，温暖湿润，非常有利于大规模城市发展。

从德川家康入府到德川政权诞生的 13 年间，实施了艰苦的城市开发计划。据说在德川家康之前，江户城的建设理念来源于中国"四神相应"的思想。东方青龙（河川）为中川，南方朱雀（洼地或湖海）为江户湾，西方白虎（大路）为东海道，北方玄武（山地）为麹町台地。

城市的基础设施建设

德川家康彻底放弃了"四神相应"原则，基于一种全新的思想重新构思城市建设方案。他以江户城为中心，就像写假名"の"字那样，在周边分别设置了谱代大名区域、外样大名区域、旗本及御家人区域、町人区域，并且还根据需要在一些地方设置了寺院和神社。具体的城市基础设施建设主要是以下四个方面：

（1）土地利用情况。1638 年，江户城的五层桃山风天守阁完工，以此为中心划分了武家区域、寺社区域和町区域三个部分。江户后期，武家区域约占七成，由通过台地的街道和来往道路向下方延展。剩下的大约三成左右则一分为二，平分成寺社区域和町区域。町区域建造在山谷间的低洼地带。

（2）五街道及往返道路网的整备情况。道路穿过台地的山脊，通往全国各地，是人员、信息、物品流通的基础交通、信息渠道。道路管理主要依靠沿途各村提供的劳动服务，称为"助乡"。

（3）水系整备情况。整改水路，供应自来水。神田自来水设备建成于 1615 年以前，玉川自来水设备于 1654 年建成。另外，河川被作为水运线路加以利用，连接了关八州和江户。

（4）江户湾海面平稳，潮水涨落幅度很小，是江户前的海产丰富的渔场，同时发挥着缓和江户的温度和湿度的作用。这里被建成全国性的海运中心，被打造成了依托河川和江户湾的"水都"江户。

大江户的诞生

1615 年，日本开始实行一项新制度，要求武士离开自己的领地，集中居住在城下町。德川家康在大坂夏之战中消灭了丰臣家族，随后便颁布"一国一城令"，将各地的城堡进行了统合、废弃，积极推动武士集中住进城下町。其中最大的城下町就是将军和幕府的所在地江户。

城下町是进入近世后形成的独特的城市化类型，当今日本仍然延续着这种形式。正如我们在第一章中了解到的那样，城市化在亚洲率先进行，进而扩展到欧亚大陆。这些大陆型城市原则上都是用城墙围拢起来。城内是城市，城外则是农村。因此，即使想要发展城市，也会受到城墙的阻碍。碰到必须向外发展的时候，就只能摧毁原有城墙，然后在外侧构筑新的城墙。

与此不同，近世日本的城下町则是在城堡下方（外侧）建设城市。由于外侧没有城墙，城市可以向农村无限扩大。近世城市的格局就是如此，没有必要修建城墙来抵御外敌。城下町的外缘是河流、丘陵、森林和山脉，保留原有的自然状态就可以。

江户的房屋为木质结构，每到冬天便火灾频发，这甚至被称为"江户盛景"。1657 年，明历年间发生的大火灾把江户城内半数左右的房屋化为灰烬。灾后重建家园需要大批的木材，江户就此扩大发展成为大江户。寺院神社区域被移到了郊外。

按照 1690 年的地图所示，大江户的范围是从江户城向东约 3.2 公里，向西约 8 公里，向南约 20 公里，向北约 16 公里。到 1818 年时，范围进一步扩大，现在东京都所辖的 23 个区中，当时已经大致包含了 15 个区。作为边界的是 4 条河流。总面积大约为 220 平方公里，是同一时期的伦敦、北京面积的 3 倍以上。

坚决实行锁国政策

幕府的锁国政策是阶段性完成的。1624 年，幕府禁止天主教国家西班牙（España）的船只来日。1635 年，从禁止天主教的宗旨出发，禁止日本人出国，同时也禁止在国外的日本人（尤其是居住在东南亚日本人村的日本人）回国。1639 年，又禁止天主教国家葡萄牙船只来日。最终在 1641 年，幕府将荷兰的平户商馆迁往长崎出岛，至此全面锁国。

其结果，确立了依靠长崎奉行在交易所进行贸易，提供并翻译外国情报的制度。能够进入日本的船只只有开往长崎出岛的荷兰商船和同样开往长崎的中国商船。两国的商船定期来日，在幕府的监管下开展贸易。这两个国家被称为"通商之国"。另外，在虾夷（北海道的古称）地区，也有同阿伊努人及山丹人的贸易。

幕府并没有因为锁国而切断了所有对外关系，而是经对马与朝鲜、经萨摩与琉球保持着友好关系。幕府称朝鲜和琉球为"通信之国"（意为"相互信任而交好"），并将两国的使臣邀请到江户。长崎、对马、萨摩和虾夷四个地方通称为"四个窗口"。除此之外，其他国家的船只都算是外国船。

远离战场的武士

关原之战（1600 年）后，德川氏通过镇压岛原之乱（1638 年）结束了内战，又依靠锁国政策的全面实行远离了对外战争的危机。武士们离开了自己领地所在的农村，集中居住在城下町，依靠书信指示领地的村吏征收地租等。

武士的各种指示通过书信这种信息手段得以贯彻。写信的人一定会把自己的书信内容留底备份。收信人必须正确理解书信内容，然后回信，还必须做好成本计算、收成的中期汇报等工作，正确掌握收获量。这就需要识文断字、会打算盘算账等能力。于是，寺子屋 ① 得以发展起来。

通读四书五经是武士所接受的基本教育。另外，武士还要读懂汉文的内容，并且书写汉文。只要有了这个基础，读写和文就不会十分困难。据说当时农村的村方三役 ② 及城市的居

① 寺子屋：日本江户时代寺院所设的私塾。
② 村方三役：指明主（村长）、组头（明主的辅助者）和百姓代（村民的代表），是日本村落的日常行政管理机构，承担传达命令、收取年贡、劝农、土木工程、维持治安等任务。

民只要在平、片假名 50 音的基础上再掌握 100 个汉字，也就是说只要总共学习 200 个字（相当于英文字母大小写的 4 倍）就足够使用。就这样，他们以识字率很高为耀。

武士们本是一个以争战为天职的士兵集团，以"武功忠勤"为本分。而如今不再有战争，他们居住在城下町内，作为官僚开展工作，这就要求他们必须重新认识自身的存在意义。于是他们为了应对社会变化开始了思想重建。

禅宗曾经是中世时期武士的信仰，而此时，儒学开始从禅宗中独立出来。藤原惺窝（1561—1619 年）与弟子林罗山（1583—1657 年）等人开创了日本近世儒学，将形成于中国宋代的朱子学介绍到日本。由于并没有引入中国的科举制度及宦官制度，因此儒教被从科举考试科目的强制力中解放出来，人们也可以自由地读到朱子学以外诸子百家的汉文。

大学头林氏家族的作用

林罗山一方面批判佛教和基督教；另一方面在意识形态上与神道形成了同盟关系。由中国传入日本的儒教，从最初开始，就形成了与神道的亲近关系。用图式来解释的话，朱子学讲的是"性理"，相比于"忠"更重视"孝"。与此不同的是，林罗山强调人与人之间的感情，即"心理"的重要性，而且相比较亲子间的"孝"，更加重视对组织的"忠"。

不久之后的 1607 年，林罗山受到德川家康的赏识和任用，成为幕藩体制的精神支柱。起用林罗山，与其说是获得幕府庇护的"封建学问正统化"，不如理解为"使其承担政治性事务"，同时"提高家康等人的个人修养"。

事实上，继林罗山之后林氏家族代代相承，他们从正统意识形态的维持者逐渐蜕变，开始主要负责应对朝鲜通信使臣等对外关系方面的工作。宽政改革设立了培养幕府官员的机构"昌平坂学问所"后，林氏就任其最高负责人。这样一来，林氏的工作强化了广泛处理对外关系及培养官吏等的实务性要素。

锁国意义的变化

进入 18 世纪末，由北方而来的俄国船只、由南方而来的英国及法国船只等在日本近海出没的异国船只日益增多。继续维持锁国政策变得越来越困难。因为航海技术日新月异，世界贸易逐渐扩大，国际政治也发生了巨大的变化。"海洋国家"竭尽全力想要确立在世界上的霸权地位，加强海军力量成为这些列强国家的国家战略。

锁国政策的意义也发生变化。当初为了禁止天主教而限制的葡萄牙商船和西班牙商船已经不可能来日，而且日本国内的天主教动向也已经趋于平静，因此锁国政策的最大课题就集中在是否继续禁止日本人出国，以及是否为了禁止日本人出国而继续禁止建造和拥有远洋船舶（巨型船舶）。

世界上的各方列强都拥有大量远洋船舶，它们号称"海洋国家"，彼此间展开着激烈交锋。而此时，幕府的抗衡措施反而是加强对远洋船舶建造和拥有的禁令。这种举措不仅限制了各藩大名，对幕府自身也构成了束缚。幕府的政策朝着与世界趋势恰好相反的方向前进。

幕府的对外政令

这里的一大问题就是包括人、财、物在内的情报问题。在锁国的过程中，日本人如何关心世界形势，采取怎样的手段获取情报？又是用什么理论分析情报从而运用到具体的政策中去的？

大约从 18 世纪末开始，针对异国船只，幕府发布了对外政令。政令是面向幕府将军领地及沿海各藩发出的国内通报。虽然并没有向国外通报，但政令还是通过荷兰商馆传到了外国，外界将其理解为幕府的对外政策。

对外政令共有四个。1791 年的宽政令和 1806 年的文化令主要针对来自北方的俄国船只，是提供给俄国人所需的物资后令其返航的稳健政策。向东发展，途经西伯利亚走向太平洋的俄国商人最需要的是来自日本的粮食，并无其他意图。

而 1825 年颁布的文政令突然变得十分强硬，要求对一切外国船只"不容分说，全部驱逐"。发布此项政令的远因可以追溯到 1808 年英国护卫舰菲顿号突然侵入长崎港，不顾长崎奉行的制止强行登陆，抢走牛作为食物的"菲顿号事件"。菲顿号来日是拿破仑战争的余波，其目的是扯下长崎荷兰会馆的荷兰国旗，而并不是攻击日本。可是，他们不听从长崎奉行制止的行为，被认为是近似于"侵犯了国家主权"。

传入长崎的外国情报来自两种系统的"风说书"①。一种是

---

① 风说书："风说"是日语谣言、传言的意思。锁国时代的德川幕府规定在长崎入港的中国、荷兰商船必须向长崎奉行报告海外局势，这种报告书统称为"风说书"。

中国商船带来的"唐风说书",另一种是荷兰商船带来的"荷兰风说书"。前者是清朝政府的官报和见闻录的汇编之物,以汉文书写。后者则是在荷兰殖民地政厅所在地巴达维亚(现在的印度尼西亚首都雅加达)编写的荷兰语报告。幕府在长崎安排了唐通词和荷兰通词负责风说书的翻译工作。

关于鸦片战争的消息,"唐风说书"主要从清朝的立场出发,描述了战场的情况;"荷兰风说书"是以广东、澳门等地发行的英文报纸为主要信息来源,主要传递的是英方的态度。幕府通过这两种系统的风说书,客观地了解了鸦片战争,做出了有利的政策判断。

通过"荷兰风说书",幕府了解到英国赢得拿破仑战争胜利,掌握了世界霸权,还占领了新加坡,感受到来自超级大国英国的威胁。从这时候起,日本无论政府还是民间反英情绪都变得十分强烈。

从国外传来的鸦片战争消息与天保薪水令

紧接着在 1837 年发生了一次大事件。一艘外国船只抵达日本浦贺近海后,浦贺炮台对其进行了炮击。这是根据文政令(驱逐一切外国船只)而采取的行动。虽然命中了甲板,但由于破坏力较小,这艘船掉头撤离。这艘异国船在鹿儿岛也遭到同样打击后逃走。其国籍不详。

第二年,传入长崎的"荷兰风说书"如是描述:"对前来送还日本漂流民,在澳门避开了大炮袭击的非武装船只不管三七二十一就进行炮击,真是相当遗憾。"另外,这份报告还误以为这艘船是英国马礼逊号（其实是美国商船）。

这次事件发生在反英气氛正强的时候。为了实施报复，英国军队是否会大举来袭？事件发生后第三年，也就是1839年，"荷兰风说书"传来了清朝政府与英国围绕鸦片走私形成对立，后来林则徐没收鸦片，双方交战，最终英国取得全面胜利的消息。

后来关于鸦片战争的消息，就只来自中国商船的"唐风说书"。原因是荷兰船只为了避免通过战争海域都停运了。幕府的决策层从"唐风说书"中了解到英国占据优势。老中水野忠邦在写给亲信川路圣谟的书信（1841年1月21日）中提到了"唐风说书"中描述的英军占领宁波的消息（顺便提一句，宁波是派遣遣唐使以来日本船只的主要停泊港），感慨虽然是他国之事，但自己的国家也应该"以此为戒"，并对浦贺港防御体系的不完善表示担忧。

基于这些情况进行综合判断后，幕府撤销了强硬的文政令，取而代之的是提供粮食等补给的较为稳健的天保薪水令。这项政令发布于1842年8月28日，这天正好是鸦片战争的战败条约《南京条约》签署的前一天。

佩里来航及日本开国

1853年7月8日（嘉永六年六月三日，以下均使用西历），浦贺海面上出现了四艘黑船。这是一个骄阳似火的炎热下午，前一天的狂风暴雨就好像完全没有发生过一样。其中的两艘巨型蒸汽军舰密西西比号（1692 吨）和萨斯喀那号（2450 吨）是世界上最大、最先进的舰船，连超级大国英国也没有。它们冒着黑烟，在风平浪静的海面上自由自在地航行。

日美在浦贺会谈

浦贺炮台保持沉默，佩里舰队的大炮也没有开火。浦贺奉行所的两名官员乘着一艘小船，从包围佩里舰队的众多日本船只中间挤过去靠近舰队。这两名官员分别是与力[①] 中岛三郎助、荷兰语翻译堀达之助。堀翻译面朝巨型军舰，用英语大声喊道："I can speak Dutch!"（我会说荷兰语）

很快他就被带进舰内，见到了佩里的副官廉悌。他们用荷兰语开始交谈。第一次会面并没有发炮、交战。我认为这场日美会面意义重大。这是两个没有建立邦交的国家的首次会面，也是巨型蒸汽军舰与一叶小舟的相遇。日美双方都在事先尽最大可能收集和分析情报，以求政策上占据主动。

对日本开国的误解

19 世纪是战争的时代。一旦在战争中失败，就得被迫缔结"城下之盟"，签订战败条约，割地赔款。鸦片战争（1839—1842 年）的《南京条约》就是一个典型例子。更为严重的情况是甚至根本不用签订条约，而完全丧失了代表国家主权的三权（立法、司法、行政），沦为殖民地。印度和印度尼西亚就是这样的例子。

---

① 与力：日本江户幕府的一种官职，在城市中行使行政、司法和警察的职责。

首次接触却没有开炮、交战，这究竟是为什么？又为何不是英国，而是美国第一个登陆日本的呢？

一直以来，对幕府末期日本开国的理解中比较有影响力的是下面这种三段论法：

① 德川（江户）幕府无能无策；② 受到了来自佩里的强大的军事压力；③ 因此，《日美和亲条约》是一个极其不平等的条约。

强者向无能之辈施以重压，结果会是签订怎样的条约，这一点不言而喻。一定会是单方面受压，任人摆布，签署屈辱不堪的不平等条约。

幕府无能无策这种说法，在推翻幕府而建立的明治政权下，尤其是明治十至二十年代的后期，在主张修改条约的伊藤博文内阁执政时期愈演愈烈。当时的明治政府大肆宣传前政权（幕府）的无能无策，以强调修改条约的正当性。对于这种政治性宣传活动，现代人不可视其为事实而照单全收。

如果 ① 幕府并非无能无策，② 佩里的军事压力之说也并非事实的话，那么 ③ 的不平等条约的说法便失去了依据。

幕府事先得到的情报

与强烈的反英论及英国威胁论相比，幕府对美国和俄国抱有比较亲近的感觉。日本对待俄国一直采取的是比较温和的宽政令和文化令，而美国是列强中最后出现在日本的国家。天保薪水令颁布后的 1845 年，救助了漂流在海上的日本人的美国捕鲸船曼哈顿号驶入浦贺。翌年 1846 年，贝特尔提督率领美国东印度舰队的两艘军舰抵达浦贺海域，试探两国开展贸易的可能性，结果还没等日本拿出结论，美国与墨西哥便爆发了美墨战争（1846—1848年），贝特尔提督返航回国。

幕府与美国军舰的第二次正式接触是1849年3月在长崎进行的。美国东印度舰队的普雷布鲁号军舰以"营救"本国漂流民为目的抵达日本。因为据传之前漂流到虾夷地（北海道）的美国捕鲸船员现在在长崎。这个消息由荷兰船只传给巴达维亚的荷兰总督府，再经由香港的荷兰领事馆传给了东印度舰队。

因为幕府没有远洋航船，所以即便想要遣返美国漂流渔民也是束手无策。后来幕府想到通过荷兰船只遣返渔民的方法，便静等荷兰船只夏季入港。普雷布鲁号的舰长格林最早误以为美国人遭到了囚禁，后来经过与长崎奉行一番协商，顺利解决了问题。此番经历让幕府对美国抱有一份好感。

既然要与列强交涉，那么与哪个国家交涉为妙呢？幕府对此有一定的判断，他们认为美国是最好的选择。

1852年，"荷兰风说书"已经预告了佩里舰队登陆的消息。虽然登陆的具体日期并不明了，但提到了以"船将佩鲁雷"（佩里司令长官）为首的美国舰队已经在中国（海域）集结（事实上已经决定派遣，但尚未出发），并将于翌年来到日本缔结条约。

登陆地点是长崎还是浦贺，尚不知晓。长崎常年设有荷兰语翻译，但浦贺没有。于是，幕府将优秀的荷兰语翻译堀达之助派往浦贺。堀达之助在浦贺海面上最开始喊的那句英语，就是为了这一天而准备的。

派遣佩里的目的及形式

佩里被派到日本来，有几个复杂的原因。菲尔莫尔总统和代理国务卿在给佩里的指令的开头，写着以下三个目的：① 对在日本沿岸遭遇海难的美国船舶、船员、财产的救援与保护；② 日美两国间的自由贸易；③ 确保加利福尼亚与中国之间的定期蒸汽船航线上的煤炭储藏地。

这三点的确都是非常重要的原因。可是，为什么必须这时候派遣呢？这里面应该有海军内部的情况起到的很重要的作用。

1846 年，美国与墨西哥之间爆发了美墨战争，当时的美国舰队司令长官就是佩里。佩里早在 1837 年就出任美国海军第一艘蒸汽船富尔顿二世号的舰长，从那时候起，他就一直主张增强蒸汽船，被称为"蒸汽海军之父"。

面对美墨战争，佩里强调拥有大规模蒸汽军舰的必要性，并成功获得预算，向造船场订购军舰。然而，尚未等到蒸汽船完工，战争只打了两年就以美国的胜利而结束。墨西哥依照战败条约，向美国割让了加利福尼亚等西海岸的广阔领土。

我们看一看抵达日本的佩里舰队中的三艘蒸汽军舰的建造年份，可以得知萨斯喀那号建于 1850 年，波瓦坦号建于 1852 年。这两艘军舰都是在美墨战争初期订购的，战争一结束，它们就难免被说成是白白浪费钱财。因此，海军想要开辟出这些军舰的新用途。

佩里舰队一览表（1854 年）

船名	建造年	吨数	舰长（英尺）	船员数	火炮数
蒸汽动力军舰					
*萨斯喀那号 Susquehanna	1850	2450	257	300	9
波瓦坦号 Powhatan	1852	2415	253	300	9
*密西西比号 Mississippi	1839	1692	229	268	10
船帆动力军舰					
马其顿号 Macedonian	1832	1341	164	380	20
*普利茅斯号 Plymouth	1843	989	147	210	22
*萨拉托加号 Saratoga	1842	882	146	210	22
温达里亚号 Vandalia	1828	770	124	190	20
运输船					
南安普敦号 Southampton	1842	567	156	45	2
列克星敦号 Lexington	1826	691	127	45	6
补给号 Supply	1846	547	141	37	4
合计		12344		1985	124

资料：Pineau 1968。

注 1：带 * 标记的 4 艘是第一次抵达日本时的舰船。普利茅斯号第二次没有同行。

注 2：幕府对佩里舰队的构成逐一掌握，并在最后一艘补给号抵达日本时制作完成了一览表。

美国取得战争胜利后拥有了西海岸，进入了能够眺望太平洋彼岸的新时代。"终有一天需要开辟连通北太平洋的航路""自由贸易也将繁盛"，如果主张这样的名目，给东印度舰队配备最先进蒸汽船就有了理由，海军也就可以避免削减预算了。

束缚佩里的限制性规定

佩里的任命形式在美国外交上属于特例。通常情况下，派遣缔结条约的使节是由国务院负责。而佩里是由菲尔莫尔总统任命为海军部管辖下的东印度舰队司令长官，并接受了与日本交涉条约的指令，作为海军作战行动的一环。

美国宪法规定，交战权（宣战布告权）不属于总统而属于上议院（参议院），因此佩里从代理国务卿康拉德手中接过了总统"禁止开炮"的最高指令。英国实行议会内阁制，内阁拥有交战权，而美国与英国不同，美国的政府与议会相互监督，要实行"炮舰外交"十分困难。

另外，菲尔莫尔总统并没有经过选举。他是作为泰勒总统的副总统而当选的。由于泰勒总统在任期内去世，按照宪法规定，菲尔莫尔直接晋升为剩余两年多任期的总统。他是辉格党（共和党前身）成员，而议会多数派是民主党。即便佩里不情愿，也必须遵守"禁止开炮"的命令。

佩里到来之前

已经 58 岁的佩里并没有立刻答应对他的非正式任命。因为东印度舰队的前任司令长官奥利克曾是他的部下，所以他无法轻易接受成为老部下的继任者。佩里提出了几个条件，在此基础上方才接受了任命。

佩里不再犹豫的原因，恐怕有以下两个。其一是他的气魄与自负，他认为"能够打开世界上最古老国家门户的人，理应是最年轻国家的子民——美国人"。而海军提督能够碰上这样的机遇，实属千载难逢。其二是佩里是一位很专业的植物收藏家。日本闭关锁国，植物杂交很少，是植物新品种的宝库。

佩里乘坐着密西西比号舰船于 1852 年 11 月 24 日从美国

东海岸军港诺福克出航。舰队南下大西洋，绕过非洲南端的好望角后继续北上。蒸汽船的燃料是煤炭，载煤船法纳尔大厅号先行一步出发，在塔布尔湾为军舰补给淡水和煤炭。美国的补给线到此为止。

进入印度洋后，佩里舰队就只能从英国的蒸汽邮船公司P&O公司的煤炭贮存所购买。英国对进入自己势力圈海域的美国舰队漫天要价，并对其冷嘲热讽。

不仅是煤炭，粮食、炊事燃料的保障也是很大的问题。在没有肉类冷冻、冷藏设备的那个时代，必要的牛、猪、羊、鸡等家畜家禽，只能在军舰内饲养。因此，饲料也就必不可少。

佩里舰队绕行了地球的3/4，历经137天后终于在1853年4月7日到达香港，接着又马不停蹄直奔广东。此举是为了确保找到日后所需的翻译。

翻译的问题

翻译是最重要的问题。出国前，佩里就曾经考虑过使用何种语言与日本交流，他首先排除了英语。因为佩里担心日本人会以听不懂英语为由，让他吃闭门羹。佩里事先得到消息，说日本人（官员）所使用的外语是荷兰语和汉语（汉文），于是他考虑用日语来进行日美交涉。不知道是该称之为大胆，还是该视之为鲁莽呢？接着，佩里马上开始寻找能够熟练使用日语的美国人，不久就选中了传教士卫三畏。卫三畏41岁，在中国已有20年的传教经验，他还是活版印刷的技师。佩里唯一看中的就是这位身在广东的卫三畏，所以他从美国出发时没有带其他翻译。

佩里一到广东就对卫三畏说："你是美国人中最杰出的日语通，你会日语，我希望你来做我的翻译。"受到如此邀请，卫三畏感到十分为难，因为他知道自己的日语是 10 年前在澳门的时候，跟着一个在运输船上当船员的日本人学来的。自己的"老师"本身就没有受过良好的教育。卫三畏表示他无法胜任日语翻译的工作。

佩里对此大为吃惊，他表示不解："难道你在中国长达20 年，还不懂日语吗？"卫三畏解释说汉语和日语是截然不同的两种语言，文章用语（汉文）是中日两国文人官僚共同使用的。

如此一来，卫三畏就作为汉语翻译与佩里同行。对自己的汉语很自信的卫三畏对书写也没什么信心。于是，佩里又找了一名中国文人担任秘书。佩里第二次来日本时的秘书叫罗森。另外，佩里在上海又雇佣了波特曼（21 岁）担任荷兰语翻译。佩里的翻译团队只有这两个人（加上罗森是三人）。

佩里更改官职名称

佩里由总统任命为美国东印度舰队司令长官（Commander-in-Chief, U.S. East India Squadron），因此官职名称也仅此一个。但考虑到要与日本进行交涉，佩里分两次更改了自己的官职名称。

第一次是他 1853 年 5 月 11 日在中国的时候，在发给美国国务院驻华高级专员（公使待遇）马歇尔的信中，添加了"中国及日本海域"字样。即变为"Commander-in-Chief, U.S. Naval Forces in the East India, China and Japan seas"。当时正处于太平天国运动逼近上海的时期，马歇尔十分重视中国，他主张让舰队停留在中国海域。而佩里更重视日本，他认为只写"东印度"会对他不利，所以又加上了"日本海域"的字样。

第二次佩里在官职名称的最后部分，又加上了"and Special Ambassador to Japan"，意思是"特命全权大使"。在久里滨，佩里向负责接待的日本官员呈递的汉语译文（由卫三畏翻译）是"亚美理驾合众国特命钦差大臣专到日本国兼管本国帅船现泊日本海提督被理"。这种译法将特命全权大使放在了最前面，好像这是他的主要职务一样，而"提督"反而像是兼职。

这两次更改职务名称，该算是虚报官位呢，还是说在交通和通信手段不发达的时代，前线的海军司令官被赋予的酌情处理的权力？而佩里成功缔结条约凯旋后，美国没有任何人在意这件事了。

佩里的和平路线

佩里也面临着一个物质性的问题。哪怕是最先进的蒸汽船，一旦煤炭补给线被切断，也就只能变成巨大的漂流物。而且，按照当时的国际法，两国交战状态下，如果第三方国家宣告中立，那么交战双方的船舶就不能进入中立国家的港口及殖民地，也不能进入中立国管辖的港口，物资供应将被切断。

在佩里貌似"高压态势"的背后，其实存在着自己任务范围及官职名称的政治性约束，拥有最先进的蒸汽船而带来的煤炭供给方面的物质性制约，另外还有国际法的约束。幕府看穿了佩里身上的这些软肋。大学头林氏的家臣在报告书中记录了佩里舰队没有补给线一事。

停留 9 天就离开了浦贺及久里滨的佩里舰队

佩里舰队抵达浦贺 6 天后的 1853 年 7 月 14 日，幕府在久里滨紧急搭建了临时接待站，让佩里一行在此登陆，接受了美国总统的国书。佩里只是简单陈述了一下此次来日本的目的，并没有要求幕府答复国书，仅仅停留了 9 天就离开了。

其中真正的原因，佩里既没有告诉幕府也没有告知海军部，而只是在自己的日记中秘密做了记录。他所带的粮食已经不够维持 1 个月，如果交涉拖延下去的话，恐怕就是自掘坟墓了。

幕府随后的对策

没有远洋航船的幕府担心佩里舰队来年春天再次登陆日本，于是开始着手应对。总指挥是 35 岁的老中首座阿部正弘。阿部于 1843 年 23 岁时由福山藩的 10 万石藩主被选拔成为老中，1845 年就任老中首座，发挥出出色的指挥才能。他与 59 岁的佩里之间的年龄差距如同父子。

阿部采取的第一项措施，就是在受理美国总统国书两周后的 7 月 31 日，给各界传阅国书，广泛听取意见。说起来，老中向社会各界征求意见这种事是前所未闻的。

各方意见汇集到了一起。单单留存下来的就有 719 份。从大名（藩主）到藩士，从奉行到小普请组的幕臣，还有学者，甚至还有吉原艺伎等都留下了意见。这些意见的内容大体可以分为三类，即维持现状派（锁国）、主张以最小限度的妥协解决问题的消极派、积极开国派。

恢复大船建造

阿部征求意见两个月后的 9 月 28 日，就是否继续禁止"大船建造"一事进行了垂询。阿部认为如何回应美国总统国书与"大船建造"之间在理论上存在着联系，于是他有意识地进行垂询，希望能够形成一定的舆论。建造大船的解禁也意味着锁国最重要的支柱——日本人海外航行禁令的解除。这将是锁国政策的一个巨大转变。针对这个问题提出的意见很少，而所提出的意见大都是要求解禁的。

这些意见包括：为了避免运输船只的海难事故，应该尽快引进大型蒸汽船；如果要开港通商，日本也需要远洋航船；为了抵御外国军舰，需要购买蒸汽军舰，等等。

仅仅 3 周后的 1853 年 10 月 17 日，宣布解禁大船建造的"训令"就出现了。在缔结条约前，幕府就雷厉风行地自行解除了 200 余年的锁国"祖训"。

接下来的行动也十分迅速。解禁的同时，幕府向荷兰商馆订购了蒸汽船，并着手自行建造。另外，在当时订购的船舶中，1857 年到货的日本号后来被更名为咸临丸号，1860 年，在舰长胜海舟的指挥下，日本人首次实现了横跨太平洋。

佩里第二次访日

佩里第二次访日，是在 7 个月后的 1854 年 2 月，正值寒冬时节。佩里舰队的一艘舰船在相模海面触礁，日本渔民前去救助。在天保薪水令的影响下，即便是外国船只发生海难，渔民也能仗义相助。这种仁义之举令佩里舰队深为感动。

2 月 13 日，美国的 8 艘舰船齐聚江户湾。舰队冲破了连接房总观音崎和富津的"海防线"，停泊在横滨海面（小柴冲），并将这一片区域命名为"美国停泊地"。日本船只蜂拥而至。不光是渔船，还有小舟是特意为了观看军舰而来的，搭载着大批看客。沙滩上也是人山人海。

首次访日之后的 7 个月里，佩里作为海军司令长官在中国沿海的各个港口以及琉球、小笠原等地解决各种问题，同时他一直在思考自身的这个课题——再次访问日本。

佩里的新课题

佩里当时面临着好几个问题。第一个就是总统换届问题。佩里是由共和党系辉格党的菲尔莫尔总统任命的。佩里出发的那年秋天举行了总统选举，次年 1853 年 3 月，民主党的皮尔斯出任总统，外交政策转为保守。本应加强舰船实力，但军舰迟迟没有派来。

第二个问题是在中国停留期间，佩里与驻华高级专员马歇尔之间，围绕如何保护居留在上海的美国人等事情产生了尖锐的对立。佩里主张"重视日本",而马歇尔主张"重视中国",丝毫不肯让步。

第三点是俄国向日本派遣了使节普提雅廷,他于 1853 年夏天,比佩里晚一步抵达长崎。为了在日本问题上争得先机,美俄之间竞争十分激烈。佩里在上海听说普提雅廷可能抢先的消息后,不顾当时正值最不适宜航海的季节,将预定时间提前,直奔日本。因为不能拔得头筹就没有任何意义。

按照当时的国际法的规则,对照最早缔结条约,随后而来的其他国家尽管也能享受到同等权益,却无法超越最先签订的条约的内容。最早缔结的条约才最有意义。

幕府设宴招待

关于交涉场所,双方经过协商后,达成一致决定在横滨村进行,也就是现在的横滨市大栈桥根部至神奈川县厅一带。3 月 8 日上午,幕府将佩里一行带至紧急新建的接待场所(佩里方面将其命名为"条约馆")内。这是佩里继前一年夏天抵达久里滨后第二次登陆日本。

接待场所的大厅里有 5 名接待官在座,分别是大学头林氏、对马守井户、美作守伊泽、民部少辅鹈殿、松崎满太郎。另外还有众多随从和与力、同心等武士以及翻译在一旁侍候。双方刚一落座,佩里舰队发射礼炮,发出震耳欲聋的轰鸣。礼炮为日本国皇帝奏响 21 发,为接待官奏响 17 发,共计 38 发。

接待人员准备了 300 份午饭,而登陆上岸的美国人是 446 人。先上美酒、热汤和下酒菜,接着是主膳的二道菜和三道菜，最后呈上点心，足足超过了 100 种。

刚用完膳食，佩里就从怀里掏出美国拟订的条约草案，递给大学头林氏。草案的日期是一周前的 3 月 1 日，是用汉文写成的文书，并附有荷兰语译文。美国与中国清政府签署的《望厦条约》（1844 年）汉文版也作为同封文书附在其中。

书信中谈到美国总统的想法，大意是说自上次访日后，经过深思熟虑，认为与日本缔结条约的时机到来了。佩里一边窥视着幕府的动向，一边一心等待交付草案的机会。

佩里一方担任汉文翻译的只有卫三畏和罗森两个人。而与此相对，幕府精挑细选了 20 多名汉语翻译。他们是以昌平坂学问所（汉学及培养官吏的代表机构）的大学头林氏（林复斋）为首的接待官，以及与力和同心。

美国条约草案

接待官立即将美方的条约草案与《望厦条约》进行了对比。美方草案由 24 条组成，《望厦条约》是 34 条。接待官很快就搞清了美方草案其实是《望厦条约》的缩小版。

同时，他们也发现美方草案中有几处相互矛盾的地方。这些问题点是在制作缩小版进行内容删减、替换时造成的矛盾。其中最大的问题在于删除的原则未在标题中反映出来，也就是说内容与形式不统一的问题。

佩里考虑到与日本一举达成条约签订存在一定困难，便采取了分两个阶段完成的方针。第一个阶段是完成建立邦交的一般性内容，第二个阶段是缔结有关通商的详细条约。

相比英国与中国清政府爆发鸦片战争后签订《南京条约》，《望厦条约》是美国主张最惠国待遇而签订的条约，因此包括和平、亲睦和通商三方面的内容。条约的标题也与此对应。

可是，佩里将第一个阶段要实现的内容只限定在和平、亲睦（"和"与"亲"组合为"和亲"）上，而打算将通商日后交由其他外交官去实现，所以按照这个原则在文书中删除了一部分内容。然而，标题与《望厦条约》一模一样，即"诚实永远友睦之条约及太平和好贸易之章程"。

接待官发现了这个问题后振奋精神占据了优势。不单单是因为通晓汉语的人数居多。对条约内容进行逐字逐句分析的这种细致入微的精神也使幕府占了上风。

交换土特产与招待宴会

从 3 月 8 日美国提出条约草案，到后来签署《日美和亲条约》（3 月 31 日），其间大约 3 周的时间里，日美之间很少进行文书互换。在此期间，陆续进行着紧张的较量、热闹的招待宴会以及土特产的交换。

3 月中旬，佩里一方从军舰上卸下一个有实物 1/4 大小的蒸汽机车模型，这是送给日方的礼物。美方铺设了一条 2 公里长的轨道，燃烧煤炭让蒸汽机车在轨道上运行。现场接受此赠品的官员中，有人坐在冒着黑烟前行的机车上开心嬉闹。而通信装置可以让人在相隔很远、根本看不见对方的地方取得联系，这让日本人瞠目结舌。美方还赠送了贵重农作物的种子样本，这些东西都是当时最先进技术的结晶（高新技术和生物学）。

3 月 27 日，佩里舰队举办了招待宴会，邀请了 70 名日本人，放响礼炮使其大为震惊。美方还展示了蒸汽机运行时的样子。佩里并没有将黑船作为军事力量，而是将其作为文明的象征充分发挥其作用，向幕府进行了一番炫耀。

正餐安排在旗舰波瓦坦号上佩里司令官的房间里进行，这里只能容纳 27 人用餐，所以甲板上也预备了餐桌。上面摆放着香槟、红酒、白葡萄酒、潘趣酒、威士忌等各种酒水。

伴随着"为了日本天皇""为了美国总统""为了日本的淑女们""通商和农业将美国与日本结合在一起""加利福尼亚与日本相邻"等祝酒词，干杯的声音不绝于耳。佩里曾交代过所有船员，说条约能否成功缔结，取决于宴会上是否热情招待，因此气氛格外热烈。

乐队演奏起来，舞蹈也开始了。士官们一起跳起了舞步。日方到处赠送绘有富士山的扇子等礼物，并请人为自己的扇子题写诗句或格言。比起英语，日方似乎更喜欢汉诗，中国文人罗森的题字十分受欢迎。

达成开埠共识

没过多久，接待官松崎满太郎就用胳膊搂着佩里的脖子，二人快要搂抱在一起了。佩里的手下军官普雷布尔记录下了佩里当时所说的话，他说："如果答应签订条约，让我亲你都可以。"经过这场在军舰上举行的宴会，双方之间悬而未决的问题终于解决了。双方达成约定，开放箱馆（函馆）作为美国船只海难事故的避难港。

28日，佩里一行再次在横滨村登陆，接待员决定除箱馆外，将下田也设为开放港口，时间明确为来年3月。开放箱馆和下田，是接待员提前考虑过的最大让步。开放它们不是作为自由贸易港，而是作为避难港，也就是为美国的漂流渔民或者物资匮乏的美国船提供避难的港口。

条约内容

日美签订的条约共有12条，主要内容有以下五点：① 开放下田和箱馆（第2条）；② 海难事故的救助费用由双方共同负担（第3条）；③ 热情招待漂流到日本的美国人（第4条）；④ 美国人对日本"公正的法律制度予以服从"（第4条）；⑤ 18个月以后，美国领事或代理人将入驻下田（第11条）。

其中①、③、⑤是美国强行要求的，而② 和 ④ 是幕府的主张。② 原来的方案是假定美国船只遭遇海难后漂流到日本而做出的，但幕府提出日本船只也有可能漂流到美国，于是提出了这个方案。另外，④ 也是幕府要求的结果。

不论哪一个主张都是双边性的，幕府始终没有让步，对于 ② 和 ④，是佩里做出了让步。他在写给本国的书信中陈述道：这是交涉过程中无法回避的事项，需要本着人道主义精神行事，期待政府能够理解。

贸易及因此而来的"居留"等《望厦条约》中的通商问题，在《日美和亲条约》中消失了踪迹，成为需要以后交涉的问题。取而代之的，是为了日美之间继续交涉而在条约中明确写下美国外交官将入驻下田的条款（依据这项条款，1856 年，哈里斯总领事抵达日本，并于 1858 年与日本缔结《日美友好通商条约》，决定开放横滨等 5 个港口）。

没有正文的条约

日美双方在 3 月 31 日，星期五（旧历三月三日，女儿节）交换了条约文书。形式是双方交换各自提前签过名的文书。就在仪式即将顺利结束时，接待官首席代表大学头林氏开口说道："我们不会在任何一份外语文书上签字。"大学头林氏的攻其不备，使佩里一时来不及反驳，一切就此尘埃落定了。

接待官署名的条约文书只有日语版本。日方认为汉语版、荷兰语版和英语版都是翻译版本，所以接待官没有签名，只有幕府翻译的签字。而另一方面，佩里也只在英文版上签了名。其结果是连一份同时具有双方责任人签名的正式文本（以条约依据的特定语言书写的文本）也没有。另外，日方接收和保管的条约文书因火灾而烧毁，日方交给美方的四国语言版本的条约文书由美国国立公文书馆收藏。

佩里在条约签署的第二天，即 4 月 1 日早上写给海军部一封公文信件，信中写道：

即便没有在条约的英文版签名，也丝毫不妨碍条约的效力，他们对于已经商定的方针，没有提出什么异议。……取而代之的是，他们预备了附有签名的三种翻译版本。可见，所有的条款规定都已经达成一致。他们应该会切实履行条约规定的。我对这个结果感到很满意……

配套签署下田的追加条约

同样是在 4 月 1 日，佩里向日方接待官也发去了书信，内容还是他耿耿于怀的署名问题。接待官对佩里的信置之不理，于翌日向老中写了一份呈报信。信中共有四个论题，关于其中的署名问题，信中写道："一般而言是联合签名，而此次是双方分别在不同的纸面上署名。我事先画了押，拒绝了联合签名。条约签署的第二天，佩里就来信说，没有联合签署是不妥当的。但我坚持己见以求立我国威。"

既然双方没有就条约正文应以何种语言书写、如何署名等问题进行交涉，那么这番博弈可以说是接待官们取得了胜利。

不过，若是将未在条约上签字这个问题继续放置下去的话，有可能会成为引发争端的导火线。接待官们对佩里舰队要求开放的箱馆和下田两个港口进行了实地考察后，同美方约定在下田再次协商。

6 月，日美在下田签署了 13 条追加条约。此条约中，应日方接待官要求，附加了一条禁止在日本打猎的条文。而且在条约末尾处规定，今后在日美外交中，将以日语和英语作为正式文本，附带荷兰语译文，原则上不使用汉语，双方全权代表对此联合署名。至此，《日美和亲条约》完结了。

国际政治中的《日美和亲条约》

之前我们叙述了幕府洞察国际政治的现状后以"避免战争"作为外交的基本方针，以及此番过程和所签署条约的内容。《日美和亲条约》并非战争的结果，而是双方反复议论之后形成的结果。这个条约结束了幕府200余年的闭关锁国状态，实现了开国。

如果只看这个条约本身，而不去关注19世纪中叶那个时期的国际政治，就很难为《日美和亲条约》定位。那个时期所形成的国际政治究竟是怎样的呢？日本开国有着怎样的特质，又该如何评价呢？

一直以来的看法是：开国、开港是"不平等条约"带来的后果，经过后来的努力，日本才成功修订条约，避免成为殖民地，是亚洲唯一一个能够勉强维持独立的国家。我也十分愿意对幕府末期以后日本人的努力进行高度评价。对于日本签订的条约具有一定的不平等性、日本是亚洲唯一保留独立的国家这些内容，我也并不否认。不过，这些看法中有很多对事实的误解，包含着一些欠缺世界史观点的内容。

我做了一个简单展示其全貌的概念图"近代国际政治——四种政体"。《日美和亲条约》是没有经过战争的"交涉条约"（④），它与众多亚洲国家所体验的成为殖民地（②）或签署战败条约（③）相比，从属性（不平等性）远远更弱。

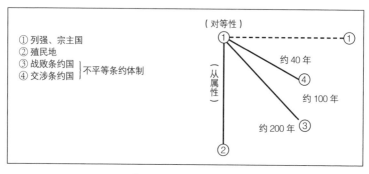

近代国际政治——四种政体

① **列强、宗主国** 19世纪中叶有"海洋国"之称的英、美、荷、法、俄、西、葡等国。

② **殖民地** 印度、印度尼西亚等。丧失了立法、司法、行政三种权力。

③ **战败条约国** 中国（1842年鸦片战争签订《南京条约》之后，连续多次签署"战败条约"）。作为"惩罚"，战争赔款，割让领土，还丧失了一部分司法、行政权力。

④ **交涉条约国** 日本（1854年《日美和亲条约》，1858年《日美友好通商条约》）和泰国（1855年《通商条约》）。没有"惩罚"，丧失了一部分司法、行政权力。日本其后修订早期条约，标明禁止鸦片输入等条文。

从属性关系越强持续的时间越长，从属性关系越弱持续的时间则越短。

佩里一行对日本的印象

4月10日，佩里迎来了他60岁生日。为了尽快将签署的条约送回美国，佩里派萨拉托加号帆船途经夏威夷回国。佩里则搭乘波瓦坦号，访问了已经决定开放的下田和箱馆两个港口。下面我们列出佩里对日本的五点印象，其中也包括他在下田和箱馆两地短时间逗留的经历。

（1）城市印象

我看到的下田是一个文明进步的城市。建造这座城市的人们对卫生及健康方面的考虑，远远超过了我们国家引以为傲的进步程度。

佩里亲眼见到的日本城市仅有箱馆和下田两地，估计两座城市的规模都是户数约 1000 户，居民约 7000 人。即便是这种规模的城市在"新兴国家"美国也算是很庞大的。假如他见到拥有约 130 万人口的江户城，那他一定会对其繁荣景象惊愕不已吧。

（2）关于日本的技术

　　在实用的机械技术方面，日本人极为细致精巧。……日本人一旦拥有了文明国家过去和现在的技术，就一定会作为强有力的对手，加入争取机械工业成功的竞争中去……

（3）关于好奇心和知识

　　日本已经普及了阅读与书写，人们热衷于增长见闻。……他们不仅对本国，对其他国家的地理及物质进步、对当代历史也有一定的了解，会来询问各种各样的问题。……他们从居住在长崎的荷兰人那里获得知识，对从未见过实物的铁路和电信、铜版照片、加农炮、蒸汽船等都能津津乐道。而且，他们对欧洲战争、美国革命，对华盛顿及拿破仑也都了如指掌……

（4）关于日本年轻女性

　　年轻姑娘衣着整洁、美丽动人，举手投足生动自然。她们得到的怜爱使她们自然产生对品位的追求……

（5）儿童绘本

　　带插画的书……交织着新奇与滑稽，画风幽默诙谐。我国类似的书籍却是凤毛麟角……

日清战争与亚太世界

　　日本开国，是签订交涉条约《日美和亲条约》的结果。随后签订的《日美友好通商条约》也同样是交涉条约。这两个条约在明治维新政权交替时被原封不动地继承下来。

　　尽管日本与其他列强国家也签订了条约，但根据国际法中最惠国待遇的规定，其内容都只能是最先签约的日美条约规定的"同等以下"。参照《日美和亲条约》（1854年），日本与荷兰和俄国也签订了条约。参照《日美友好通商条约》（1858年），荷兰、俄国、英国和法国也提出了签约要求，幕府总共与五个国家缔结了通商条约，这就是我们俗称的"安政五国条约"。

中国多次签署战败条约

　　另一方面，中国的战败条约，已经不止《南京条约》（1842年）一个。陆续有第二次鸦片战争的《天津条约》（1858年）和《北京条约》（1860年）、中法战争的《天津条约》（1885 年）、日清战争的《下关条约》（1895 年）、《辛丑条约》（1901 年）。每一次签署条约都伴随着战争赔款和割让领土。

最惠国待遇仅仅对列强有利。中英签订了《南京条约》（1842 年），美国、法国也分别强迫中国签订了《望厦条约》《黄埔条约》（都是 1844 年签署）。《天津条约》《北京条约》等也是一样，都是多个列强国家获得了条约权益。

条约的约束性

最早签订的条约严格束缚着后世。修改战败条约需要再次发生战争时能够取得战争胜利的实质性条件。而另一方面，想要修改交涉条约，只要双方一致同意便有可能实现，但事实上也是相当困难的。即使日本提出修改条约的要求，五国也不会理睬，或者即便其中有国家愿意采纳，列强的步调也不可能一致。

日本缔结的条约所表现出的"不平等性"，其最大的问题在于没有标明条约的有效期限。在内容上，领事裁判权、协定关税（无关税自主权）、最惠国待遇这三点是被认为"不平等"的根据。

那么，战败条约的情况又是怎样的呢？作为"惩罚"的战争赔款和领土割让被明确地写在条约中，既不允许延期也不能违反。此外的条款，例如增加开港数量，也大都没有注明有效期限。即使是标明年限，也是像租借香港新界那样，长达99 年，过于漫长了。

幕府外交的胜利

19 世纪是战争与扩张殖民地的时代，在这样的时代背景下，幕府在破除锁国打开国门的条约交涉过程中，究竟对这样的现实和国际法的理解达到了什么程度呢？幕府冷静分析敌我实力后，为贯彻"避战论"方针，避免因战败而签订"城下之盟"，做出了最大限度的外交努力。这些都离不开对海外信息进行收集、分析和判断，也就是说得益于不断的积累。

如前文所述，美方并没有通过战争签署条约的意图，也并不具备相应的政治、物质条件。人们常说的"美国军事压力说"并无根据。美国当时制止战争发生的约束力很强。

我们来做一个假设，倘若幕府没有做出正确判断，而是采取了文政令那样的"竹枪作战法"，那么事态会如何发展呢？佩里舰队出于自卫不得不开炮，慌乱的幕府只好屈服，签订战败条约也是不无可能的。打破锁国状态的时机、国内舆论的说服力、交涉条约时的恰当要求、聪明判断等，这些因素在幕府的外交中都发挥了作用。近代日本由此开始。

横滨居留地

《日美和亲条约》的签署地点是神奈川（横滨），由于四年后签署的《日美友好通商条约》（1858 年），这里成为五个开放港口之一。不过，对于条约上所说的神奈川究竟指的是神奈川宿还是横滨村这一问题，日美之间并没有达成一致意见，直到横滨于 1859 年 7 月 1 日（安政六年六月二日）成为开放港口。

开放横滨港的方案，不是由美国总领事哈里斯提出的，而是由当时负责交涉的幕府大臣岩濑忠震提出的。他认为，倘若不在江户附近开放一个港口，那么江户的经济将会出现衰退。

横滨村相当于现在横滨市范围内 220 多个村中的一个，拥有 90 多户人家，一半从事农业，一半从事渔业。幕府赶在开港前斥资 9 万两，打通了从神奈川宿到横滨村波止场（现在"大栈桥"的前身）的横滨大道，并将土填入湿地，规划租借给外国人的生活区域，甚至为他们修建了临时宿舍，从而将这片土地亲手打造成新的居留地。由于这个条约是双方达成共识后形成的交涉条约，因此并不存在政治上的怨恨，幕府态度积极，亲力亲为地推进整个计划的实施。

幕府采取的这些主动的措施，不仅受到外国人的欢迎，也对日本得以维持国家主权起到了重要作用。这种完善城市建设的做法，防止了在国内特定区域内外国人拥有特权，即"治外法权"的产生。开港后的第二年，国内外人士欢聚一堂共同举办了开港庆祝大会。

来到日本的不光有贸易商人，还有编写最早的日英词典《和英语林集成》的作者——外科医生赫本、在横滨与新桥之间铺设日本最早的铁路的莫雷尔、被誉为近代自来水管道之父的帕默、进行都市规划的布伦登等。他们被横滨和日本的魅力吸引，将这里作为实现自我价值的舞台，不遗余力地施展自身的技术和能力。

而与此相反，在中国从未举办过庆祝开港的活动。因为中国的开港伴随着战败的屈辱，外国人比起两个民族之间的交流，更多是忙于赚钱（最大的商品是鸦片）。

"近代"在日本让人联想到闪耀的希望，但另一方面，在中国意味着悲惨、屈辱和抵抗。中国的光明希望，是在结束了"近代"之后才到来的。

有先见之明的决断可以造福后世，无先见之明的决断则祸及子孙。然而，任何人都难以预见将来，会被要求在看不见的情况下做出判断。

"世界"集中在横滨

横滨的贸易使日本的生丝出口量大为增加，远远超出了人们的预想，这也使得日本获得了一定的外币。通商条约中规定禁止鸦片贸易，防止了外币流失，也避免了民众吸食鸦片成瘾。横滨居留地为整个日本经济做出了巨大的贡献。

来自全国各地的人们汇集在横滨，有的来做生意，有的来游览，还有的是定居。

在横滨，新奇的欧美服饰和西餐等新文化映入人们的眼帘。中国人聚居的街区（后来发展为中华街）里有剧场和中华料理店，也能满足人们对博大精深的中华文化的渴求。

在欧美人的社会，大多数美国商人因南北战争（1861—1865 年）而撤回国内，取而代之的是超级大国英国的商人占主导地位。传统的中国文化和新兴的欧美文化，这两种文化被移植到横滨，人们不用出国也能见得到琳琅满目的外国物品。可以说，横滨就是一个"世界"。

开港时只有 90 户人家，人口不过数百人的横滨村逐步扩大了城市范围，在开港 30 年后的明治二十二年（1889 年）施行市政的阶段，人口激增到 12 万人。从全国各地搬迁而来的居民，不用拘泥于故乡的常规惯例，他们在新的地方以全新的价值观，投身于城市建设之中。

从荷兰语向英语转变

前文中已经提及，《日美和亲条约》中没有正文，《下田条约》（1854 年 6 月）中对欠缺的内容进行了补充。《下田条约》规定在今后日美的外交中，正文内容以日语和英语成文，并附加荷兰语译文，而汉文则消失了。

幕府长期设有荷兰语翻译，由于是世袭培养，因此完全不缺荷兰语的人才。然而，懂英语的人几乎为零。重新学习英语比较耗费时间。《下田条约》中附加荷兰语译文这一条是由幕府提出之后添加进去的，这开启了通过荷兰语学习英语的路径，后来发挥了很大的作用。

1859 年，福泽谕吉访问开港不久后的横滨，他惊讶地发现自己竟然无法读懂外国商行的招牌，深刻地感受到自己掌握的荷兰语已经不再通用，而英语的时代到来了。以福泽谕吉为代表，很多人在外交机构训练期间，都是以荷兰语为媒介学习英语的。

雇佣外国人

幕末时期横滨的成功经验，被明治政府继承下来。明治政府在继承幕末条约的同时，还设置了充分利用外国人先进技术的"雇佣外国人"制度，借助各种技术指导大幅度地推动了日本的近代化进程。促使日本打开国门的交涉条约中，没有出现支付赔偿金的内容，这使得日本能为雇佣的外国人支付工资。

雇佣外国人的领域多种多样，有政治、法律、产业、财政、教育、文化、技术、医学等。据明治初年至明治二十二年的统计，雇佣外国人的总数为 2299 名，按国籍分类英国居首位，为 928 名，其后依次为美国、法国、中国、德国。

按部门分类，工部省（明治三年至十八年，后来合并进内务省和文部省）最多，为 749 名。雇佣的外国人多从事与城市基础建设相关的行业，例如铁路、船舶、工程技术、电信、灯塔的设计、建设、应用等。

留学生与外国使节团

日本人也开始走向海外。幕府末期，萨摩、长州等地的下级武士作为留学生偷渡去英国、荷兰和美国等地。他们是伊藤博文、井上闻多、新岛襄等人。攘夷运动经历了 1863 年萨英战争和 1864 年下关之战后落下帷幕。

政府的海外使节团，也在向世界寻求知识，扩充见闻。幕府派出的第一个海外使节团，是 1860 年为了交换《日美友好通商条约》的批准文件而跨越太平洋前往美国的使节团。1862 年又派出了遣欧使节团。有一个人参加过这两个使节团，这个人就是福泽谕吉。他是出身于中津藩的旧幕臣，不能进入明治政府，而是作为记者和教育家展露风采。他根据自己在国外的所见所闻撰写的《西洋事情》（1866—1870 年）、《文明论之概略》（1875 年）等著作具有强大的影响力。

　　明治时期规模最大的海外使节团是明治四年（1871 年）出发，从美国到欧洲，绕了北半球一周的岩仓使节团。新成立的明治政府的要人一大半参加了这个使节团，甚至可以说处理国政的部门空空如也了。美国传教士沃贝克（Guido Herman Fridolin Verbeck）事先向使节团提出一系列建议，包括应该见识的事物、必须会见的人等。此次使节团之行所取得的成果在久米邦武《米欧回览实记》（1878 年）中有详细的记载。

文明的软实力

　　以超级大国英国为中心的英语，开始成为世界的主流。荷兰语和汉语逐渐退出了国际舞台。怎样学习英语？日语又会如何发展？语言作为推动文明发展的一项最重要的软实力，在幕末维新时期，也开始处于剧烈动荡的旋涡之中。

　　人们借助荷兰语与英语在句法结构等方面的相似性学习英语，使一直以来积累下来的荷兰语知识充分发挥了作用。不过，对于那些包含新概念的单词，不怎么行得通。尽管 1823 年马礼逊编撰完成的《华英·英华词典》可以提供一定的参考，但还是很不充分。

　　正好这个时候（1866—1869 年），罗存德的《英华字典》（四卷）在香港出版，并大量流入日本。这本来是一本帮助人们理解汉语的英语词典，但其续编《华英字典》（1871 年）部分，成为具备汉语素养的日本人学习英语的绝佳资料。日本也出版了由罗存德编著、井上哲次郎增订的《英华字典》。

　　特别是罗存德词典中用两个汉字作为一个词语的翻译方

法十分新奇。除古典汉语外，汉语中的二字词汇数量还很少。日语也是一样。简洁的二字词汇，非常适合与表示新概念的英语词汇建立对应关系，日本采用这种方法创造出政治、经济、文化、文明、自治等新汉语词汇。由日本人编撰的著名英和词典——柴田昌吉的《英和字典》（1873年），就充分利用了这种二字汉语的原则。

造词法有两种：第一种是将中国古代典籍中的词汇转换意思，例如革命、民主、经济等词汇；第二种是将全新的汉字组合形成新词汇，例如哲学、蒸汽、通信、抽象等。

现代日语中使用的很多二字词汇就是幕末至明治二十年前后大量创造出来的新造汉语。日清战争后，中国开始向日本派遣留学生，留学生们也是通过这些和制汉语词汇学习到了欧美国家的新概念，后来他们又将这些汉语词汇介绍到自己的祖国。现代汉语与日语通用的二字词汇，大部分都起源于此。

交涉条约与战败条约的差别

交涉条约是双方讨论的结果，而战败条约是胜者对败者使用武力强制达成的。如果是交涉条约时，双方在其后的详细交涉中，仍然会延续最初的讨论，相互之间会抱有一定的敬意。与此相反，如果是战败条约，胜者一方一般会进一步强压败者，尽一切可能提出权益要求，这样便增加了仇恨。

请读者参照下一页"日中两国的条约比较"表格。迄今为止日本史学界有过两次争论。服部之总在其论文《幕末时期世界形势及外交状况》（1932年）中简单地下结论说："倘若除去鸦片问题，那么《安政条约》（引用者注：1858年的《日美友好通商条约》）与之前中国被强制签署的各项条约（引用者注：1858年的《天津条约》）在本质上是相同的。"

迫使这种见解得到修正的是石井孝（1972年）。针对同在1858年签订的这两个条约，他从四个方面进行比较后，得出的结论是：比起两个条约的相似点，二者之间的不同点更多，明显可以看出《天津条约》的外部施压（不平等性）很强烈

日中两国的条约比较

论点	中国 天津条约（1858年） 北京条约（1860年）	日本 日美友好通商条约 （1858年）
① 基督教传教 ② 内地旅行权	有，受清朝官宪保护 全国各地	只限条约对象国 商业在居留地内，旅行 在散步区内
③ 外国军队的内政干涉 ④ 关税行政	英国军舰自由入港 外国人总税务司	无 日本有自主权
⑤ 关税自主权 ⑥ 鸦片条款 ⑦ 条约的成立依据 ⑧ 支付赔款 ⑨ 割让领土 ⑩ 指定开港场所 ⑪ 居留地内的外国人自治权	无 合法化 战败 有 有（《北京条约》九龙） 《南京条约》开放5个 港口，《天津条约》新 开5个港口，《北京条 约》开放1个港口 租界工部局（上海）等	无 明令禁止 交涉 无 无 5个港口 未见到实质形成

注：①～④的4点由石井孝提出（1972年），⑤～⑪的7点由加藤祐三（《黑船前后的世界》）提出。

另外，由于中英《天津条约》（1858年）是在第二次鸦片战争的进行过程中签署的，本人采取了将其与战争结束后所签署的中英《北京条约》（1860年）相结合来考虑的方法。

（表格①～④）。从此，服部以来学界所认同的"日本与中国的条约基本上是一样的"这种看法遭到了否定。

条约产生的依据

然而，石井的观点并不能说是十分充分，我又补充了 7 个问题点。⑥鸦片贸易、⑦《南京条约》因战败而签，以及因战败而出现在条约中的⑧支付赔款和⑨割让领土，这些是在日本史的脉络中难以想象的，是通过国际政治的分析研究才首次明确的论点。

中国和日本在 ⑤ 关税自主权丧失（协定关税）问题上是相同的。德国等欧美后起资本主义国家能够设置"保护关税"，与先进资本主义进行对抗。与此相比，丧失关税自主权明显是十分不利的。

不过，日本的情况是，将关税（进出口税）降低到从量税 5% 的《改税约书》（1866 年）对外国期待的日本市场的开拓并没能够产生多大作用，反而促进了日本生丝出口，进一步使廉价进口的棉花振兴了日后的日本棉纺工业，从结果上来说为日本经济发展做出了贡献。

那么，上述 ① 到 ⑪ 的异同，是单纯的并列关系吗？我想特别关注一下 ⑦ 条约的成立依据。作为"惩罚"，战败条约都伴随着赔款义务和割让领土。赔款使得财富流失，造成了财政赤字，而割让领土会催生政治怨念。

与此不同的是，促成日本开国的《日美和亲条约》（1854 年）、四年后签订的《日美友好通商条约》（1858 年），均未伴随着战争的发生，当时没有一门大炮交火。日本以最理想的方式实现了在国际社会的软着陆。

旧有学说的界限

前文所载的概念图"近代国际政治——四种政体"原本是设想 19 世纪中期东亚的情况而做出的图表。按照时代发展的顺序，列强首先是 ② 建立殖民地，然后 ③ 签订战败条约，最后出现了 ④ 作为交涉条约的《日美和亲条约》，从而产生了四种政治体制。这四种体制综合起来就是近代国际政治。

不仅仅是在历史学领域，在政治学领域也是，针对近代国际政治，大多数观点是以列强间的关系（① 与 ① 的关系）为主，并且以其逻辑为中心进行考察。即国民国家论、势力均衡论等。凭借这种思维方式，无法描绘出近现代历史的真实面貌。

后来，虽然也提出了民族主义论及民族独立论等观点，但由于这些观点没有对 ① 列强（特别是后起资本主义国家）、② 殖民地、③ 战败条约国、④ 交涉条约国进行区分，所以对各种不同的民族主义形成过程中所表现出来的性格和发展方向无从知晓。

近代国际政治的转换与崩溃

那么，如果不仅限于东亚，这个概念图对世界近代国际政治而言适用到哪一步呢？它又会在何时崩溃呢？我想来思考一下近代国际政治这个概念在空间、时间上的适用范围。

先说结论，其最大的转折期是 1894—1895 年的日清战争，崩溃的时间是 1945 年，被条约记录下来是在 1951 年的《旧金山对日和平条约》中。由于本书的研究范围不包含这个时期，故在此不做论述。

日清战争的"惩罚"

我想论述的是成为"近代国际政治——四种政体"最初转折点的日清战争。对于其爆发的原因和经过，因篇幅有限故在此省略，接下来的论述只限于条约形成过程中是如何决定赔款和领土割让的这一点。1894 年 10 月 8 日，英国政府试探日本政府的意向，劝告日本讲和。这是因为在英俄对立的情况下，英国制定了援助日本的战略。"日本国政府应该同意将向各国承诺保证朝鲜的独立，由清政府向日本支付军费赔偿作为讲和的条件。"

对此，日本外相陆奥宗光与首相伊藤博文进行商议，就讲和条件起草了甲、乙、丙三个方案，但是并没有向英国政府出示具体的方案。其中甲、乙两个方案，除朝鲜的独立外，提到了赔款和领土割让。"要求清政府向日本赔偿军费"是这两个方案中共同的内容，但金额并未明示。另外，关于领土割让，甲方案列出了旅顺和大连，乙方案列出的是整个台湾岛。

赢得战争的一方会对战败国提出苛刻的要求，以此作为休战的条件，这种先例在列强之间比比皆是。日清战争签订议和条约之际，日本直接参照的是普法战争的先例（1870—1871 年）。普法战争中，战胜国普鲁士要求战败国法国割让了阿尔萨斯和洛林，并获得了 50 亿法郎的赔款。

割让台湾

终于到了 1895 年 1 月，日本政府预计即将取得战争的胜利，便着手起草条约草案，同年 4 月交给清政府，完成了签约。草案有四种，最初制订的预定草案与实际缔结的条约之间，存在着巨大的差异。

关于割让土地作为殖民地，预定草案中的内容是"清政府割让台湾全岛及……岛给日本，作为军费赔偿"，意思是将赔款不足的部分，以领土割让的方式进行抵偿。台湾全岛及不特定的岛屿是海军提出的方案，辽东半岛（其中有军事据点旅顺口、大连湾）是陆军提出的方案。可实际签订的条约内容变成了割让辽东半岛、台湾、澎湖列岛，其中辽东半岛由于后来三国干涉而放弃。

确定赔款金额

关于赔款的金额，预定草案中并没有明示。随后，大藏大臣松方正义提出赔款 10 亿两（中国海关库平银的单位），驻英公使青木周藏主张赔款 1 亿英镑。而担任日本外务省顾问的美国人丹尼森则提出了甲、乙两个方案，甲方案要求赔 3 亿日元，乙方案要求赔 5 亿日元。

在签订的条约中最终定为 3 亿两白银。[①] 这笔金额十分巨大，超过明治政府四年的国库收入。清朝的财政规模大体相

---

① 实际上因李鸿章受伤，最后改为 2 亿两。

同，因此这也就意味着清朝失去了四年多的税收。1895 年 4
月 1 日，日本提出议和条件，4 月 17 日，日清讲和条约（《下
关条约》）签订，5 月 8 日在芝罘（今山东烟台）交换了批准
书，条约正式生效。

赔款的使用

所获得的赔款被送入日本大藏省的存款部。存款部与邮
政储蓄共用一个账目，不对外公开资金用途的相关信息，被称
作"伏魔殿"。巨额赔款存入伦敦银行运转，可以讨好超级大
国英国和国际金融资本，实现向金本位制的过渡。

另外，利用这些赔款，日本得以进入以棉纺工业为中心
的产业革命阶段，尤其是大量的棉布用于增强陆军装备（军服
等）。赔款也被用在教育普及方面，作为小学用地、校舍建设
的经费补助。

日清战争后的亚太世界

对照概念图"近代国际政治——四种政体"来说的话，
赢得日清战争的日本，作为"惩罚"要求中国清政府 ③ 签订
战败条约，索取巨额赔偿，并且 ② 占有了第一个殖民地台湾。
这样一来，日本在幕末签订条约后经过 40 年，就完成了从 ④
交涉条约国加入 ① 列强阵营的转变。

由于日本已经从 ④ 交涉条约国变成了 ① 列强，东亚便不
再存在 ④ 交涉条约国。其结果，近代国际政治就转变成由 ①
列强、② 殖民地、③ 战败条约国这三种政体组成。

东亚的政治变动，广泛波及亚太世界。对于出现某种空白区域的东亚，列强行动了起来准备采取下一步措施。非洲及中南美的殖民地划分已经基本结束，而中国这个大国，并不是由一国统治，而是通过竞争由多国共同统治，因而受到了列强的高度关注。

世纪末的前兆

位于欧亚大陆另一端的超级大国英国，与南下的俄国之间是宿命般的对立关系，而英国将这种对立转加到日本身上，从弥补"距离差距"的目的出发加强与日本的关系，最终发展出日英同盟（1902 年）。

俄国采取了沿西伯利亚及沿海州向东亚地区南下的政策。具体战略是从中国东北向朝鲜出发，将旅顺等地作为军港控制。日本与英国联手，采取了应对措施。

最早叩开日本国门、位于太平洋彼岸的美国，也一改从前的门罗主义，时隔 40 年决定重返亚洲。1898 年，美国赢得与西班牙战争（美西战争）的胜利，西班牙将殖民地菲律宾割让给美国。另外，美国合并了关岛和夏威夷共和国，以此为契机涉足太平洋地区。翌年 1899 年，美国宣布门户开放，要求亚洲的利权要同样向美国开放，并首先将其矛头指向了满洲。

日本、英国、美国、俄国这些列强之间的白热化争斗，在东亚，尤其是在满洲这个舞台上开始上演。哪一个国家都无法单独掌握主导权，只能联手他国。尤其是刚刚取得发展，国力尚弱的日本，采取了与英国联手的基本政策。

另一方面，中国以日清战争失败为开端，开始进行新的探索：将分裂的国家统一起来、重新整合的方法，是像日本明治维新那样，设立君主立宪制下的议会制度（立宪派）呢，还是以武力推翻清王朝建立共和国（革命派）？ 19 世纪末中国没有看到前行的方向，这个问题遗留到了 20 世纪。

第九章　20世纪的全球新格局

帝国主义时代

大萧条

　　1800年欧洲白人所统治的土地面积大体上来说仅占整个地球土地面积的35%，可是到1914年第一次世界大战爆发时，这一比例已经达到84%。由此可见，白人统治世界的速度是何等迅速。可以说，以西欧和美国为"核心"的近代世界体系几乎覆盖了整个地球。

　　然而，1873年以后，英国陷入"大萧条"危机，在近代世界体系中失去了绝对的霸权地位，取而代之的是德国和美国迅猛发展。德国以重化工产业见长，美国则凭借广阔的领土优势，在国内搭建起北部工业区，西部、南部食品和原材料产地的帝国框架。其实，应该说美、德两国得势，正是英国"大萧条"的原因之一。

可是，英国是从何时开始"衰败"？或者仅从今天伦敦金融城（简称伦敦城）所占世界金融的比重来看，所谓英国"衰败"究竟是否确有其事？最近，针对这些问题的讨论很多。日本在经历了亚太战争的战后重建以及朝鲜战争带来的经济繁荣后实现了高速发展，本以为日本早已超越了英国，不料国内泡沫经济破裂，自此进入了"平成萧条"时期。从这一点来看，从事经济史研究的学者们都普遍认为至少在金融方面日本实际上并没有超过英国。

而在英国，近年来，也有很多人认为实际上并没有出现过英国经济的"衰败"。由于历史学家曾经只着眼于曼彻斯特、伯明翰、格拉斯哥等地的制造业、造船业等第二产业，因此才会认为英国被美、德甚至日本超越了。然而，英国统治世界经济依靠的并不是曼彻斯特的工业生产力，而是伦敦城的金融实力。而这种金融实力通过英国首相撒切尔夫人（1979—1990 年在任）提出的"金融大爆炸"政策重新恢复了。

近世以来，英国的经济和政治本来就一直是由地主绅士阶层以及后来的金融绅士阶层（指依靠所持证券等生活的"绅士阶层"）操控。此处所说的绅士阶层，指的是向国内外发放贷款并以此获得利益，维持独特生活方式的人们。因此，可以说只要伦敦城的金融和服务业不倒，英国经济就永远不可能"衰败"。

当然，仅就制造业来说，英国的排名无疑出现了相对下降的趋势。1870 年至 1913 年期间，英国和法国的工矿业生产分别增长到约 2.5 倍，而德国增长到 5.3 倍，美国甚至增长到 7.3 倍。顺便说一下，俄国的这项数值更是激增到 9.1 倍。1870 年，英国的生铁产量号称是美国及德国的 4～5 倍，而到 1913 年，落后到只有德国的 2/3、美国的 1/3 左右。19 世纪 90 年代，在钢铁产量方面，德国也超过了英国。

不过，在商业和金融领域，我们看到的是截然不同的一番情景。例如，商船的数量上，1913 年英国是美国的 1.5 倍，是德国的 4 倍。这个比例与 1870 年相比基本上没有变化。金融方面也是一样，在 1913 年第一次世界大战爆发前的伦敦城，丝毫看不到"衰败"的迹象。尽管在英国的有识之士中盛传德国可能会赶超英国的"德国恐惧症"（German Scare）是事实，但实际上，在欧洲以外的市场，英国的绝对性优势仍然没有改变。尤其是在拉丁美洲、土耳其和中国，德国根本无法与英国相提并论。

就这样，从 1873 年到世界大战这一时期，是英国的优势地位在制造业方面出现明显坍塌的时期。其结果，被称作"帝国主义"的各种趋势开始到处显现。而另一方面，在世界商业和金融领域，这一时期仍然是英国占据世界的中心。不仅如此，自 1871 年至 1909 年，伦敦城的金融公司甚至增加了 1 倍。

何谓"帝国主义"

通常我们所说的"帝国主义"，借用英国经济学家霍布森以及俄国革命领袖列宁的理论，是资本主义国家经济发展到成熟阶段而产生的结果。这些国家由于资本过剩，国内投资市场趋于饱和，与资源及劳动力相比，资本比较少，因此它们开始向贷款利息较高的海外市场大量输出资本。如此一来，从事这种金融业的金融资本家势力强大了起来。

对帝国主义国家而言，除了向"落后国家"政府发放贷款等，比较有利的投资去向大部分是投资在生产出原料和原材料等"世界商品"的种植园和矿山。这些投资点同时也成为本国制造业的商品市场。于是，列强为了确保本国势力范围，开始瓜分世界。其结果，列强之间的冲突在世界各地频繁爆发。这些冲突就是所谓帝国主义战争，迄今为止的两次世界大战就是其中典型的例子。

不过，正如本书在开篇中所说，我们并不是采取像这样的"国别"史研究的方法。世界是一个整体，这个世界是由"核心"和"周边"两个部分构成。"核心"是指那些主要将工业产品作为"世界商品"销往世界各地的国家，而"周边"国家则是指将原材料、粮食及石油等资源或能源作为"世界商品"参加这种全球分工体制的国家。自《托德西拉斯条约》（1494 年）签订以来，帝国主义列强瓜分世界并不再是什么罕见之事。

当时全球呈现一个显著的特点，就是随着"不列颠治世"的瓦解，出现了各个"核心"国家为了争夺新的霸权地位而激烈竞争的局面。自 17 世纪荷兰霸权瓦解后，18 世纪英国和法国之间以世界为舞台，重复进行着第二次百年战争、殖民地百年战争等一系列战争。在 1873 年后的世界舞台上，伺机夺取英国霸主地位的德国和美国之间也展开了竞争。而作为昔日的霸权国家，英国直到很晚的时候都在坚持推行自由贸易主义，以德国为中心的贸易保护主义也就自然抬头了。

美国与德国的霸权之争

由于英国是世界上最早完成产业革命的国家，因此英国工业形成了以铁和煤炭为基础的技术体系和设备，以及与之配套的教育体系、劳工体系等社会体制。结果在"第二次产业革命"时期，也就是以煤气和电力为主体的重化工时代，英国工业无法与之相匹配。例如，尽管能够以低廉的价格大批量生产优质钢铁的贝塞麦（Bessemer）法以及化肥、化学药品、化学染料、合成树脂等产品无一不是由英国人发明创造的，然而将其发扬光大成产业的主要是美国和德国。一个已经建成蒸汽机车铁路网的国家，要将其全部换为电力机车，不是一件容易的事情。除了需要丢弃原有设施造成经济损耗之外，在技术教育方面，在削减人工、更换配置的社会成本方面也存在着困难。同理，诸如此类的问题暴露在工业发展的各个层面。相反，那些没有紧跟第一次产业革命潮流的国家更有可能自由地发展新技术。德国后来居上，为了保护本国市场不受英国商品冲击而实行关税保护政策。而英国一直以来倡导自由贸易主义，尽管也有约瑟夫·张伯伦（Joseph Chamberlain）等人倡导实行保护大英帝国的关税政策，但未能轻易施行保护政策。

不过，在某种意义上，其他国家的工业化发展对英国伦敦城的金融资本来说，意味着融资范围的扩大。对伦敦城而言，其他国家的工业化发展可谓一种商机。即使现在英国制造业衰败，伦敦城也能够继续生存，这是当然的。包括罗斯柴尔德、巴林等"商业银行"在内的金融机构在伦敦城十分活跃，与其说它们是在英国境内投资，不如说它们是向近代世界体系的所有区域投资。第一次世界大战爆发前，美国的海外投资额仅为 5 亿多英镑，德国也只有 12 亿英镑左右，而英国向海外的投资额竟高达 40 亿英镑。这些投资加上海运等方面的收益弥补了英国的贸易收支赤字，英国也由此成为"食利国家"（靠利息存活的国家）。

姑且不论单个国家的命运，构成世界体系"核心"的欧美各国整体的工业生产在此期间肯定是发生了翻天覆地的变化。1870 年至 1913 年期间，全世界范围内的蒸汽动力装置的数量翻了 3.5 倍。据推测，这期间欧洲大陆的人口从 1.9 亿猛增到 4.23 亿，另外还有 4000 万人移民美洲。

"周边"国家的变化

不过，西欧及美国等"核心"国家出现的这种工业大发展、人口猛增长的戏剧性变化，并不是孤立存在的。如果没有"周边"国家在原材料、食物及能源等方面的扩大生产，"核心"国家的成长也就无从谈起。也就是说，这一切必然是加强了整个世界体系内的商品交换的结果。

在目前的历史研究中，这种状况通常被解释为欧美列强进入了帝国主义竞争时代。事实上，西方列强为了扩大本国的势力范围，在亚洲和非洲都上演了激烈的土地争夺战。例如，以统治北非为目标的法国与计划从开普至开罗纵断非洲的英国之间爆发了法绍达冲突（1898 年），诸如此类为争夺非洲领土而大动干戈的事情在列强之间时有发生。不过，用这样的一国史观点并不能解决问题。真实的情况是世界体系已经覆盖了整个地球，在这个体系中，英国的霸权地位已不复存在，而"核心"区域涌现出了几个相互竞争的强国。这些国家的竞争导致爆发了两次世界大战，最终以美国夺得霸权地位而暂时宣告结束。

值得我们注意的一点是，在这一时期的世界体系中，尽管亚洲、非洲及拉丁美洲作为"周边"国家已经明显地被置于从属地位，但每个地区的从属程度、从属特点存在着较大的差别。当然，例如，即使在政治及社会制度方面尚未西化的地区，也已经引进了铁路和学校制度等一些西方的事物。再比如，我们以医疗为例来看也是一样，西方的医疗技术席卷全球。汉方曾经是江户时代的正统医学，而如今汉方没有纳入医疗保险体系，基本上沦为"非正统"的医疗。由此我们也可以看出，近代欧洲的价值观遭遇亚洲和非洲的文化时，无疑是在很多方面占据了上风。

然而，文化自然不必说，即便是从经济角度来说，亚洲也并没有完全依赖欧洲而失去自我独立性。从这一点来看，亚洲与包括加勒比海域在内的拉丁美洲之间存在着极大的差别。或许我们应该说，远东地区从未被完全纳入欧洲世界体系的"周边"国家行列。无论是日本还是明、清时期的中国，都曾经实行过"海禁"和"锁国"政策，这些政策很有可能拖延了被"纳入"世界体系的时间，或者保证了"被纳入"的过程更加稳定。想来，这些事实对于 20 世纪末今天这个世界的各个地区的现状也产生了微妙的影响。

世界被再度瓜分

英属印度之形成

15 世纪末，位于伊比利亚半岛的两个天主教国家肆意"瓜分"了世界，随后，荷兰、法国和英国要求分割"亚当和夏娃的遗产"，世界再次遭到瓜分。1763 年签订《巴黎条约》后，英国的势力逐渐增强，拿破仑战争结束后确立了"不列颠治世"。可是，由于 1873 年以后"大萧条"的出现，世界开始再次被列强瓜分。而这一次，要求重新瓜分世界的国家是德国、美国和日本。

从爆发鸦片战争到签订《北京条约》，英国一直是对中国发动侵略的始作俑者，加上对印度民族起义实施镇压，英国在亚洲占据着绝对性优势。印度民族起义后，英属东印度公司遭到废弃，印度处于英国政府的直接管辖之下。1877 年，拥戴维多利亚女王，以李顿为印度副王的印度帝国正式成立。原本由土著统治者（Maharajah，摩诃罗阇）各自管辖的地域分散在印度各处，随着印度帝国的正式成立，印度全境便从形式上归属于英国统治。英国为了让印度人民接受这一事实，在宗教中心德里附近捣毁了好几座村庄，开辟了今天的新德里，并在此举行了盛大的帝国大典。大典一方面为了充分利用在叛乱中灭亡的莫卧儿王朝的余威，原模原样照搬了莫卧儿王朝的觐见仪式；另一方面它也是英国贵族的爵位授予仪式。

英国很早就以印度为据点，将周边地区纳入自己的版图中。例如，从1824年到1886年之间，英国发动了三次攻打缅甸的战争，使得缅甸成为英属印度的一个省。再比如，英国依靠武力，将阿富汗和中国西藏等地也置于自己的控制之下。在马来半岛，1819年，新加坡被莱佛士指挥的英军占领，1826年，尚处于东印度公司统治下的新加坡就与槟岛、马六甲一起被统合为"海峡殖民地"。自1867年起，新加坡又作为英国直辖殖民地，成为发展锡矿和橡胶种植园的基地，聚集了周边的大量劳工。同样，1833年，被废除了茶叶贸易垄断权的东印度公司，从中国盗取茶树移植到印度阿萨姆，后来又移植到锡兰。无论阿萨姆还是锡兰，都需要从其他地方引入大批劳动力。于是，英国于1863年制定国内移居法，并效仿加勒比海域废除奴隶制后的做法，开始实施年限合同工的用工制度。

欧美诸国的亚洲扩张

在亚洲，今天的印度尼西亚（当时并不存在这样一个国家）残存着荷兰人的势力，而法国从拿破仑三世时代起就企图将中南半岛殖民地化。1883年，法国战胜阮朝军队，可以说从事实上将越南全境置于其统治之下。

而中国自亚罗号事件（1856年）以来，遭到拿破仑三世统治时期的法国、俄国、美利坚合众国等西方列强染指。不过，整个亚洲地区最引人注目的还是1854年刚刚解除锁国政策的日本。通过200多年的闭关锁国，日本避免了作为"周边"国家而被卷入世界体系中，基本维持着自给自足经济。日本以此为基础大力发展富国强兵政策，使得日本在打开国门被世界体系吸纳时，比起纯粹的"周边"国家，更接近于"核心"国家的地位。通过出兵台湾（1874 年）、强行签订对朝鲜的不平等条约（《江华条约》），甚至发动日清战争（1894—1895 年）等，日本已经完全成为"帝国主义"列强之一。1902 年，日本与英国缔结日英同盟，企图联合起来加强对中国的控制。

日清战争后签订了《马关条约》（1895 年），俄国、德国和法国也插手其中（三国干涉还辽），企图扩大自身的利益。原本美国一直以来力图在国内维系类似帝国殖民地的构造，专注于在西部开疆拓土，外交上也是奉行不干涉西半球以外事务的门罗主义。可是 1899 年，美国国务卿海约翰发表"门户开放"宣言，也插手中国市场，要求与瓜分中国的其他列强拥有平等的权利。美国于 1890 年宣布"边疆消失"，谋求向海外市场扩张势力，开始在加勒比海地区传播泛美主义，明目张胆地干涉他国事务。在太平洋地区亦是如此，1898 年，美国挑起美西战争，合并夏威夷，将菲律宾变成殖民地。

欧洲与非洲

非洲在这个时期被列强瓜分殆尽。我们都知道时至今日，非洲许多国家仍苦于部落冲突、互相残杀的问题。可是，为什么在同一个国家内会并存着如此激烈对抗的部落呢？答案十分简单，就是因为现在非洲的国境线仅仅是根据西方列强的意愿划分的，根本就不存在什么"国家""公民"的概念。

而这种情况在世界体系的"周边"国家中屡见不鲜。例如，库尔德民族作为少数民族分布于伊拉克、土耳其境内，也是这样的原因。除此之外，印度与印度尼西亚原本也不是"国家"。印度的情况是与独立之际的巴基斯坦以及后来的孟加拉国有着复杂关系，但基本上可以说，殖民地统治单位是抵抗它的民族主义者们的近代"国家"投影，所谓"印度人"或"印度尼西亚人"也只是人为创造出的一种称谓而已。

当然，作为实施殖民统治的一方，即那些欧洲近代国家，也会为了确保自己在世界体系中的强大地位，利用各方权力，人为创造出各种象征，这已经成为历史学界的一般常识。无论是"法国人""英国人"，还是"德国人"，这些说法并非自古就有，是在历史发展过程中被人们"制造"出来的。不仅如此，直到今天，也并不是所有构成这些群体之人都认同自己是某国的"公民"。

然而非洲的情况很特殊。今天，当我们展开非洲的地图，可以清楚地看到在广阔的非洲大陆上，各个国家的国境线并非自然蜿蜒的曲线，而是用很不自然的直线画成的。在19世纪30年代奎宁得以大量生产之前，非洲充满疟疾恐慌，在欧洲人眼里，非洲简直就是一片"黑暗大陆"。一位名叫利文斯敦的英国人深入这片"黑暗大陆"的腹地探险，发现维多利亚瀑布（莫西奥图尼亚瀑布），引起了巨大轰动。这时正是英国爆发"大萧条"的那一年，即1873年。总之，对疟疾、黄热病等热带特有疾病的研究，即热带医学是欧洲人向亚洲、非洲及拉丁美洲地区扩张的一大前提。

原本对西欧人来说，非洲只是一个拥有黄金和象牙等少量物产，并向美国种植园提供劳动力的基地而已。可是，另一方面，这片广阔的"黑暗大陆"也成为他们通往亚洲的拦路虎。因此在 1869 年，法国技师雷赛布凿通苏伊士运河，一举缩短了西欧人前往印度的路程。1875 年，英国首相迪斯雷利在伦敦城的商业银行家罗斯柴尔德的帮助下，从埃及政府手中购买这家公司的股票，在控制这条通往印度的运输命脉的同时，开启了向埃及和苏丹的扩张之路。

布尔战争

非洲南部的历史因钻石矿和金矿而得到点缀。苏伊士运河开通前，非洲最南端的开普曾是欧洲通往印度航线上的重要中转站，这里定居着大量的荷兰农民（布尔人）。但是 19 世纪初，由于英国逐渐对这片土地加强施压，布尔人开始向北方的内陆地区迁移，并建立了奥兰治自由邦和德兰士瓦共和国。然而，进入 19 世纪 80 年代后，这里发现了钻石矿和黄金矿。时任开普殖民地总理的塞西尔·罗得斯为了抢夺矿山的利权，开始挑衅布尔人。帝国主义时代的战争，究竟是殖民地统治者为了抑制当地"失控"而发动的，还是听从本国的指令发动的，这个问题一直是人们激烈讨论的话题。

当时英国的殖民地大臣约瑟夫·张伯伦原本是一名自由党成员，但他反对传统的自由贸易主义，主张设定"帝国特惠关税"以对抗"德国的威胁"，是一名彻头彻尾的帝国主义者。由于他还主张加强帝国团结，推行国内社会改革，因此也被认为是"社会帝国主义者"。正因为他是这样一个人物，所以他大力支持罗得斯的政治方针，于 1899 年挑起了真正的战争——布尔战争（南非战争）。

英国为这场战争投入了极大兵力，有正规军 25.6 万人，另外还有从印度等英属殖民地调集的军队 19 万人，而布尔人仅仅只有 7.3 万人，因此按照一般推测，英国应该是胜券在握。可是，布尔人凭借顽强的精神以及他们所采取的游击战术，使英国军队陷入艰苦的作战当中，战斗一直持续到 1902 年才结束。战争中，大量布尔人妇女与儿童死在集中营里，向我们预示了很多 20 世纪爆发的那两次世界大战中出现的悲惨情景。尽管英国赢得了战争的胜利，但这场战争也暴露出贫民窟出身的士兵的体格缺陷，这也成为后来英国社会改革的一大课题。

分割非洲

英国终于赢得了战争胜利，继而向北部的贝专纳兰保护国，以及以塞西尔·罗得斯之名命名的罗德西亚继续扩张。英军采取一方面从开罗南下，另一方面从开普北上的联合作战方式，这样既可以纵贯非洲，又可以将开罗和开普两个据点与加尔各答连在一起，将这一区域作为扩张的重点，实施"3C^①计划"。

英国的纵断政策与法国的"横贯非洲计划"完全起了冲突，法国计划在北起北非阿尔及利亚、突尼斯，西至法属西非及刚果部分地区的非洲大陆西部扶植自己的势力，最终与非洲

---

① 3C，即开普 (Cape)、开罗 (Cairo) 和加尔各答（Calcutta）。

东部沿海的马达加斯加连为一体。1898 年，英法两国在尼罗河上游的法绍达发生冲突，战争一触即发。不过，这场危机最终以法国的妥协退让而消解。这也是两次世界大战中英法联盟，建立了良好关系的远因。

比利时也在国王利奥波德二世时期，于 1885 年控制了刚果河流域。高举"3B①政策"，意图通过修建铁路，将柏林、拜占庭（君士坦丁堡）、巴格达连在一起，从而与英国抗衡的德国也宣称在非洲拥有多哥、喀麦隆等四个地区的主权。除此之外，意大利、西班牙、葡萄牙等国在非洲也或多或少占领了一些土地。因此，到一战爆发前，非洲的土地已作为所谓"亚当和夏娃的遗产"而被欧洲各国瓜分殆尽。

在非洲遭受瓜分的过程中，白人早已将上帝明确赋予"优秀白人"的"明确的使命"，即替非洲"开拓文明"的使命抛开，而是将经济利害放在了首位。可以说，赤裸裸的帝国主义在此一览无余。甚至连布尔战争的受害者布尔人也有了经验，第二次世界大战后，布尔人为了经营金矿和钻石矿，强制奴役自北方南下的黑人班图族，甚至采取了种族隔离政策。

世界体系的走向

20 世纪的历史情节

历史发展至今，若我们将整个世界看作一个整体，那么

---

① 3B，即柏林（Berlin）、拜占庭（Byzantine）和巴格达（Baghdad）。

20 世纪在这个整体中又是怎样的一部分呢？列强瓜分世界的第一次世界大战爆发前，虽然还不是决定性的，但此时英国霸权主义的衰退已初现端倪，美国和德国开始角逐新的霸权。而在英国国内，真相如何暂且不论，总之人们私下开始频繁谈到"德国的威胁"。

然而，第一次世界大战的结果是德国遭受了严重的打击，经济混乱到难以收拾的境地。当时的局面与拿破仑同英国争斗败北后情景极其相似。虽然美国是这场战争的最大获利者，由债务国一举反转成为债权国，但 1929 年美国引发了一场世界级的大恐慌，从而开启了美德两国的第二轮霸权争夺。不过，在第二次世界大战中，仍然是德国战败，而美国作为超级大国，夺取了世界体系中的霸权地位。这就是 20 世纪世界历史的基本情节。

20 世纪还有一个故事，讲的就是东亚的兴起。近代世界体系始终是以西欧为"核心"建立起来的，而被划入"边缘"的地域为了改变被压迫的命运不断抗争，如火如荼地开展民族主义运动。可惜大多数民族主义运动即便在政治性独立方面取得了成功，最终也没能逃离全球分工体制的安排，作为提供原材料等的供给方，被牢牢地固定在"周边"国家的定位上。其中，可以说最为成功的要数日本及其他东亚各国的经济发展。在日本成功的背后，江户时代的"闭关锁国"使日本脱离世界体系，产生了"隐遁"效果。而对于这一点，不少人的看法虽多少有微妙差异，但基本是认可的。

亚洲的兴起对预测今后的世界体系走向起到重要的作用。

硬币的正反两面

"世界是一个整体"已经成为人们口中的一句套话。本书也是以这句话作为大前提，考察了近代世界与其他地区，尤其是与亚洲地区之间的关系。哥伦布及瓦斯科·达·伽马以来的近代世界是以西欧为"核心"，以东欧及拉丁美洲地区为"周边"起步的。在之后的 500 年发展历程中，这一构造内部的"核心"与"周边"关系不断再生，最终将整个世界完全覆盖其中。

从原则上来说，应该是法国大革命和英国工业革命这两大事件标志着近代历史的"开端"。尽管在此之前并非没有出现过类似的倾向，但这两次事件的特点可以说最为典型——法国大革命旨在解决民主主义及平等的政治问题，工业革命则旨在解决工业化的经济问题。

然而，到目前为止，所有国家和地区同时实现工业化、每个国家都处于平等地位的情况显然是不可能出现的。在近代世界体系的发展过程中，"核心"国家要想生存下去，就必然需要"周边"国家的存在。换句话说，"核心"国家的发展，事实上造成了"周边"地区的"低水平开发"。

明治以后，日本凭借富国强兵政策，使得国力大大提高，成为亚洲唯一的"帝国主义"国家。也就是说，日本并非自给自足实现了发展，而是通过对朝鲜半岛及台湾等"周边"地区的殖民统治才得以发展壮大。当然，战后日本失去了所有这些殖民地，却实现了经济复兴，取得了堪称"日本奇迹"的经济快速发展。不过，助力经济腾飞的能源是来自亚洲的"低水平开发"国家，建材及造纸所需的原料木材也推动了热带雨林的砍伐。可以说，发达国家所谓"开发"总是伴随着对"发展中国家"的"低开发"型投资。

社会主义尝试

如前文所述，"核心"与"周边"这一构造不断再生，陆续将新的地区卷入近代世界体系之中。特别是18世纪末至19世纪初，近代世界体系将土耳其、俄罗斯、西非、印度等地区吸入其中，得以迅猛发展。此时的世界体系已经几乎覆盖了全球。可是，尽管近代世界体系看似是一个谁也无法抗拒、拥有强大生命力的构造体，但还是出现了与之对抗，抑制其进一步发展的力量。这种抵抗从两个方向表现出来：其一是社会主义运动，其二是民族主义。

社会主义运动从1848年起——这一年，爆发了法国二月革命，柏林三月革命与英国宪章运动达到高潮，马克思与恩格斯合著《共产党宣言》——在欧洲广泛传播。不过，不用说，社会主义真正取得政权是在第一次世界大战末期俄国爆发的十月革命（1917年）之后。虽然建立了社会主义政权，但是社会主义阵营并未建立起区别于资本主义阵营的独立分工体系。斯大林时代是社会主义阵营最为独立自主的时期。但是，即便如此，苏联也没有"锁国"，而是继续作为近代世界体系的一部分而存在。

总之，20世纪，为了避免出现资本主义经济的内在阶级差别以及资本主义无法摆脱的经济景气波动，世界体系内部开始出现社会主义尝试。

马尔萨斯的亡灵

观察世界体系的发展动向，我们可以发现，某一地区的"开发"必定伴随着另一个地区的"低水平开发"。开发与低水平开发就好比一枚硬币的正反两面。如果我们将"开发"与"低水平开发"看作一个整体，并暂且将其称为"经济增长"的话，那么这种"经济增长"的背后也必定有对环境破坏的一面。

从英国开展工业革命的时期开始，或者再提前 200 年，从16 世纪开始，伦敦的人口猛增 10 倍以上，城市化进程极快，导致这个巨大城市的柴薪出现严重不足，家家户户开始使用煤炭作为燃料。于是，伦敦的空气受到了污染。早在 17 世纪，有关大气污染的论文就已经出现，这篇论文的作者是英国著名的日记文学作家约翰·伊夫林。曾是保皇党成员的他从流亡地巴黎返回伦敦后，目睹了伦敦的建筑物笼罩在煤烟之中，惊愕不已。

在产业革命的发展过程中，有多少城市受到污染，出现了多少个"焦煤城市"，就不用多说了。20 世纪 50 年代，伦敦又受到严重雾霾污染，导致大量市民死亡。有一则广为人知的趣闻，说的是泰晤士河水质污染，河水奇臭无比，以至于议会都不得不中止举行。

在这些不断推进工业化进程的"核心"国家内部，诸如此类的公害问题愈加严重，此外粮食、原材料及能源等资源的匮乏也令人担忧。马尔萨斯在《人口论》中所论述的正是这样一件可怕的事，即由于粮食资源的限制而出现经济增长停滞。然而，在马尔萨斯所处的时代，即19世纪上半叶，英国人都认为，无论是社会问题还是经济问题，所有事情都可以在"海外解决"，并且认为所有问题解决起来都轻而易举。此处所说的"海外"当然指的是以殖民地为主的世界体系的"周边"国家。如果英国国内食物不充足，可以从俄罗斯、阿根廷及美国购买；如果燃料不足，则可以在殖民地采挖；如果国内有作奸犯科的人，就可以将他们流放到殖民地。这就是当时英国人的想法。因此，马尔萨斯当时的担忧在英国人看来简直就是杞人忧天。

可是，世界发展至今，世界体系已经覆盖了整个地球。其中出现的资源不足问题已找不到可以解决的地方。20世纪末人类亟须解决的正是此类令人束手无策的难题。

"核心"国家为了发展本国工业，会要求"周边"国家组织大规模的原材料及粮食生产，因此需要以奴隶或契约工人的形式召集大量劳工，而这些劳工谈不上什么自由。在"周边"国家进行的种植园等的开发，又直接导致了对环境的破坏。

在位于巴西及加勒比海域的甘蔗种植园，由于甘蔗本身导致土地贫瘠，整个地区又基本上都被开发成甘蔗种植园，因此当地景观发生了巨大变化。一旦采取这种"低水平开发"的形式，就会对环境造成严重的破坏。砂糖的精制过程需要大量燃料，所以在种植园，燃料问题尤为严重。而在远隔重洋的英国，当贵妇们在晚宴后一边喝着加糖红茶，一边兴致勃勃地扯闲聊天的时候，她们其实也在间接地破坏着部分热带雨林。在本来就没有丰富的可燃树木资源的加勒比海域，这个问题很快就严重了，甚至使英属殖民地的砂糖生产成本水涨船高。

就这样，无论是"核心"国家的工业化发展，还是"周边"国家的低水平开发，都造成了对生态的破坏。可见马尔萨斯的担忧不仅不是杞人忧天，反而应该说在世界范围内成为现实。在战后的日本历史学研究中，就连所谓古典派经济学家也对马尔萨斯的观点持否定态度，而推崇与马克思经济理论有关联的亚当·斯密及大卫·李嘉图的观点。如今需要做的是恢复马尔萨斯的观点，这也是全球视角下的一种回归。世界上已经不存在可以供人类开发的"处女地"。因此，我们已经不可能将所有问题都"扫地出门"到新的"处女地"去。从这一点来说，20 世纪末的世界体系正处于"危机"状态。

20 世纪的生活史

自中世纪末期起，西欧人就无比向往亚洲辉煌的物质文明，他们盘算着采取两种办法得到它。第一种方法就是向亚洲扩张，"加入"当地的共同体交易圈，征服、占领非洲和拉丁美洲，在当地修建矿山，或者开设种植园。西欧与东欧的关系也有与此相似之处。而第二种方法就是在西欧内部模仿"亚洲物产"进行生产，也就是以自主生产替代进口产品。可以说，第一种方法象征着近代世界体系的形成与发展，第二种方法则是"工业化"所表现出的现象。

于是，我们可以稍微大胆一点儿地说，大约在 1875 年前，欧洲与亚洲之间的关系就是以欧洲人对亚洲的消费品满怀憧憬为原动力而展开的。

然而，随着西欧工业化的发展，西欧与亚洲之间的关系开始发生巨大变化。因为西欧也开始把对待非洲和拉丁美洲的方法用在亚洲，在亚洲征服土地、开设种植园，尽管在不同地区存在着程度上的差别。价值观方面也发生了大逆转。经过了一个多世纪，亚洲人反过来开始渴求欧洲的物质文明，世界史以此为原动力展开。对亚洲各国来说，如何赶上欧美的发展步伐成为课题。

打开国门后的日本的历史，就是一个典型的追赶欧美的过程。日本以呼吁"文明开化"为开端，将追赶欧美作为全民性的大课题。第二次世界大战后，日本的憧憬对象由欧洲变为美国。美国驻军带来的巧克力、吉普车，尤其是20世纪60年代美国拍摄的电视肥皂剧引起了一阵风潮，日本人对这种大众消费社会的生活方式无比憧憬。这也成为后来日本"经济高速增长"，也就是"日本奇迹"诞生的前提条件。

以日本为首，东亚的经济无疑实现了腾飞。欧洲和美洲与亚洲之间的关系也史无前例地逐渐平等。可如果超越物质生活领域，考虑社会制度、精神生活及文化问题的话，我们会发现事情其实并没有那么简单。即使是近年来亚洲经济的发展，也要符合欧洲的标准。亚洲的各国人民在各自独有的、传统的价值观和文化体系与在近代史发展中占据优势地位的西欧的价值观和文化体系之间，又会做出怎样的妥协呢？遗憾的是，目前还没有出现从这个层面上谈论"20世纪的生活史"的论著。

后美国时代——世界体系的走向

德国和美国的霸权之争于第二次世界大战后终于分出高低，以美国夺得霸权地位而告一段落。美国号称拥有超高水准的大众消费经济，凭借灿烂的生活文化占据了世界的绝对优势。比如，可口可乐和牛仔裤，无论是社会主义国家还是伊斯兰国家，它们都渗透其中。

不过，我们把目光稍微放长远一点儿，就会看到美国的霸权在越南战争后便陷入了急速衰落的境地，这一点有目共睹。短期来说，经济会出现上下波动，但美国的衰落与东亚的腾飞是 20 世纪下半叶世界历史上突出的两个现象。处在 20 世纪 90 年代末期的今天，我们十分担心会爆发一次"源于亚洲的世界性恐慌"，而在 1929 年，事实上就发生过一起"始于美国的世界大恐慌"。亚洲经济在全球的比重越大，越有可能成为世界性恐慌的导火索，这是长期来看的正确观点。

美国在第二次世界大战后，还陆续参加了包括朝鲜战争在内的多起战争。不过，越南战争失利和石油危机的冲击使美国真正失去了霸权地位。虽然美国在海湾战争中貌似取得了决定性胜利，但即便是这次战争也暴露出一个现实问题，那就是仅靠美国一己之力是很难维持战争开支的。

若是如此的话，那么美国霸权衰落后的世界体系，也就是"后美国时代"，将何去何从呢？应该会像 18 世纪的英国和法国、20 世纪的德国和美国那样，由某两个国家长期上演霸权争夺，然后从二者中产生出新的霸权国家吗？如果真是这样，那又会是哪两个国家相争呢？是以 EU（欧盟）为后盾的德国？还是日本？抑或是中国？

可是，现实的世界，似乎正朝着与这种猜想颇为相反的方向在发展。诞生于 16 世纪的近代世界体系随着美国霸权的衰落，可能会就此消亡。近代世界体系乍一看甚至让人觉得有些矛盾，它在"核心"国家强化"国民国家"这一概念，并以此为前提形成。而"周边"国家和地区的民众在反抗这些"国民国家"的时候，也高呼"国民主义"的口号，生搬硬套地举起"国民国家"的大旗谋求本国的政治独立。如前文所述，非洲各国、印度以及印度尼西亚就是通过上述抗争才建立了自己的国家。

可是，这种模式今后也将一直持续下去吗？换句话说，这样的世界体系将会一直残存吗？从环境及资源的角度来看，世界体系想要留存十分困难。况且，"国民国家"的意义已经相当淡漠。欧洲正在以"EU"的形式结合为一个整体，美利坚合众国也逐渐与加拿大和墨西哥形成互惠通商的贸易圈。当这样的"广域经济圈"表现出巨大的意义时，"国民国家"的主权就必定会受到大幅度的制约。另外，随着跨国企业实力增强，经济发展将完全超越国境的限制。作为"国民国家"基础的"国民经济"这一概念本身，将开始土崩瓦解。网络信息的流通也使得金融与信息方面不再受到国界的限制。尽管"国民国家"本来是西方列强为了便于统治而杜撰出来的概念，但近代世界体系正是以它为前提运行至今，不过现如今这个体系已经无法再长久于世了。

近代世界体系的瓦解意味着不再怎么需要国家机构的介入，而是由世界各国的人民自由自在地交流和交往。近代世界中最受重视的国与国之间的"外交"，即政府之间的交涉方式结束，取而代之的是 NGO（非政府组织）等"民间外交"的新时代的开始。尤其在环境问题上，这种趋势尤为明显，因为环境问题业已成为世界体系本身最致命的弱点。这给予我们很多启示。

参考文献

全书相关文献

榎一雄編『西欧文明と東アジア』（東西文明の交流）5　平凡社
一九七一

G・B・サンソム、金井圓・芳賀徹ほか訳『西欧世界と日本』全三巻
ちくま学芸文庫　一九九五

J・ニーダム、東畑精一・藪内清監修『中国の科学と文明』全八巻　新
思索社　一九九一

藪内清『科学史からみた中国文明』　日本放送出版協会　一九八二

尾藤正英『江戸時代とはなにか　日本史上の近世と近代』岩波書店
一九九二

梅棹忠夫『日本とは何か　近代日本文明の形成と発展』　NHKブックス
一九八六

W・マクドゥーガル、加藤祐三監修『太平洋世界』上・下　共同通信社
一九九六

Ｐ・フェルナンデス＝アルメスト、別宮貞徳訳『ミレニアム　文明の興亡　この一〇〇〇年の世界』日本放送出版協会　一九九六

Ｋ・Ａ・ウィットフォーゲル、湯浅赳男訳『オリエンタル・デスポティズム　専制官僚国家の生成と崩壊』新評論　一九九一

Ｆ・ブローデル、村上光彦訳『日常性の構造』2〈物質文明・経済・資本主義　15—18世紀〉みすず書房　一九八五

安田喜憲『気候と文明の盛衰』朝倉書店　一九九〇

加藤祐三『新しい旅立ち　地球文明の場へ』〈日本文明史〉7　角川書店　一九九二

Ｉ・ウォーラーステイン、川北稔訳『近代世界システム』Ⅰ・Ⅱ　岩波現代選書　一九八一

Ｉ・ウォーラーステイン、川北稔訳『近代世界システム　1730-1840s』名古屋大学出版会　一九九七

Ｉ・ウォーラーステイン、川北稔訳『近代世界システム　1600-1750』名古屋大学出版会　一九九三

Ａ・Ｇ・フランク、吾郷健二訳『従属的蓄積と低開発』岩波現代選書　一九八〇

Ａ・Ｇ・フランク、西川潤訳『世界資本主義とラテンアメリカ』岩波書店　一九七八

Ｐ・Ｊ・ケイン／Ａ・Ｇ・ホプキンズ、竹内幸雄・秋田茂訳『ジェントルマン資本主義と大英帝国』岩波書店　一九九四

Ｐ・Ｊ・ケイン／Ａ・Ｇ・ホプキンズ、竹内幸雄ほか訳『ジェントルマン資本主義の帝国』Ⅰ・Ⅱ　名古屋大学出版会　一九九七

Ｗ・ロドネー、北沢正雄訳『世界資本主義とアフリカ　ヨーロッパはいかにアフリカを低開発化したか』柘植書房新社　一九七八

高橋琢磨『マネーセンターの興亡』日本経済新聞社　一九九〇

E・ウィリアムズ、川北稔訳『コロンブスからカストロまで』1・2　岩波現代選書　一九七八

E・W・サイード、板垣雄三監修、今沢紀子訳『オリエンタリズム』　平凡社　一九八六

多木浩二『ヨーロッパ人の描いた世界』　岩波書店　一九九一

第一章

鶴見良行『マラッカ物語』　時事通信社　一九八一

トメ・ピレス、生田滋ほか訳注『東方諸国記』〈大航海時代叢書〉5　岩波書店　一九六六

馬歓、小川博訳注『瀛涯勝覧』　吉川弘文館　一九六九

ルイーズ・リヴァシーズ、君野隆久訳『中国が海を支配したとき　鄭和とその時代』　新書館　一九九六

宮崎正勝『鄭和の南海大遠征　永楽帝の世界秩序再編』　中公新書　一九九七

R・カーソン、青樹簗一訳『沈黙の春』　新潮文庫　一九九二

鈴木董『オスマン帝国　イスラム世界の「柔らかい専制」』　講談社現代新書　一九九二

家島彦一『イスラム世界の成立と国際商業』〈世界歴史叢書〉　岩波書店　一九九一

家島彦一『海が創る文明　インド洋海域世界の歴史』　朝日新聞社　一九九三

和辻哲郎『鎖国　日本の悲劇』　筑摩書房　一九六四

岩生成一『鎖国』〈日本の歴史〉14　中央公論社　一九七一（中公文庫　二〇〇五）

小堀桂一郎『鎖国の思想　ケンペルの世界史的使命』　中公新書　一九七四

上垣外憲一『「鎖国」の比較文明論　東アジアからの視点』　講談社選書メチエ　一九九四

布施勉『国際海洋法序説』　酒井書店　一九八八

第二章

鈴木董編『パクス・イスラミカの世紀』〈新書イスラームの世界史〉2　講談社現代新書　一九九三

原洋之介編著『東南アジアからの知的冒険』〈社会科学の冒険〉5　リブロポート　一九八六

山田憲太郎『香料の道』　中公新書　一九七七

生田滋『大航海時代とモルッカ諸島』　中公新書　一九九八

鶴見良行『海道の社会史　東南アジア多島海の人びと』　朝日新聞社　一九八七

篠田統『中国食物史』　柴田書店　一九七四

篠田統『米の文化史』　社会思想社　一九七〇

康君子訳『シンドバッドの冒険』　集英社　一九九五

袁枚（随園）、青木正児訳注『随園食単』　岩波文庫　一九八〇

宮崎市定、礪波護編『中国文明論集』　岩波文庫　一九九五

天野元之助『中国農業史研究』（増補版）　御茶の水書房　一九七九

浜島敦俊『明代江南農村社会の研究』　東京大学出版会　一九八二

ノエル・ペリン、川勝平太訳『鉄砲を捨てた日本人　日本史に学ぶ軍縮』　中公文庫　一九九一

第三章

Ｊ・Ｈ・エリオット、越智武臣・川北稔訳『旧世界と新世界　1492-1650』岩波書店　一九七五

Ａ・リード、平野秀秋・田中優子訳『大航海時代の東南アジア』Ⅰ　法政大学出版局　一九九七

石原保徳『インディアスの発見　ラス・カサスを読む』田畑書店　一九八〇

Ｌ・ハンケ、染田秀藤訳『スペインの新大陸征服』平凡社　一九七九

家島彦一『イスラム世界の成立と国際商業』岩波書店　一九九一

『大航海時代叢書』岩波書店　第一期全一二巻（一九六五〜七〇）、第二期全二五巻（一九七九〜九二）、エクストラ・シリーズ全五巻（一九八五〜八七）

歴史学研究会・富田虎男・清水透編『「他者」との遭遇』〈南北アメリカの500年〉青木書店　一九九二

浜下武志・川勝平太編『アジア交易圏と日本工業化　1500-1900』〈社会科学の冒険〉12　リブロポート　一九九一

『岩波講座　世界歴史』16（旧版）岩波書店　一九七〇

中澤勝三『アントウェルペン国際商業の世界』同文舘出版　一九九三

山田憲太郎『香料の道』中公新書　一九七七

Ｊ・サースク、三好洋子訳『消費社会の誕生　近世イギリスの新企業』東京大学出版会　一九八四

川北稔『洒落者たちのイギリス史』平凡社ライブラリー　一九九三

Ｅ・ユイグ／Ｆ・Ｂ・ユイグ、藤野邦夫訳『スパイスが変えた世界史　コショウ・アジア・海をめぐる物語』新評論　一九九八

染田秀藤『ラス・カサス伝　新世界征服の審問者』岩波書店　一九九〇

増田義郎『掠奪の海　カリブ　もうひとつのラテン・アメリカ史』岩波新書　一九八九

M・N・ビアスン、生田滋訳『ポルトガルとインド　中世グジャラートの商人と支配者』　岩波現代選書　一九八四

川北稔『アメリカは誰のものか　ウェールズ王子マドックの神話』NTT出版　二〇〇一

合田昌史『マゼラン　世界分割を体現した航海者』京都大学学術出版会　二〇〇六

青木康征『南米ポトシ銀山　スペイン帝国を支えた〝打出の小槌〟』中公新書　二〇〇〇

第四章

角山榮・村岡健次・川北稔『産業革命と民衆』〈生活の世界歴史〉10　河出文庫　一九九二

角山榮『茶の世界史　緑茶の文化と紅茶の社会』中公新書　一九八〇

浅田実『商業革命と東インド貿易』法律文化社　一九八四

川北稔『砂糖の世界史』岩波ジュニア新書　一九九六

J・ゲッドマン、和田光弘ほか訳『タバコの世界史』平凡社　一九九六

永積昭『オランダ東インド会社』〈世界史研究双書〉6　近藤出版社　一九七一

C・H・ウィルソン、堀越孝一訳『オランダ共和国』平凡社　一九七一

川北稔『工業化の歴史的前提　帝国とジェントルマン』岩波書店　一九八三

B・デビッドソン、貫名美隆・宮本正興訳『アフリカ文明史』〈AA選書〉理論社　一九七八

E・ウィリアムズ、中山毅訳『資本主義と奴隷制』理論社　一九六八

R・メジャフェ・R、清水透訳『ラテンアメリカと奴隷制』 岩波現代選書　一九七九

松井透『世界市場の形成』〈世界歴史叢書〉6　岩波書店　一九九一

日蘭学会編『オランダとインドネシア』 山川出版社　一九八六

長野敏一『英国経済空間の探求　海からの経済史論』 文眞堂　一九八五

染田秀藤編『ラテンアメリカ　自立への道』 世界思想社　一九九三

S・ミンツ、川北稔・和田光弘訳『甘さと権力　砂糖が語る近代史』 平凡社　一九八八

南直人『ヨーロッパの舌はどう変わったか　十九世紀食卓革命』 講談社選書メチエ　一九九八

服部春彦『フランス近代貿易の生成と展開』 ミネルヴァ書房　一九九二

歴史学研究会編『近代世界への道』〈講座世界史〉2　東京大学出版会　一九九五

J・ド・フリース／A・ファン・デア・ワウデ、大西克之・杉浦未樹訳『最初の近代経済　オランダ経済の成功・失敗と持続力　一五〇〇――一八一五』 名古屋大学出版会　二〇〇九

玉木俊明『近代ヨーロッパの誕生　オランダからイギリスへ』 講談社選書メチエ　二〇〇九

和田光弘『紫煙と帝国　アメリカ南部タバコ植民地の社会と経済』 名古屋大学出版会　二〇〇〇

木村和男『毛皮交易が創る世界　ハドソン湾からユーラシアへ』 岩波書店　二〇〇四

B・ベイリン、和田光弘・森丈夫訳『アトランティック・ヒストリー』 名古屋大学出版会　二〇〇〇

第五章

川北稔『民衆の大英帝国』岩波書店　一九九〇

松村昌家・村岡健次ほか編『新帝国の開花』〈英国文化の世紀〉1　研究社出版　一九九六

青木栄一『シーパワーの世界史』1　出版協同社　一九八二

『岩波講座　世界歴史』17　岩波書店　一九九七

E・J・ホブズボーム、浜林正夫・神武庸四郎訳『産業と帝国』未来社　一九八四（新装版一九九六）

吉岡昭彦『インドとイギリス』岩波新書　一九七五

松本睦樹『イギリスのインド統治』阿吽社　一九九六

矢内原勝・小田英郎編『アフリカ・ラテンアメリカ関係の史的展開』平凡社　一九八九

板垣雄三ほか編『世界の構造化』〈世界史への問い〉9　岩波書店　一九九一

池本幸三編『近代世界における労働と移住　理論と歴史の対話』阿吽社　一九九二

池本幸三・布留川正博・下山晃『近代世界と奴隷制　大西洋システムの中で』人文書院　一九九五

池本幸三『近代奴隷制社会の史的展開』ミネルヴァ書房　一九八七

遅塚忠躬・松本彰・立石博高編『フランス革命とヨーロッパ近代』同文舘出版　一九九六

田中治男ほか編『フランス革命と周辺国家』リブロポート　一九九二

浜忠雄『ハイチ革命とフランス革命』北海道大学図書刊行会　一九九八

D・ダビディーン、松村高夫・市橋秀夫訳『大英帝国の階級・人種・性』同文舘出版　一九九二

科野孝蔵『オランダ東インド会社の歴史』同文舘出版　一九八八

服部春彦『経済史上のフランス革命・ナポレオン時代』多賀出版
二〇〇九

第六章

Ｓ・Ｂ・ソウル、堀晋作・西村閑也訳『世界貿易の構造とイギリス経済』
法政大学出版局　一九七四

荒井政治『レジャーの社会経済史　イギリスの経験』東洋経済新報社
一九八九

浜渦哲雄『英国紳士の植民地統治　インド高等文官への道』中公新書
一九九一

吉見俊哉『博覧会の政治学　まなざしの近代』中公新書　一九九二

Ａ・Ｎ・ポーター、横井勝彦・山本正訳『大英帝国歴史地図』東洋書林
一九九六

白幡洋三郎『プラントハンター　ヨーロッパの植物熱と日本』講談社選
書メチエ　一九九四

杉本淑彦『文明の帝国』山川出版社　一九九五

Ｇ・ヤコノ、平野千果子訳『フランス植民地帝国の歴史』白水社文庫ク
セジュ　一九九八

杉原達『オリエントへの道』藤原書店　一九九〇

鈴木圭介編『アメリカ経済史』東京大学出版会　一九七二

野村達朗編著『アメリカ合衆国の歴史』ミネルヴァ書房　一九九八

Ｅ・Ｊ・ホブズボウム／Ｔ・レンジャー、前川啓治ほか訳『創られた伝
統』紀伊國屋書店　一九九二

角山榮『辛さの文化　甘さの文化』同文舘出版　一九八七

横井勝彦『大英帝国の〈死の商人〉』講談社選書メチエ　一九九七

石井摩耶子『近代中国とイギリス資本　19世紀後半のジャーディン・マセソン商会を中心に』東京大学出版会　一九九八

見市雅俊『コレラの世界史』晶文社　一九九四

長崎暢子『インド大反乱　一八五七年』中公新書　一九八一

板垣雄三ほか編『移動と交流』〈世界史への問い〉3　岩波書店　一九九〇

第七章

加藤祐三『紀行随想　東洋の近代』朝日選書　一九七七

加藤祐三『イギリスとアジア　近代史の原画』岩波新書　一九八〇

加藤祐三『現代中国を見る眼』講談社現代新書　一九八〇

宮崎市定編『清帝国の繁栄』〈東洋の歴史〉9　人物往来社　一九六七

波多野善大編『東アジアの開国』〈東洋の歴史〉10　人物往来社　一九六七

市古宙三『中国の近代』〈世界の歴史〉20　河出書房新社　一九六九

加藤祐三『東アジアの近代』〈ビジュアル版世界の歴史〉17　講談社　一九八五

マカートニー、坂野正高訳注『中国訪問使節日記』平凡社　一九七五

衛藤瀋吉『近代中国政治史研究』東京大学出版会　一九六八

増田渉『西学東漸と中国事情「雑書」札記』岩波書店　一九七九

佐々木揚『清末中国における日本観と中国観』東京大学出版会　二〇〇〇

森山茂徳『近代日韓関係史研究　朝鮮植民地化と国際関係』東京大学出版会　一九八七

佐藤慎一『近代中国の知識人と文明』東京大学出版会　一九九六

横井勝彦『アジアの海の大英帝国　19世紀海洋支配の構図』　講談社学術文庫　二〇〇四

羽田正『東インド会社とアジアの海』〈興亡の世界史〉15　講談社　二〇〇七

矢野仁一『アヘン戦争と香港』　中公文庫　一九九〇

西順蔵編『原典中国近代思想史』　全六巻　岩波書店　一九七六～七七

坂野正高『近代中国外交史研究』　岩波書店　一九七〇

浜下武志『近代中国の国際的契機　朝貢貿易システムと近代アジア』　東京大学出版会　一九九〇

森正夫・加藤祐三『中国』下〈地域からの世界史〉3　朝日新聞社　一九九二

井上裕正『清代アヘン政策史の研究』　京都大学学術出版会　二〇〇四

千葉正史『近代交通体系と清帝国の変貌　電信・鉄道ネットワークの形成と中国国家統合の変容』　日本経済評論社　二〇〇六

白幡洋三郎編『海外日本像集成』　日文研所蔵欧文図書所載　第1冊（1854～1870）、第2冊（1871～1877）　国際日本文化研究センター　二〇〇七

岡本隆司『世界のなかの日清韓関係史　交隣と属国、自主と独立』　講談社選書メチエ　二〇〇八

加々美光行『中国の民族問題　危機の本質』　岩波現代文庫　二〇〇八

今谷明編『王権と都市』　思文閣出版　二〇〇八

白幡洋三郎編『旅と日本発見　移動と交通の文化形成力』　国際日本文化研究センター　二〇〇九

第八章

速水融ほか編『徳川社会からの展望　発展・構造・国際関係』　同文舘出

版 一九八九

原田信男『江戸の料理史 料理本と料理文化』 中公新書 一九八九

新渡戸稲造 *The Intercourse between the United States and Japan,*1891

T. Wada, *American Foreign Policy,* 1928

徳富蘇峰『近代日本国民史』 第三〇～三二巻 民友社 一九二九

田保橋潔『近代日本外国関係史』 刀江書院 一九三〇（増補版 一九四三）

服部之総『黒船前後』 大畑書店 一九三三

井野辺茂雄『維新前史の研究』 中文館書店 一九三五

石井孝『日本開国史』 吉川弘文館 一九七二

田中彰ほか編『開国』〈日本近代思想大系〉1 岩波書店 一九九一

加藤祐三『黒船前後の世界』 岩波書店 一九八五（ちくま学芸文庫 一九九四）

曽村保信『ペリーは、なぜ日本に来たか』 新潮選書 一九八七

加藤祐三『黒船異変』 岩波新書 一九八八

原剛『幕末海防史の研究 全国的にみた日本の海防態勢』 名著出版 一九八八

山口宗之『ペリー来航前後 幕末開国史』 ぺりかん社 一九八八

田中彰『開国と倒幕』〈日本の歴史〉15 集英社 一九九二

園田英弘『西洋化の構造 黒船・武士・国家』 思文閣出版 一九九三

平尾信子『黒船前後の出会い 捕鯨船長クーパーの来航』 NHKブックス 一九九三

安達裕之『異様の船 洋式船導入と鎖国体制』 平凡社 一九九五

加藤祐三『世界繁盛の三都 ロンドン・北京・江戸』 NHKブックス 一九九三

E・ケンペル、斎藤信訳『江戸参府旅行日記』 平凡社 一九七七

土居良三『幕末　五人の外国奉行　開国を実現させた武士』中央公論社
一九九七

岩下哲典『幕末日本の情報活動「開国」の情報史』雄山閣　二〇〇八

井上勝生『開国と幕末変革』〈日本の歴史〉18　講談社　二〇〇二

三谷博『ペリー来航』吉川弘文館　二〇〇三

加藤祐三『幕末外交と開国』ちくま新書　二〇〇四

加藤祐三『開国史話』神奈川新聞社　二〇〇九

加藤祐三監修、オフィス宮崎訳『ペリー艦隊日本遠征記』（完訳）全3巻
栄光教育文化研究所　一九九七

B・M・ボダルト゠ベイリー、中直一訳『ケンペル　礼節の国に来りて』
ミネルヴァ書房　二〇〇九

加藤祐三解説、オフィス宮崎訳『ペリー艦隊日本遠征記』上・下　万来
舎　二〇〇九

M・C・ペリー、R・ピノー編、金井圓訳『ペリー日本遠征日記』雄松
堂出版　一九八五

S・W・ウィリアムズ、洞富雄訳『ペリー日本遠征随行記』雄松堂出版
一九八六

久米邦武編、田中彰校注『特命全権大使米欧回覧実記』全五巻　岩波文
庫　一九七七〜八二

横浜開港資料館・横浜開港資料普及協会『横浜と上海』横浜開港資料普
及協会　一九九三

横浜開港資料館・横浜居留地研究会編『横浜居留地と異文化交流』山川
出版社　一九九六

川勝平太『日本文明と近代西洋「鎖国」再考』NHKブックス
一九九一

飯島渉『マラリアと帝国　植民地医学と東アジアの広域秩序』東京大

学出版会　二〇〇五

飯島渉『感染症の中国史　公衆衛生と東アジア』　中公新書　二〇〇九

横浜開港資料館・横浜近世史研究会編『幕末維新期の治安と情報』　大河書房　二〇〇三

森田朋子『開国と治外法権　領事裁判制度の運用とマリア・ルス号事件』吉川弘文館　二〇〇四

田保橋潔『日清戦役外交史の研究』　刀江書院　一九五一

信夫清三郎著、藤村道生校訂『増補　日清戦争』　南窓社　一九七〇

中塚明『日清戦争の研究』　青木書店　一九六八

加藤祐三編著『近代日本と東アジア』　筑摩書房　一九九五

第九章

Ｗ・Ｄ・ルービンステイン、藤井泰・平田雅博訳『衰退しない大英帝国』晃洋書房　一九九七

Ｍ・Ｊ・ウィーナ、原剛訳『英国産業精神の衰退』　勁草書房　一九八四

川北稔『イギリス　繁栄のあとさき』　ダイヤモンド社　一九九五

Ｄ・Ｒ・ヘッドリク、原田勝正・多田博一訳『帝国の手先　ヨーロッパ膨張と技術』　日本経済評論社　一九八九

Ｉ・ウォーラーステイン、田中治男ほか訳『世界経済の政治学　国家・運動・文明』　同文舘出版　一九九一

Ｉ・ウォーラーステイン、丸山勝訳『ポスト・アメリカ　世界システムにおける地政学と地政文化　藤原書店　一九九一

杉原薫『アジア間貿易の形成と構造』　ミネルヴァ書房　一九九六

杉原薫・玉井金五『世界資本主義と非白人労働』〈大阪市立大学経済学会研究叢書〉　大阪市立大学　一九八三

『反開発の思想』〈岩波講座　開発と文化〉3　岩波書店　一九九七

Ｃ・ポンティング、石弘之・京都大学環境史研究会訳『緑の世界史』上・下　朝日選書　一九九四

富岡次郎『現代イギリスの移民労働者』〈世界差別問題叢書〉8　明石書店　一九八八

竹内幸雄『イギリス自由貿易帝国主義』　新評論　一九九〇

歴史学研究会編『強者の論理』〈講座世界史〉5　東京大学出版会　一九九五

市川承八郎『イギリス帝国主義と南アフリカ』　晃洋書房　一九八二

Ａ・Ｗ・クロスビー、佐々木昭夫訳『ヨーロッパ帝国主義の謎　エコロジーから見た10〜20世紀』　岩波書店　一九九八

東田雅博『図像のなかの中国と日本　ヴィクトリア朝のオリエント幻想』山川出版社　一九九八

國本哲男・奥村剋三・小野堅編『ロシア世界　その歴史と文化』　世界思想社　一九八三

山下範久『現代帝国論　人類史の中のグローバリゼーション』　NHKブックス　二〇〇八

关系年表

	亚洲和欧美		日本
1337	元朝爆发白莲教起义 英法百年战争爆发	1338	足利尊氏任征夷大将军
1346	秃黑鲁·帖木儿被拥立为蒙兀 儿斯坦汗王		
1348	黑死病蔓延整个欧洲	1350	吉田兼好去世 （1282—1350 年）
1351	元朝爆发红巾军起义 （1351—1366 年）		
1362	奥斯曼帝国国王穆拉德一世 即位		
1368	朱元璋在南京宣布即位 （洪武帝），明朝建立	1368	足利义满任将军 （1368—1394 年）
1372	明朝派遣使节前往琉球。琉球 开始进贡		
1381	英国掀起瓦特·泰勒起义		
1388	脱古思帖木儿遇害		
1389	在科索沃战役中，奥斯曼帝国 平定塞尔维亚		

（续表）

亚洲和欧美		日本	
1392	李成桂在朝鲜即位。高丽王朝灭亡	1392	南北朝统一
1395	帖木儿帝国统一西亚		
1396	在尼科堡战役中，奥斯曼帝国一举打败欧洲联军	1401	足利义满派遣使臣前往中国（明朝）和朝鲜
1402	明朝燕王即位（永乐帝）	1404	明朝使臣接见足利义满，勘合贸易开始
1405	郑和下西洋（1405—1433 年，七下西洋）		
1406	开始修建紫禁城		
1415	葡萄牙占领非洲北部的休达		
1420	葡萄牙占领大西洋海域的马德拉群岛		
1421	明朝迁都北京	1426	近江马借一揆
1427	葡萄牙发现大西洋海域的亚速尔群岛	1428	正长土一揆
1429	尚巴志统一琉球王国圣女贞德任法军司令官	1429	播磨国一揆
1441	葡萄牙设立几内亚省		
1446	朝鲜颁布《训民正音》		
1450	英国爆发杰克·凯德领导的农民起义		
1453	奥斯曼帝国攻占君士坦丁堡，拜占庭帝国灭亡		
1460	葡萄牙王朝恩里克王子去世（1394—1460 年）	1462	山城土一揆
1462	俄国伊凡三世即位（1462—1505 年）	1467	应仁之乱（1467—1477 年）
1480	莫斯科大公国从大帐汗国独立	1481	一休卒（1394—1481 年）
1488	迪亚士抵达好望角		
1492	哥伦布抵达巴哈马群岛		

（续表）

	亚洲和欧美		日本
1494	西班牙和葡萄牙签订《托德西拉斯条约》	1497	莲如修建石山本愿寺
1498	瓦斯科·达·伽马绕非洲南部的好望角，到达印度卡利卡特		
1500	卡布拉尔发现巴西	1502	宗祇卒（1421—1502年）
1501	伊朗萨非王朝成立（1501—1736年）	1506	雪舟卒（1420—1506年）
1509	伊拉斯谟《愚人颂》出版		
1510	葡萄牙人阿尔布克尔克占领印度的果阿 昔班尼汗在谋夫战役中被萨非军击败，昔班尼汗战死	1510	日本人在三浦掀起暴动
1511	葡萄牙占领马六甲海峡		
1513	葡萄牙入侵摩鹿加群岛的特尔纳特岛		
1514	匈牙利爆发多饶·乔治领导的农民起义。《三部法典》颁布		
1516	西班牙政府开始与商人及外国政府缔结奴隶供给条约 托马斯·莫尔《乌托邦》问世		
1517	葡萄牙使节抵达中国（明朝）	1518	《闲吟集》完成
1519	科尔特斯征服阿兹特克帝国（1519—1521年）		
1520	路德发表《论基督教徒的自由》		
1522	麦哲伦船队环球航行成功		
1526	印度成立莫卧儿帝国 摩哈赤战役。哈布斯堡王族的斐迪南一世继承波希米亚和匈牙利王国	1526	开始采掘石见大森银矿
1529	王阳明卒（1472—1529年） 奥斯曼土耳其军队包围维也纳（第一次）		
1530	萨非国王塔赫玛斯普远征呼罗珊		

（续表）

	亚洲和欧美		日本
1533	皮萨罗征服印加帝国	1538	大内氏从朝鲜输入佛教和儒教典籍
1536	威尔士被并入英格兰 加尔文《基督教要义》（拉丁语版）出版	1543	葡萄牙人漂流到种子岛，传来西式火枪
1545	秘鲁发现波托西大银矿		
1549	英国爆发罗伯特·凯特兄弟领导的农民起义	1549	沙勿略将基督教教义传入日本
1550	巴利亚多利德论战开始（1550—1552 年）		
1541	匈牙利一分为三		
1547	俄罗斯伊凡四世即位，加冕称沙皇		
1552	俄罗斯开始征讨喀山汗国		
1553	英国设立莫斯科（俄罗斯）公司 此时倭寇袭击激烈		
1556	葡萄牙使澳门开港 神圣罗马帝国皇帝查理五世退位 俄罗斯征服阿斯特拉罕汗国		
1557	费利佩二世宣布西班牙财政破产		
1558	明朝允许葡萄牙人开展广州贸易 伊丽莎白一世在英格兰即位（1558—1603 年）		
1559	英法两国缔结《卡托-康布雷齐和约》	1560	桶狭间战役
1562	法国宗教战争爆发（胡格诺战争，1562—1598 年）		
1563	戚继光在福建沿岸大破倭寇		
1565	奥斯曼帝国占领突尼斯		
1567	明朝缓和海禁政策，允许中国人前往海外	1568	织田信长进入京都

（续表）

	亚洲和欧美		日本
1568	明朝开始推行一条鞭法	1570	葡萄牙船入港长崎
1569	波兰和立陶宛建立"卢布林联合"	1573	室町幕府灭亡
1571	在勒班陀海战中西班牙打败奥斯曼帝国 菲律宾成为西班牙领土 克里米亚汗国占领莫斯科	1575	长篠之战
1579	叶尔马克越过乌拉尔山脉	1580	英国船驶入平户港
1580	西班牙吞并葡萄牙 蒙田《随笔集》出版	1582	天正少年使节团出使欧洲（1582—1590年） 本能寺之变 太阁检地开始
1581	尼德兰北部七省发布独立宣言	1583	贱岳合战
1582	利玛窦登陆广州 叶尔马克征服西伯利亚	1584	西班牙船驶入平户港
1583	女真族努尔哈赤起兵。清朝的起源	1587	丰臣秀吉发布基督教禁令
1588	英格兰打败西班牙无敌舰队	1590	丰臣秀吉统一全国
1589	法国波旁王朝建立 莫斯科府主教晋升为总主教	1591	日本最早的活字印刷术
1592	莎士比亚戏剧《理查三世》首演	1592	丰臣秀吉出兵朝鲜（1592—1596年）
1595	荷兰人抵达爪哇		
1598	留里克王朝断绝，俄罗斯进入动乱时期（1598—1612年）		
1600	英国创立东印度公司	1600	关原之战 荷兰商船利夫德号漂流到日本
1601	英国颁布"济贫法"		
1602	荷兰创建联合东印度公司 利玛窦绘制的《坤舆万国全图》刊行	1603	江户幕府设立
1605	塞万提斯《堂吉诃德》第一部出版 莎士比亚创作《李尔王》		

（续表）

	亚洲和欧美		日本
1609	荷兰创建阿姆斯特丹外汇银行 格劳秀斯发表《海洋自由论》	1609	荷兰在平户开设商馆
1610	《金瓶梅》刊行	1610	德川家康向墨西哥遣使
1611	设立阿姆斯特丹证券交易所 （Beurs van Berlage）		
1613	俄国罗曼诺夫王朝建立	1613	支仓常长赴欧 （1613—1620 年） 德川幕府禁止基督教
1615	荷兰占领葡属摩鹿加	1615	大坂夏之阵。丰臣氏灭亡
1616	努尔哈赤即位。建立后金		
1618	三十年战争爆发 （1618—1648 年）		
1619	荷兰东印度公司在巴达维亚设 立总督府		
1620	清教徒先辈移民北美 白山战役爆发，波希米亚新教 徒覆灭 培根《新工具》发表		
1622	荷兰侵占台湾（1622—1661 年）		
1623	安汶岛屠杀事件	1623	英国关闭平户的商馆
1624	荷兰在台湾建立热兰遮城堡		
1628	荷兰人皮特·海因提督在古巴 海域袭击西班牙珍宝船队	1630	阿瑜陀耶王朝的重臣山田长 政遭暗杀
1631	明朝李自成叛乱	1635	外国商船仅限进入长崎、平 户两港贸易，禁止日本人出 国和回国
1637	笛卡尔发表论文《方法谈》	1639	禁止葡萄牙船来航
1641	荷兰从葡萄牙手中夺取马六甲	1641	将荷兰商馆移至出岛
1643	法国路易十四即位（1643— 1715 年）		
1644	明朝灭亡。清朝顺治帝在北京 即位		
1648	乌克兰哥萨克叛乱。走向俄波 战争（1654—1667 年）		

（续表）

	亚洲和欧美		日本
1649	查理一世被处刑，英国成立共和国 《会议法典》通过，俄国农奴制确立		
1651	英国颁布航海法 霍布斯《利维坦》出版		
1652	伦敦第一家咖啡馆开业		
1655	克伦威尔出兵远征牙买加 波兰-瑞典战争爆发（1655—1660 年）		
1656	清朝加强海洋禁令	1657	明历大火
1660	英国王政复辟		
1661	清朝康熙帝即位（1661—1722 年），发布迁界令		
1667	法国对荷兰商品征收高额关税 弥尔顿发表《失乐园》	1669	松前藩发生阿伊努首领沙牟奢允领导的反抗运动
1670	俄国斯捷潘·拉辛农民起义 帕斯卡《思想录》出版		
1672	法荷战争爆发 英国皇家非洲公司成立（1672—1711 年）		
1673	清朝爆发三藩之乱（1673—1681 年）		
1677	匈牙利爆发反对哈布斯堡家族的叛乱		
1682	俄国彼得一世即位		
1683	郑氏降服，台湾纳入清朝版图 奥斯曼土耳其军队包围维也纳（第二次）		
1684	清朝解除对沿海各省的海禁令		
1687	牛顿《自然哲学的数学原理》出版	1687	首次发出生类怜悯令
1689	俄国与清朝签订《尼布楚条约》 英国爆发光荣革命	1690	坎普法来日

（续表）

	亚洲和欧美		日本
1690	洛克《人类悟性论》《政府二论》出版	1693	井原西鹤卒（1642—1693 年）
1694	英格兰银行建立 彼得一世开始亲政	1694	松尾芭蕉卒（1644—1694 年）
1699	卡尔洛维茨议和。哈布斯堡王族取代奥斯曼帝国开始统治匈牙利		
1701	西班牙王位继承战争爆发（1701—1714 年）		
1703	匈牙利解放战争爆发（1703—1711 年） 建设圣彼得堡		
1709	俄国、瑞典两国之间爆发波尔塔瓦战役	1709	任用新井白石
1715	英国东印度公司在广东设立事务所		
1716	《康熙字典》完成	1716	享保改革
1720	英国南海泡沫事件	1720	缓和汉译洋书的禁运
1721	《尼斯塔德和约》签订。俄国成功进入波罗的海，自称帝国		
1727	俄国与清政府签署《恰克图条约》	1728	荻生徂徕卒（1666—1728 年）
1729	清政府下令禁止鸦片贩卖、开设烟馆	1732	享保大饥馑
1733	波兰王位继承战争爆发（1733—1735 年）		
1735	清朝乾隆帝即位（1735—1796 年）		
1740	澳大利亚王位继承战争爆发（1740—1748 年）		
1748	孟德斯鸠《论法的精神》出版	1748	竹田出云《假名手本忠臣藏》首演
1751	狄德罗等人编纂的《百科全书》开始发行		

（续表）

	亚洲和欧美		日本
1756	欧洲爆发七年战争（1756—1763 年）		
1757	在加尔各答北部普拉西，英国东印度公司与印度的孟加拉王公及法国东印度公司发生争战 清政府封闭其他港口，只允许开放广州一处对外通商口		
1761	俄国彼得三世即位。与普鲁士讲和		
1762	卢梭《社会契约论》《爱弥儿》出版 俄国叶卡捷琳娜二世即位（1762—1796 年）		
1763	《巴黎条约》（七年战争和约）签订		
1764	印度爆发布克萨尔战役 波兰斯坦尼斯瓦夫二世实施国政改革 《红楼梦》作者曹雪芹卒		
1765	美国印花税法案	1765	铃木春信开创锦绘
1767	英国在印度确保征税权	1768	上田秋成完成《雨月物语》初稿
1769	库克宣布新西兰归属英国		
1770	英国政府在美洲撤销对茶叶以外商品的征税		
1772	围绕逃跑黑奴詹姆斯·萨默塞特的判决 塞缪尔·富特的戏剧《纳瓦布》首演 第一次瓜分波兰	1772	田沼意次就任老中
1773	波士顿倾茶事件 英国制定《印度规管法案》。孟加拉总督被指定为包括马德拉斯和孟买两个管辖区在内的印度全境的负责人。印度开始鸦片专卖 俄国爆发普加乔夫起义（1773—1775 年）		

（续表）

	亚洲和欧美		日本
1774	歌德《少年维特的烦恼》出版	1774	杉田玄白等《解体新书》出版
1775	美国独立战争爆发（1775—1783年） 印度爆发第一次马拉塔战争		
1776	亚当·斯密《国富论》出版	1776	平贺源内制作静电发生器
1780	自称图帕克·阿马鲁二世的秘鲁土著居民掀起叛乱		
1782	《四库全书》完成		
1783	俄国吞并克里米亚汗国	1783	浅间山大喷发 天明大饥馑（1783—1788年）
1784	英国制定《东印度公司法》 康德发表《什么是启蒙》		
1785	俄国赐予贵族特权敕书 匈牙利停止地方自治		
1786	英法缔结通商条约 英国占领槟岛	1786	最上德内等人千岛探险
1787	第六次俄土战争爆发（1787—1792年）	1787	德川家齐任将军（1787—1837年） 松平定信实施宽政改革（1787—1793年）
1788	第一艘囚犯移民船驶往澳大利亚 俄瑞战争爆发（1788—1790年）	1788	京都大火
1789	法国大革命爆发 奥斯曼帝国谢里姆三世即位，着手进行近代化改革	1790	禁止朱子学以外的异学
1790	北美爆发努特卡危机 伯克发表《法国革命沉思录》	1791	发布宽政令
1791	英国成立塞拉利昂公司 朝鲜禁止西学 音乐家莫扎特卒	1792	俄国使节拉克斯曼抵达根室，提出通商要求 因写《海国兵谈》惹祸上身，林子平入狱

（续表）

	亚洲和欧美		日本
1792	沃斯通克拉夫特的《女权辩护》出版	1793	司马江汉创作《地球全图略说》
1793	法国山岳派（雅各宾派）颁布宪法 英国使节马戛尔尼觐见清朝乾隆帝	1796	英国船天佑号抵达室兰港 第一本兰和辞典出版
1794	波兰爆发柯斯丘什科起义 阿迦·穆罕默德统一伊朗	1797	俄国人登陆择捉岛
1795	第一任孟加拉总督黑斯廷斯在印度所采取的行动被裁判无罪 在第三次分瓜中波兰王国灭亡	1798	本居宣长完成《古事记传》 近藤重藏择捉岛探险
1796	清政府下令禁止鸦片输入 清朝爆发白莲教起义 俄罗斯女皇叶卡捷琳娜二世卒，保罗一世即位 伊朗恺加王朝正式成立 （1796—1925年）	1800	伊能忠敬为了制作日本地图进行测量
1798	拿破仑远征埃及 马尔萨斯发表《人口论》	1801	坎普法《日本志》摘译本出版，题为"锁国论"
1801	朝鲜禁止基督教 大不列颠及爱尔兰联合王国建立 俄罗斯皇帝保罗一世遭暗杀，亚历山大一世即位	1802	北海道设置虾夷奉行 十返舍一九发表《东海道中膝栗毛》
1802	越南阮朝建立 （1802—1945年） 伊拉克瓦哈比派暴乱	1803	美国船抵达长崎，要求通商
1804	圣多明各宣告独立，成立海地国 拿破仑称帝 因争夺格鲁吉亚而爆发俄伊战争（1804—1813年） 贝多芬完成第三交响曲《英雄》	1804	俄国使节雷扎诺夫抵达长崎，要求通商 此时，文化、文政期的町人文化十分繁荣

（续表）

	亚洲和欧美		日本
1805	席勒《威廉·退尔》首演 欧洲各国结成反法同盟 英国创办黑利伯瑞公学 穆罕默德·阿里帕夏任埃及总督		
1806	法国发布大陆封锁令	1806	浮世绘画师喜多川歌麿卒
1807	英国废除奴隶贸易		
1808	俄国从瑞典手中夺取芬兰	1808	英国军舰菲顿号入侵长崎
1809	贝多芬完成第五钢琴协奏曲《皇帝》 西非建立伊斯兰国家富拉尼帝国	1809	间宫林藏前往桦太（库页岛）探险 长崎设置炮台
1811	朝鲜洪景来叛乱（1811—1812年）	1810	水户德川家编纂《大日本史》
1812	拿破仑从俄罗斯撤退 美英战争爆发（1812—1814年） 格林兄弟《儿童与家庭童话集》出版	1812	高田屋嘉兵卫被俄国船逮捕
1813	英国废除东印度公司贸易垄断 清政府发布鸦片禁令		
1814	拿破仑退位，流放厄尔巴岛 维也纳会议		
1815	英国占领锡兰	1815	杉田玄白完成《兰学事始》
1816	英国派遣阿美士德出使中国		
1817	第三次马拉塔战争爆发。自此，英国事实上基本统治了印度次大陆	1817	英国船抵达浦贺
1819	英国占领新加坡		
1822	英国创建 P&O 公司 德·昆西发表《一个吸鸦片者的自白》 法国人商博良译解埃及象形文字	1823	西博尔德抵达长崎
1823	美国门罗宣言	1824	英国捕鲸船员登陆常陆

（续表）

	亚洲和欧美		日本
1824	第一次英缅战争爆发（1824—1826 年） 《英荷条约》签订。英国掌控马六甲和新加坡 英国诗人拜伦卒	1825	异国船驱逐令
1827	鸦片走私增多，远远超过中国茶叶等商品的出口，中国白银开始外流		
1828	俄土战争爆发（1828—1829 年）	1828	西博尔德事件
1830	在七月革命的影响下，比利时独立		
1831	第一次土埃战争爆发（1831—1833 年）		
1832	怡和洋行创建		
1833	英国废除西印度群岛奴隶制度 大英帝国范围内奴隶解放 英国政府废除东印度公司所有贸易垄断权		
1834	英国废除东印度公司广东事务所，设立贸易监督官		
1837	英国维多利亚即位 （1837—1901 年）	1837	大盐平八郎之乱 驱逐马礼逊号
1838	英国成立反谷物法协会	1839	蛮社之狱
1839	林则徐没收英国商人鸦片，鸦片战争爆发（1839—1842 年） 第二次土埃战争爆发（1839—1840 年）	1841	开始天保改革
1842	清政府与英国签订《南京条约》，割让香港岛 法国人博塔发掘尼尼微城址 《伦敦新闻画报》创刊	1842	老中水野忠邦颁布天保薪水令
1843	P&O 公司开通经由苏伊士地峡的加尔各答航路 上海开港 狄更斯创作《圣诞颂歌》		

（续表）

	亚洲和欧美		日本
1844	英国的砂糖特惠关税降至30% 清政府与美国签订《望厦条约》、与法国签订《黄埔条约》	1844	荷兰国王亲笔致函幕府，劝告日本开国
1845	第一个英国租界出现在上海		
1846	英国废除谷物法	1846	美国使节比德尔来访，要求通商
1847	萨克雷《名利场》出版		
1848	法国奴隶解放 法国掀起二月革命 柏林掀起三月革命 拿破仑三世成为法国大总统 加利福尼亚淘金热 马克思和恩格斯起草《共产党宣言》		
1850	清朝太平天国动乱		
1851	第一届伦敦万国博览会举行 清政府与俄国签订《伊犁塔尔巴哈台通商章程》 麦尔维尔发表《白鲸》		
1852	英国政府规定外国领属殖民地的砂糖也适用英国领属殖民地的砂糖税率 第二次英缅战争爆发（1852—1853年） 拿破仑三世即位法国皇帝 斯陀夫人《汤姆叔叔的小屋》出版并上演		
1853	克里米亚战争爆发	1853	美国使节佩里抵达浦贺
1855	清朝爆发贵州苗族起义（1855—1872年）	1854	佩里再度访日，缔结《日美和亲条约》
1856	亚罗号事件 福楼拜发表《包法利夫人》	1856	哈里斯任驻日总领事
1857	印度民族大起义	1858	缔结《日美友好通商条约》

（续表）

	亚洲和欧美		日本
1858	清政府与俄国签订《中俄瑷珲条约》 清政府与俄、美、英、法四国签订《天津条约》 莫卧儿帝国灭亡	1859	安政大狱
1860	清政府与英、法两国签订《北京条约》	1860	幕府派遣使节前往美国
1861	美利坚合众国爆发南北战争 （1861—1865 年） 意大利王国建立 西太后与恭亲王掌握清朝实权 沙皇发表农奴解放宣言		
1862	俾斯麦就任普鲁士首相 美国大总统林肯发表奴隶解放宣言	1862	生麦事件
1864	洪秀全卒，太平天国灭亡		
1867	英国直接管辖海峡殖民地 奥匈帝国建立 清政府与俄国修建新疆边界碑 巴黎举办万国博览会 马克思《资本论》第一卷出版	1867	德川庆喜奉还大政，王政复古
1868	俄国将布哈拉汗国变成保护国	1868	明治维新
1869	苏伊士运河完工	1871	废藩置县 岩仓具视使节团出使欧美
1871	德意志帝国建立 巴黎公社成立 谢里曼发掘特洛伊古城	1872	新桥—横滨铁路开通
1873	俄国将希瓦汗国变成保护国	1874	日本出兵台湾
1875	英国购买苏伊士运河公司股票	1875	日俄签订《桦太千岛交换条约》 与江华岛的朝鲜军交战（江华岛事件）
1876	俄国吞并浩罕汗国		
1877	印度帝国建立 第十次俄土战争爆发	1877	西南战争

（续表）

	亚洲和欧美		日本
1878	柏林会议	1879	废琉球藩，设冲绳县（琉球处分）
1880	古巴奴隶解放 陀思妥耶夫斯基完成《卡拉马佐夫兄弟》	1880	横滨正金银行开业
1882	德国、奥地利、意大利建立三国同盟		
1883	法国打败阮朝，越南全境处于法国统治之下 中法战争爆发		
1884	比利时占领刚果河流域。翌年，刚果自由邦成为比利时国王的私有领土 柏林列国会议瓜分非洲 汉城发生金玉均等人领导的政变（甲申政变）		
1885	第三次英缅战争爆发（1885—1886 年） 第一届印度国民会议召开		
1887	法属印度支那联邦成立 皮埃尔·洛蒂《菊子夫人》出版		
1888	巴西奴隶解放	1889	颁布大日本帝国宪法
1890	美国边疆消失（大陆扩张结束）	1890	颁布教育敕语
1891	沙俄开始修建西伯利亚铁路		
1893	瑞典人斯文·赫定首次前往中亚探险	1894	日清战争爆发（1894—1895 年）
1894	朝鲜爆发东学党起义 乌干达成为英国的保护领地	1895	中日签订议和条约（《下关条约》） 俄法德三国干涉还辽 日本军拥戴大院君，杀害闵妃
1896	法国吞并马达加斯加		
1897	列强开始租借中国土地		

（续表）

	亚洲和欧美		日本
1898	康有为变法运动。戊戌政变 美西战争。美国吞并夏威夷， 菲律宾沦为其殖民地 英国租借九龙半岛		
1899	美国海约翰提出对华"门户开放"政策 布尔战争（又称南非战争）爆发（1899—1902年）		
1900	列强借义和团运动出兵中国（1900—1901年）	1900	德富芦花《自然与人生》出版
1901	澳大利亚成为英属联邦自治领		
1902	高尔基创作《底层》	1902	英日同盟条约签订
1904	《英法协约》签订	1904	日俄战争爆发（1904—1905年）
1905	围绕摩洛哥统治问题，德法两国发生丹吉尔事件 俄国"星期日惨案" 爱因斯坦提出狭义相对论	1905	日俄签订议和条约（《朴次茅斯和约》）
1907	英、法、俄三国协约成立	1906	在韩国设置统监府
1908	青年土耳其党革命		
1909	国际鸦片会议（1909—1914年）		
1910	南非联邦成立	1910	大逆事件 《日韩合并条约》签订（吞并朝鲜）
1911	围绕摩洛哥统治问题，德法再次爆发冲突（阿加迪尔事件） 中国掀起辛亥革命	1911	日本确立关税自主权
1912	中华民国成立		
1913	印度泰戈尔获诺贝尔文学奖		
1914	第一次世界大战爆发（1914—1918年） 巴拿马运河开通		
1915	陈独秀《青年杂志》刊行	1915	日本向中国政府提出"二十一条"

（续表）

	亚洲和欧美		日本
1916	列宁完成《帝国主义论》		
1917	俄国革命		
1918	鲁迅发表《狂人日记》	1918	日本出兵西伯利亚
1919	朝鲜爆发三一独立运动 中国爆发五四运动		
1920	国际联盟成立	1920	日本加入国际联盟
1921	中国共产党诞生		
1922	奥斯曼帝国废除苏丹制		
1923	土耳其共和国成立	1923	关东大地震
1924	中国第一次国共合作		
1927	蒋介石反革命政变	1927	金融危机
1929	世界经济危机	1930	昭和经济危机
1931	英联邦达成《威斯敏斯特条例》，自此英属自治领在立法上被赋予了完全的自主权	1931	九一八事变

文库版后记 1

加藤祐三

《亚洲与欧美世界》这本书于 1998 年 10 月出版发行。尽管我很早前就已经构思好了内容并开始着手撰写，但由于那年 5 月我刚担任校长一职，工作特别繁忙，到最后才勉强按时完成了书稿。这次受邀改订文库本，我把以前校对时用过的一本书找出来一看，发现里面夹着厚厚的笔记、复印材料和书评等。

我打开了其中一张泛黄的复印纸。那是刊登在 1999 年 1 月 17 日《每日新闻》上，出自日高普先生之手的一篇长长的书评。顿时，我的脑海里浮现出很多当时的事情。作为作者之一，虽然觉得有点不好意思，但我还是决定从全文引用这篇书评开始，来填补一下这十多年的时间空白。

本书是目前刊行中的《世界的历史》丛书的其中一册，这套丛书共30册。正因为如此，或许有人觉得单独把这本书从全套作品中剥离出来阅读有些不合适。不过，就像读过这本书的人都会有的感觉那样，这本书并没有将漫长的世界历史长河中的一个局部分割出来单独进行论述。因为它是将14至20世纪的亚洲和欧洲的关系作为研究对象，即使说是把世界历史完完全全地涵盖在了其中也不过分。

话说回来，如果是把14世纪到现在的亚欧关系总结成一本书的话，同类的书籍好像有很多，似乎也并不是很难。令人吃惊的是，本书为我们生动地展现了与以往通俗的世界史观完全不同的新颖历史观，引人思考，让我们产生了很多共鸣。这种新颖，也许预示着全新的世界史观的诞生。本丛书的编辑理应是按照时代及区域给每位作者分配内容的，而能够将有如此跨度的一册内容加进来，使我对编辑满怀敬意。

一般来说都是先从西欧发达的产业及先进的航海术说起，也就是说要先介绍由于西力东渐，亚洲这才崭露头角，这就是一般固定的说法。然而，本书是先从马六甲开始说起的。书中说："马六甲王国诞生于14世纪末，短短10年就占据了世界贸易中心的重要地位。在之后的300年间，尽管其统治者一再变化，但这里作为亚洲贸易港埠的地位稳如泰山。"

作者从这里开始论述亚洲与欧美的关系，并为此列出了四个关键词，分别是：① 向海洋拓展与地球环境；② 人口增加与城市化；③ 物质欲望的成果与极限；④ 新获得的东西、失去的东西、正在失去的东西。以往对这个时期的历史学研究，都认为近代化全是好的东西。正因为如此，才有了本书辩证看待"近代"的观点，并且不仅限于探讨"失去的东西、正在失去的东西"。

但缺乏史实的观念无法引领一个全新的见解。书中谈道"在以往日本的历史学研究中，一般认为，英国的近代化和工业化取得了成功，而与之相比，荷兰虽然一度繁荣，但最终是以失败收场。而且，人们称其失败的主要原因是荷兰人一心只想从事商品流通的中间贸易及金融业，轻视生产活动"，但本书认为"这样的看法明显是错误的"。

当时荷兰拥有发达的制造业和农业，而且英国人也非常热衷于中间贸易。相对于英国来说，荷兰并不是一个失败的例子，只不过是比英国更早一步掌握了世界体系的霸权地位，又更早一步失去了这种霸权而已。紧接着围绕着霸权，英国和法国不断争斗，很快就迎来了大英帝国的时代。

可是，英国经济究竟是否真正变成产业资本主义了呢？英国作为"世界工厂"的时间转瞬即逝，它的繁荣可以说是依靠以伦敦城为中心的金融力量才得以实现。法国、比利时、美国、德国等转眼间工业蓬勃发展，有的甚至已经超过了英国。英国很早就开始用海运业及资本的收益来填补贸易收支的赤字。因此，英国资本主义也被称作"绅士资本主义"。

例如，英国用鸦片向中国扩张的最大动机是获取茶叶，而茶叶是绅士社会地位的象征。也就是说，英国资本主义的形成绝不是像通俗的历史学所解释的那样，是资产阶级压制住了地主的结果。而且，不容忘记的一点是英国人的霸权离不开奴隶贸易的巨大贡献。欧洲人抢夺了非洲超过1000万健康的劳动力。如果是英国被抢走了这么多青年，那英国还能走上近代化道路吗？

有一种观点认为，近代资本主义精神是以禁欲、勤奋的新教徒的伦理为基础的。这种说法在日本学界非常流行，甚至成为学界的普遍性说法。那么，从新教徒的精神如何去解释奴隶贸易呢？本书在末尾提出了这样一个问题：世界体系能否幸存下去？对于这个问题，本书预测说：如果从环境和资源问题来看，要想幸存下去十分困难。

我曾在《呼啸山庄》中读到一处描写，说把红茶放盘子里饮用，当时我对这种喝茶习惯感到十分奇怪。但作者在"英式早餐的形成"这一节中对此进行了充分的说明。与生活息息相关的丰富史实也是本书赏心悦目的地方。

（《每日新闻》1999年1月17日朝刊，出自读书版面，日高普评）

我通过研究中国近现代史（特别是 20 世纪的土地改革）、中国农业史等，将研究的焦点确定为被视作中国近代的起点的鸦片战争前后。不久我又得到了以研究"19 世纪英国在东亚的作用"作为课题赴英国的机会，最终弄清楚了鸦片战争的原因——"19 世纪亚洲三角贸易"。

红茶、鸦片、棉制品这三种商品将中国、印度和英国三国联系在一起，形成了以英国为主导的"19 世纪亚洲三角贸易"。这些异质的商品所构成的三角贸易，正如本书所说的那样，实际上一直持续到 20 世纪的第一次世界大战时期。

那么，19 世纪中期日本的开国开港和"19 世纪亚洲三角贸易"之间又有着怎样的联系呢？又与国际政治的动向有着何种关系呢？就这样，我又开始深入研究日本开国的历史。日本开国史要从日本与最初的条约对象国美国之间的关系史开始，早先出现的研究成果是 1891 年出版的新渡户稻造及 T. Wada（1929 年）等日本学者的英文著作。接着，德富苏峰（1929年）、田保桥洁（1930 年）、井野边茂雄（1935 年）、石井孝（1972 年）等人都积极推动了这一研究的发展。国际关系史研究需要具备开阔的历史观和丰富的实证，这一点非常有魅力。

2002 年，我重返学者的研究生活，研究的对象也进一步拓展到横滨开港及开港之后横滨的历史。2004 年是《日美和亲条约》缔结 150 周年，2009 年是横滨开港 150 周年，这些都是在世界历史上标志着日本走向近代的重要节点。

西欧列强沿着"西力东渐"的道路，凭借强大的军事力量从西亚到南亚，再从东南亚到东亚进行侵占。其结果，印度和印度尼西亚被剥夺了国家三权（立法、司法、行政），沦落为殖民地。中国因战败而被迫支付赔款、割让领土。这些国家均陷入暴政和贫困之苦。而在日本，没有发生战争，而是通过商谈达成了交涉条约。

在"欧洲"与"美国"白热化的"竞争和协调"中，第一个打开日本大门的就是太平洋东边的美国。也就是签订了《日美和亲条约》（1854 年）、《日美友好通商条约》和《安政五国条约》（均为 1858 年签署）。"欧洲"（尤其是英国和法国）加强对日本的影响力，是在美国爆发南北战争（1861—1865 年）撤退之后。

不过，佩里舰队的大部是从美国东部出发，横渡大西洋，南下好望角，经过印度洋，途经中国，"从西方"航行而来的。因为对蒸汽船来说，北太平洋还是一片未知的海洋。由于"西力东渐"的道路以及其"距离"，形成了由欧美列强、殖民地、战败条约国和交涉条约国这四种政体构成的"近代国际政治"。四者的相互关系见本书第 294 页概念图所示。

即便如此，也还是会有疑问。日本与率领世界最大、最先进舰队的军人佩里提督的第一次相会，为什么不是以战争或侵略的方式，而是进行了交涉呢？这难道不正是日本开国历史的中心课题吗？在不断调查的过程中，日美两国各自的意图和顾虑，以及双方竭尽全力采取的各种行动等都浮出了水面。这些内容我在《幕末外交与开国》（2004 年，筑摩新书）及《开国史话》（2008 年，神奈川新闻社）等著作中做了论述。

去年（2009 年）时值横滨开港 150 周年，神奈川报纸及杂志《横滨》等就横滨的历史进行了连载。横滨是开国开港后引领日本的最大开港城市，它已经成为国际交流的重要场所，城市基础设施建设加速发展，其身后已经形成了以生丝出口为主，与关东地区一体，包括人、商品、文化在内的广域交流圈。

近代日本（幕末维新）不可能不谈横滨。关于"新获得的东西、失去的东西、正在失去的东西"的事例数不胜数，横滨的"地方史"是近代国际世界的缩影，可以说"横滨的曙光"便是"近代日本的曙光"。

然而，关于决定日本开国、开港的《日美和亲条约》和《安政五国条约》，直到今天我们还在过分强调它们的不平等性，认为是幕府屈于列强的逼迫才签订的。即：① 给予领事裁判权（日本丧失裁判权）、② 协定关税（丧失关税自主权）、③ 租界贸易等。这种堪称自虐的历史认识可能会成为开启全球化时代的一个障碍。

曾经沦为殖民地的印度、曾经被强加上不平等条约枷锁的中国，这些"新兴国家"现在作为引领世界经济的重要存在而备受瞩目。另一方面，曾经作为列强君临天下的发达国家正在为摆脱经济不景气而苦苦挣扎。

21 世纪，世界势力的兴亡盛衰愈演愈烈，历史也在不断地走向新的阶段。

文库版后记 2

川北稔

　　这本书自初版发行至今，已经过去了十多年。即便如此，容我坦言，现在读起来并没有觉得有什么不妥，这一点连我自己都感到有些吃惊。用讽刺的眼光看，也就是说在这十几年时间里，历史学或许并没有提供更新颖的视角。然而，现实世界在此期间发生了巨大的变化。

　　从美国的次级房贷危机，到雷曼兄弟破产，经历了这些危机之后，近代世界体系的去向与 10 年前相比变得更加模糊不清。欧洲的一体化进程呈锯齿状发展，使其在短期内多次遭到"停滞不前"的批评，但是中长期来看，可以发现它处于稳健的推进之中。而德国、法国这些民族国家的影子正在不断淡化。从历史学家的立场来看，至少在短时期内，"欧元"的稳定情况值得关注。

另一方面，美国因深陷阿富汗、伊拉克的泥潭和金融危机而完全丧失了霸权。通用汽车的破产危机就是其具体表现。另外，尽管在 10 年前东亚经济的崛起就已经表现了出来，但令人难以想象的是如今的中国发展得如此繁荣昌盛。中国也与欧盟的情况一样，总是会受到这样那样没必要的批评，其实我们应该坦率地承认中国所取得的令人瞩目的成就。

除了东亚以外，现在印度、俄罗斯以及巴西等国的崛起也是有目共睹。包括虽说已经失去了霸权，但依然保持着大国地位的美国在内的这些国家，都是资源大国，不像日本是一个很小的"民族国家"。可以说，这些国家本身也像欧盟一样是一个庞大的联合体。世界的中心似乎不再集中在小而且同质的"民族国家"身上，而是向广域国家的方向转移。近代世界体系，曾经不是"民族国家"就无法确保"核心"地位，现在正向以"广域国家"为基轴的新的世界秩序转变。这么一来，本书的主题，即近世以来 500 多年的欧洲与亚洲的关系现在也正在发生着决定性的变化。

基于这样的视角，如果我们重新审视近代世界体系的历史，又将看到什么呢？关于以金融为基础的荷兰霸权问题，本书与以往的历史书籍不同，大篇幅强调了这一点，从今天的观点来看，或许应该更加强调才好〔参照 Jan de Vries、Ad van der Woude 著作《最早的近代经济》（*The First Modern Economy*），名古屋大学出版会，2009 年〕。

另外，关于欧洲与亚洲的关系再次发生逆转的过程，原本以为本书是用难以得见的深度进行叙述的，不过现在看来，或许应该以更多的笔墨来书写。

话说回来，本书并不仅仅是撰写了世界体系内部的各国兴亡。世界体系自身的变化及其与民众的生活史之间的关联才是我想要写的东西。地球上曾经有像"地中海世界""俄罗斯世界""中华世界""印加帝国"那样的数个"世界"并存，后来近代世界体系，也就是欧洲世界体系覆盖整个地球，世界成为一个整体。作为唯一世界的近代世界体系，其含义与地球，也就是全球意思相同。其结果，这个世界体系从地理上已经没有扩大的余地，不能再期望提供原材料等资源的"周边"继续扩大。

在这一动向的影响下，环境问题、资源和能源问题的出现，使我们必须改变我们的生活态度。在欧洲主导的近代世界体系下，我们不断地渴望改善生活，获得、消费更多的物品。在遥远的亚洲市场上大量交易的那些"亚洲商品"，激起了这种欲望。

因此，进口这些商品就成为有利的经济活动，不久欧洲内部以这些商品的自给为目标，出现了工业化的浪潮。最终"持续的经济增长"被认为是近代经济的标志。在近代世界体系中，经济和社会的长期"增长"和"扩大"是必不可少的，滋生出了一种"零增长就意味着经济萧条"的固有的强迫观念。我想用"增长偏执狂"这个词来概括近代社会人们的这种心理（mentality）。

近世有一种特别的学问叫"政治算术"，它尝试根据荷兰、英国、法国早期的"国民经济"的时间数列比较其变化，将其结果用数量表示出来。上面谈到的这种倾向，在那个时候已经明确成型了。例如，不用罗马数字而使用计算用的数字来制作时间数列统计表进行讨论的方法，就反映了这一点（关于这些问题，请参考以下两篇拙文：《"政治算术"的时代》，大阪大学西洋史学会编 "Journal of History for the Public" 1 号，2004 年；《作为进口替代的产业革命》，怀德堂纪念会编《重写世界史·重写日本史》，和泉书院，2008 年）。

受篇幅所限，这里不能做详细的说明，不过"增长偏执狂"是与近代世界体系的形成同时产生的。例如，在 13 世纪的蒙古世界体系中，尽管扩张领土的欲望也十分膨胀，但我认为并没有形成对于"增长"的强迫观念。另外，曾经存在于世界各地的早先的世界体系中，也都没有产生这种想法吧？不仅如此，被卷入近代世界体系之前的江户时代的日本也没有这样的东西。

这个事情如果从个人层面来谈的话，就是这样一个问题：你自己认为与祖父母以及父母过同样的生活，从事同样的职业，遵循同样的生命周期，是理所当然？还是认为这样的生活没有"进步"，是"失败的人生"？从经济学来说，就是收入增长后就不想再工作的这种"后弯劳动供给曲线"是否会消失的问题。如今，我们已经明显地看到近代世界体系走向衰亡，对历史学来说，对于这种增长崇拜等于进步史观的起源的探究，更加成为一个重要的课题。

假如现在要给 10 年前写成的这本书里增添一些内容的话，

我觉得就是以上这几点。不过，即使不做任何修订，我也自信地认为这本书的内容本身就是充分体现现代观点的历史论述，因此我决定保留原来的形式来出版。

图书在版编目（CIP）数据

亚洲与欧美世界 /（日）加藤祐三,（日）川北稔著；
吴少华译 . -- 北京：光明日报出版社 , 2023.10
ISBN 978-7-5194-7460-7

Ⅰ . ①亚… Ⅱ . ①加… ②川… ③吴… Ⅲ . ①亚洲—
历史—研究②欧洲—历史—研究③美洲—历史—研究
Ⅳ . ① K300.07 ② K500.7 ③ K700.7

中国国家版本馆 CIP 数据核字 (2023) 第 167610 号

SEKAI NO REKISHI 25 - ASIA TO OBEISEKAI
BY Yuzo KATO and Minoru KAWAKITA
Copyright © 1998 Yuzo KATO and Minoru KAWAKITA
Original Japanese edition published by CHUOKORON-SHINSHA, INC.
All rights reserved.
Chinese (in Simplified character only) translation copyright © 2023 by Ginkgo (Beijing)
Book Co., Ltd.
Chinese (in Simplified character only) translation rights arranged with
CHUOKORON-SHINSHA, INC. through Bardon-Chinese Media Agency, Taipei.

版权登记号：01-2023-2048 号

亚洲与欧美世界
YAZHOU YU OUMEI SHIJIE

著　者：[日] 加藤祐三 / 川北稔　　　　　译　者：吴少华

策　划：张　鹏　　　　　　　　　　　特约编辑：段　然
责任编辑：舒　心　许黛如　　　　　　　责任校对：曲建文
装帧制造：墨白空间·杨阳　　　　　　　责任印制：曹　净
出版发行：光明日报出版社
地　址：北京市西城区永安路 106 号，100050
电　话：010-63169890（咨询），010-63131930（邮购）
传　真：010-63131930
网　址：http://book.gmw.cn
E-mail：gmrbcbs@gmw.cn
法律顾问：北京市兰台律师事务所龚柳方律师

印　刷：北京天宇万达印刷有限公司
装　订：北京天宇万达印刷有限公司
本书如有破损、缺页、装订错误，请与本社联系调换，电话：010-63131930

开　本：143mm×210mm　　　　　　　印　张：12.25
字　数：254 千字
版　次：2023 年 10 月第 1 版
印　次：2023 年 10 月第 1 次印刷
书　号：ISBN 978-7-5194-7460-7

定　价：60.00 元